DE LA

POLICE ET DE LA VOIRIE

A ROME

SOUS LA RÉPUBLIQUE

PAR

Paul BOUTET

DOCTEUR EN DROIT

PARIS

V. GIARD & E. BRIÈRE

LIBRAIRES-ÉDITEURS

16, rue Soufflot, 16

1896

V. GIARD & E. BRIÈRE, Éditeurs, 16, rue Soufflot, Paris.

Du Contrat en faveur de tiers, par LAMBERT (Edouard), *avocat à la Cour d'Appel, docteur en droit*. — Son fonctionnement, ses applications actuelles. Cession de dettes (délégation, cession de portefeuille, cession de bail), Assurance-vie, Assurance-accident. Contrats d'utilité publique. Fondation. 1893, 1 vol. in-8 .... 10 fr.

Traité théorique et pratique de la Liquidation judiciaire, par COURTOIS (B.), *avocat à la Cour d'Appel d'Angers, docteur en droit*. — Commentaire des lois du 4 mars 1889 et du 4 avril 1890. Historique et droit comparé. Travaux préparatoires. Jurisprudence. Examen critique de la liquidation judiciaire. 1894: 1 vol. gr. in-8 .... 7 fr.

Des Droits de l'Époux survivant dans la succession de son conjoint prédécédé, en droit romain et en droit français, par BRUGAIROLLES (Jules), *avocat à la Cour de Paris*. — 1893: 1 vol. in-8 .... 5 fr.

Des Sociétés coopératives de Consommation à l'étranger et en France, par TREMEREL (G.), *docteur en droit, officier d'administration des subsistances, professeur à l'école d'administration militaire de Vincennes*. — Historique. — Application. — Régime légal. — But et avenir de la coopération. 1894. 1 vol. in-8 .... 5 fr.

La Faillite et la Liquidation judiciaire dans les rapports internationaux, par TRAVERS (Maurice), *docteur en droit, avocat à la Cour d'Appel*. — 1894. 1 vol. in-8 .... 7 fr.

Code manuel du Propriétaire-Agriculteur, par ZOLLA (M. D.), *lauréat de l'Institut, professeur d'économie rurale et de législation à l'école nationale d'agriculture de Grignon*. — 1894. 1 vol. in-18 .... 3 fr. 50

De la Propriété des Noms et des Titres. — Origine des noms et des titres. — Procédure des changements de noms. — Protection de la propriété des noms et des titres. — Du nom commercial, par G.-A. LALLIER, *docteur en droit, avocat à la Cour d'Appel*. — 1 vol. in-8, 1890. 8 fr.
(*Ouv. couronné par la Faculté de droit de Paris et par l'Acad. de lég. de Toulouse*).

Du Rapport des Dettes. — Théorie du prélèvement dans le partage des successions, des sociétés et de la communauté entre époux, par A. DESCHAMPS, *professeur-agrégé à la Faculté de droit de Lille*. — 1 vol. in-8. 1889 .... 7 fr.
(*Ouv. couronné par la Faculté de droit de Paris et par l'Acad. de lég. de Toulouse*).

De la Nationalité d'origine. — Droit comparé. — Droit interne. — Droit international, par A. GEOUFFRE DE LAPRADELLE. — 1 vol. in-8. 1893 .... 8 fr.
(*Ouvrage couronné par la Faculté de droit de Paris*).

Essai de Législation financière. — Le budget de la France dans le passé et dans le présent, par Emile WORMS, *professeur d'économie politique à la Faculté de droit de Rennes, correspondant de l'Institut*. — 1 fort vol. in-8. 2ᵉ édit. 1894 .... 10 fr.
(*Ouvrage médaillé par la Société nationale d'Agriculture de France*).

Manuel des Transferts et Mutations de rentes sur l'État, contenant une étude historique de la dette publique: les principaux éléments de régularité des certificats de propriété, procurations, formules, libellés, etc., et un recueil des lois, décrets et instructions concernant la matière. — 2ᵉ édit. mise à jour et augmentée de nombreuses additions par J. M. GORGES, *ancien sous-directeur de la Dette inscrite au ministère des Finances* et de E. DE BRAY, *chef de bureau au Ministère des Finances*. — 1 vol. in-8. 1891 .... 10 fr.

Exposé élémentaire et critique de la Science des Finances. — Doctrine, histoire, pratique et réforme financières, par Emile WORMS, *professeur d'économie politique à la Faculté de droit de Rennes, correspondant de l'Institut*. — 1 vol. in-8, 1891 .... 7 fr.
(*Ouvrage médaillé par la Société nationale d'Agriculture de France*).

La Juridiction administrative dans le Droit constitutionnel. — Etude d'histoire, de législation comparée et de critique. — *Les grandes puissances* : la France, l'Angleterre et les Etats-Unis, l'Allemagne et l'Autriche. — *Les puissances de second ordre :* l'Espagne, l'Italie, la Suisse, la Belgique. — Appréciations théoriques et pratiques sur l'institution d'une juridiction administrative en France, par René JACQUELIN, *professeur agrégé à la Faculté de droit de Lille*. — 1 vol. in-8, 1891. 10 fr.

Les Enfants assistés en France. — Enfants maltraités ou moralement abandonnés (Commentaire de la loi du 24 juillet 1889), par R. LAGRANGE, *docteur en droit, auditeur au Conseil d'Etat*. — 1 vol. in-8, 1892... 4 fr.

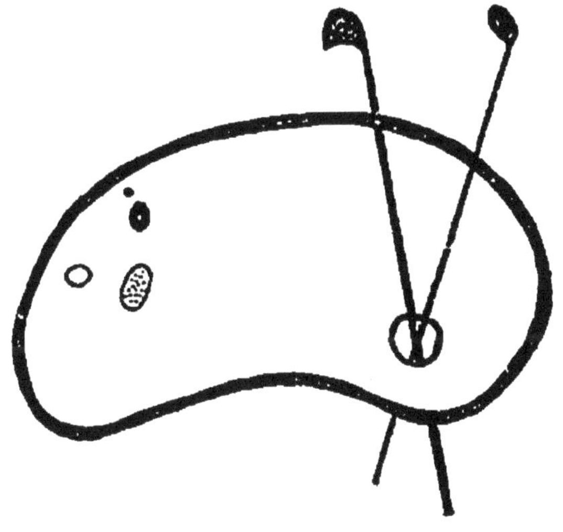

FIN D'UNE SERIE DE DOCUMENTS
EN COULEUR

DE LA

POLICE ET DE LA VOIRIE

A ROME

SOUS LA RÉPUBLIQUE

DE LA
POLICE ET DE LA VOIRIE
A ROME
SOUS LA RÉPUBLIQUE

PAR

Paul BOUTET

DOCTEUR EN DROIT

PARIS

V. GIARD & E. BRIÈRE

LIBRAIRES-ÉDITEURS

16, rue Soufflot, 16

1896

DE LA POLICE ET DE LA VOIRIE
A ROME
SOUS LA RÉPUBLIQUE

Le trait saillant des mœurs de Rome fut l'expansion de la vie publique et privée dans ses rues et ses places. Le climat y était favorable, la Constitution politique, la religion, la justice, exigeaient de fréquentes assemblées du peuple. Les cérémonies, les spectacles, qui se donnaient à ciel ouvert, réunissaient la ville entière.

Chez les riches citoyens les obligations de la clientèle, la brigue des honneurs tenaient sans cesse la porte des maisons ouverte à cette foule dont le flot débordait chaque matin et à qui Virgile préférait la paix et la simplicité des champs :

> *Si non ingentem foribus domus alta superbis*
> *Mane salutantum totis vomit ædibus undam...*
> *At secura quies et nescia fallere vita.*

C'est à la vue des passants que la coutume d'abord, la

loi ensuite les contraignait de prendre leur repas (1).

Il est donc nécessaire pour l'étude des institutions urbaines d'entrer dans les détails de la vie journalière ; les auteurs littéraires, poètes et comiques, nous en fournirons plus d'un trait, et le fond nous sera donné par les historiens, les jurisconsultes, les moralistes et les grammairiens. A les lire on se pénètre du sentiment que Tite-Live dit qu'il éprouve à écrire l'histoire des temps anciens : *Animus fit antiquus*, dit-il, dans un mouvement que nous ne saurions rendre ; et par une manière de justification à l'égard de l'opinion de son époque où les vieilles coutumes étaient dédaignées et raillées, il ajoute qu'il aurait scrupule de passer sous silence comme indignes d'être rapportées les résolutions prises pour le bien public par les hommes les plus sages (2).

(1) Valère Maxime II. 5-5. Maximis viris praudere et cœnare in propatulo verecundia non erat, nec sane ullas epulas habebant quas populi oculis subjicere erubescerent. — Macrobe. *Saturn.* II-15 : Imperari cœpit ut patentibus januis pransitaretur et cœnitaretur, sic oculis civium testibus factis, luxuriæ modus fieret. — Ce que nous disons à propos de cette loi somptuaire ne doit s'entendre que pour une époque qui ne va même pas jusqu'à la fin de la République très probablement.

(2) Tite-Live. XLIII. 15. : Non sum nescius ab eadem negligentia qua nihil deos portendere vulgo nunc credant, neque nuntiari admodum ulla prodigia in publicum, neque in annales referri. Ceterum et mihi vetustas res scribenti, nescio quo pacto, antiquus fit animus ; et religio quædam tenet quæ illi prudentissimi viri publice suscipienda censuerint, ea pro indignis habere quæ in meos annales referam.

INTRODUCTION HISTORIQUE

L'ÉDILITE

Dans une pareille agglomération d'hommes et d'édifices, il semble qu'afin d'y assurer l'ordre, il eût fallu constituer une autorité spéciale, indépendante et pourvue de grands moyens d'action pour la police générale et l'administration. Ce ne pouvait être le système Romain, où la magistrature supérieure, qui avait succédé à la royauté, conserva en principe, même après sa division en plusieurs branches, la plénitude du pouvoir. Aussi les édiles, qui furent un jour principalement chargés du soin de la ville, eurent-ils des débuts si modestes que, simples auxiliaires, c'est à peine si le nom de magistrats pouvait leur être appliqué. Cependant dans une lente évolution et par étapes successives, leurs attributions se précisèrent et prirent de l'importance : pour les bien comprendre, il est utile, avant d'aborder l'étude des institutions urbaines à leur plein développement, de connaitre l'origine et l'histoire de leurs organes.

§ I. — L'ÉDILITÉ PLÉBÉIENNE.

« *Tous les témoignages sont d'accord*, dit M. Mommsen (1), *sur ce point : L'institution de l'édilité plébéienne coïncide avec la constitution de la plèbe elle-même et de son tribunat.* » Il est certain qu'avant son organisation en corps séparé, la plèbe existait déjà en fait; mais elle était dépourvue de moyens de réclamer ses droits et de les défendre. Les phases de la lutte d'où elle sortit constituée nous sont mal connues, et nous sommes forcés de nous en remettre aux récits des annalistes qui souvent anticipent sur l'époque pour laquelle ils sont faits et attribuent à ses institutions un développement atteint plus tard. Mais, comme dit Tite-Live, pour des choses anciennes, il faut savoir se contenter du vraisemblable pour le vrai (2). Nous exposerons donc la formation de la plèbe en suivant la tradition.

(1) *Droit public romain*, trad. franç.; t. IV, p. 161.

(2) Tite-Live, V, 11 : Sed in rebus tam antiquis si quæ similia veri sint pro veris accipiantur satis habeam.

Les nombreuses guerres qui suivirent l'expulsion des rois avaient épuisé les ressources des plébéiens qui durent emprunter aux patriciens détenteurs de toute la richesse : le contrat en vigueur étant le *nexum*, ils engageaient leurs biens, leurs personnes, et. celles mêmes de ceux qu'ils avaient en puissance, et le défaut de payement les exposait à la vente des biens et des personnes tombées en servitude ; leur créancier pouvait disposer de leur vie même. Lorsque les besoins de la guerre exigeaient un plus grand nombre d'hommes, on les relâchait, on leur faisait des promesses (1). Mais après la victoire décisive du combat livré près du lac Regille (259. V. C.), les patriciens, rassurés sur l'extérieur, crurent n'avoir plus de ménagements à garder, ils oublièrent les promesses faites et exigèrent leur dû.

Les poursuites reprirent avec une nouvelle rigueur et les prisons particulières des créanciers regorgèrent de plébéiens. Ceux qui avaient encore leur liberté, poussés à bout, commencèrent à s'assembler, à se concerter et une grande effervescence régna. Le Sénat effrayé voulut les retenir par le lien de la discipline et donna l'ordre aux

(1) Tite-Live, II, 24 (Consul) edicto addidit fidem quo edixit, ne quis civem Romanum vinctum aut clausum teneret, quo minus ei nominis edendi apud consules potestas fieret, ne quis militis donec in castris esset bona possideret, aut venderet; liberos nepotesve ejus moraretur.

consuls d'emmener l'armée en expédition contre les Èques. Ce fut le signal de la sédition : en armes, sous la conduite de l'un des leurs, Sicinius, ils se retirèrent au delà de l'Anio, sur le Mont-Sacré, près du pays de Crustumerium (*Varro. de l. l. IV. 14 : Secessio Crustumerina*). Cette version, dit Tite-Live (II. 32), est plus accréditée que celle d'une retraite sur le mont Aventin, qui est donnée par Pison. Là, ils entourèrent leur campement d'un fossé et d'un retranchement et s'y tinrent plusieurs jours dans le calme. Cependant, la désolation régnait dans la ville ; et le Sénat, craignant que la prolongation de cette situation ne rendit la séparation définitive, décréta l'envoi de dix délégués (Denys VI. 90), parmi lesquels Menenius Agrippa, homme disert, et cher à la plèbe à laquelle le rattachaient ses origines (1); il leur conta l'apologue des membres et de l'estomac, et il n'en fallut pas davantage pour calmer leur exaltation ; Brutus exposa leurs revendications et demanda la création de magistrats pris parmi eux et chargés de leur défense. C'était, lui répondit Menenius, ne tendre à rien de moins qu'à former un Etat dans l'Etat. Il fallait en référer au Sénat ; qu'il s'y rendit

(1) Tite-Live II. 32 : facundum virum et quod inde oriundus erat plebi carum.

Pour expliquer l'origine plébéienne de ce sénateur, il faut probablement supposer qu'il fit partie de ces chevaliers que Brutus fit entrer au Sénat après la chute des Tarquins, pour le compléter (Conscripti — T. L. II. I. — Festus v° Adlecti.)

avec quelques-uns des délégués, et lui Menenius resterait
avec les autres. La délibération fut orageuse, mais les patriciens cédèrent, et Brutus avec les Féciaux, dit Denys
d'Halicarnasse (VI. 90), rapportèrent au Mont-Sacré un
traité de paix (261 V. C.). Deux tribuns, suivant l'opinion générale, furent nommés, et probablement dans les
curies plébéio-patriciennes (1). Tite Live omet ici la nomination des édiles, mais ce n'est pas pour la nier, car plus
loin sous l'année 291 (III. 6), il en suppose l'existence en
leur donnant un rôle fort important, mais peu vraisemblable dans les mesures à prendre dans une épidémie.
Denys ne place pas non plus leur création sur le Mont-
Sacré, mais seulement après leur rentrée dans la ville, au
moyen d'un Senatus-Consulte. Aulu-Gelle (XVII. 21) et
Festus (v° *Plebei ædiles*), disent tous deux que ces magistrats furent créés dans la dissension de la plèbe d'avec les
patriciens.

La plupart des auteurs admettent que le nom a été
créé simultanément avec la chose et non emprunté à une
institution déjà existante comme pour les tribuns. L'asser-

(1) Tite-Live II 55 : Tribuni plebei creati duo....; hi tres collegas
sibi creaverunt... Sunt qui duos tantum in Sacro monte creatos tribunos esse dicant, ibique sacratam legem latam. — *Ibid*. 58. Tum
primum comitiis tributis creati tribuni sunt : numero etiam additos tres
perinde ac duo antea fuerint, Piso auctor est, nominat etiam tribunos. — Cicéron. *De rep*. II. 54 : Quo tum consilio prætermisso, causa
populo nata est duobus tribunis plebis per seditionem creatis ut poten-
tia Senatus atque auctoritas minueretur.

tion de Festus n'y contredit pas, en y faisant une correction proposée par Scaliger, et indiquée par la raison et par le sens général de la phrase ; il dit que le nom d'édile était donné d'abord à ceux qui avaient la surveillance non seulement des édifices sacrés et publics, mais même de ceux appartenant aux particuliers, et que de là le nom passa plus tard à ces magistrats (1). Mais on ne saurait s'appuyer sur ce texte pour affirmer que telles furent leurs attributions dès l'origine, bien qu'ils les aient en effet reçues à un moment quelconque.

Le mot *ædilis* tire certainement son étymologie du mot *ædes* avec lequel il est dans le rapport d'un adjectif avec le substantif dont il dérive, et c'est pourquoi on le trouve ainsi employé par certains auteurs (2). La détermination

(1) Festus. *Epitome* v. s. : ædilis initio dictus est (magistratus) qui ædium non tantum sacrarum sed etiam privatarum curam gerebat ; postea hoc nomen et ad magistratus translatum est. Dictus est autem ædilis quod facilis ad eum plebi aditus esset..... Scaliger : ædilis, inquit, primo magistratus dictus est, deinde ad magistratum translatum est. — Quid istud verbi est? Sane ego non intelligo. Et verum est illud verbum magistratus abundare, ut ita legatur : Ædilis initio dictus est qui ædium... etc. Nam hoc nominé omnes, ut loquitur Lucretius, ædituentes vocabantur : Ædilis enim principio æditimum significabat : hæc est mens Festi. — Quant à l'étymologie donnée par Festus à la suite de sa définition « quod facilis ad eum plebi aditus », elle se passe de commentaire, bien que Théophile (Just. I. 2. § 7) la considère comme Τὸ πάντων ἀληθέστατον.

(2) Tite-Live VI. 42 : Factum senatus-consultum ut duoviros ædiles ex patribus dictator populum rogaret.

de ce point a de l'importance parce qu'elle est de nature à
jeter quelque jour sur les origines de cette magistrature ; des
systèmes ont été fondés sur cet appui, mais dans quelques-
uns en faussant le sens du mot *aedes*. On ne sait si leur qualité de plébéien figura dans leur dénomination dès le début, ou seulement plus tard lorsqu'il y eut lieu de les distinguer des édits curules. Ce déterminatif se rencontre
sous trois formes : la plus usitée, le génitif *plebis* — l'adjectif *plebeius* — une autre forme de génitif : *plebei* et
plus sûrement *plebi* (1). M. Mommsen (2) dit que l'organisation de la plèbe et de ses magistrats a été calquée sur
la constitution de la cité Romaine, une assemblée délibé-
rante et un gouvernement de quatre magistrats, deux
chefs et deux auxiliaires, ainsi que les principes de collégialité, d'annalité et d'élection par le peuple. Sur ce dernier point on a voulu, par analogie, faire nommer les

---

(1) Plebeius : Festus v° *Plebeii aediles*. — Tite-Live II. 56. *Plebeii
magistratus.* — Chez Tacite (ann. XIII. 28) plebei par un seul i, mais
la construction de la phrase où il est opposé à *curules* et qualificatif
du sujet d'un verbe exige qu'il soit considéré comme adjectif. — Plebei ou plebi : Ædilis plebi se trouve textuellement C. I. L. VI. 1696.
— Appliqué au tribunat pour lequel on ne trouve jamais l'adjectif :
Tite-Live (*loc. cit.*) tribunum plebei. — Lex Acilia repet. l. 81 : tribunus plebei. — Il est remarquable que dans la formule d'exécration
de la loi Valeria Horatia sur l'inviolabilité des magistrats de la plèbe,
les tribuns venant d'être nommés « *tribuni plebis* », le nom des
édiles ne soit pas suivi de cette désignation (Tite-Live III. 55).

(2) *Droit public rom.* III. p. 514.

édiles directement par les tribuns, comme les questeurs l'ont été par les consuls; mais c'est une pure hypothèse à l'appui de laquelle on n'apporte rien. Ce droit, s'il exista jamais, fut en tous cas promptement changé en celui de présider à l'élection par une assemblée. Il règne une grande obscurité sur la nature de cette assemblée du moins jusqu'à l'année 283 où la loi Publilia transporta l'élection aux comices par tribus de la plèbe,

Et cependant des auteurs versés dans l'étude du droit public, comme Cicéron, affirment sans aucune hésitation que dès la première année qui suivit leur création sur le Mont-Sacré, dix tribuns furent nommés dans les comices par curies avec prise d'auspices (1). Denys (IX. 41), en expliquant en quoi éonsistait l'intérêt de la proposition de Publilius Volero pour la plèbe, l'attribue à ce que les comices par tribus se seraient tenus sans senatus-consulte et sans auspices, à la différence des curies. Enfin Tite-Live constate la présence à l'assemblée, où les tribuns Lætorius et Volero présentaient cette même loi une seconde fois, de patriciens qui, cherchant à entraver le vote, se virent écarter sur l'ordre de Lætorius, sauf ceux qui voulaient voter (2). M. Mommsen (3) pense que ce mode d'élection est

(1) Cic. *Pro C. Cornelio ap. Asconium* : Itaque auspicato, postero anno, decem tribuni plebis comitiis curiatis creati sunt.

(2) Tite-Live II. 56 : Consules, nobilitasque ad impediendam legem in concione consistunt. Submoveri Lætorius jubet præterquam qui suffragium ineant.

(3) *Droit public rom.* VI. I. p. 170.

incompatible avec la nature de la plèbe et que l'opinion
unanime des auteurs anciens repose sur un raisonnement
fondé sur ce qu'à cette époque, il n'existait que des comices par centuries dont l'organisation militaire était inadmissible pour des magistrats du caractère des tribuns, ou
des comices par curies, ce qui conduisait forcément à l'a-
doption de ces derniers. Il laisse entrevoir l'idée de curies
avec exclusion des patriciens et probablement pour expliquer néanmoins l'intérêt des plébéiens au changement, il
ajoute que cependant les familles nobles peuvent avoir pos-
sédé par leurs clients une influence décisive dans ces assemblées (1).

Quoi qu'il en soit, la loi proposée en 282. V. C. par Publicius Volero, et qui tendait à substituer le vote par tribus
à ce qui existait auparavant (2), repoussée une première
fois, passa l'année suivante grâce à l'énergie des tribuns (3).
La présidence de l'assemblée appartint sans doute dès le
début aux tribuns, car lorsqu'en 305 la plèbe se reconstitua

----

(1) Cette influence est indiquée par Tite-Live (II. 56), à propos de
la résistance des patriciens au vote de la loi Publilia : Haud parva res..
quæ patriciis omnem potestatem per clientium suffragia creandi quos
vellent tribunos auferret.

(2) Tite-Live, II. 56 : (Volero) rogationem tulit ad populum ut plebei
magistratus tributis conciliis fierent.

(3) Tite-Live. II, 57 : Lex silentio perfertur; 58 : Tum primum tributis comitiis creati tribuni sunt. Il est bien évident qu'il n'avait pas.
été possible que les tribuns présidassent la première année, puisqu'ils
n'existaient pas,

sur ses anciennes bases abolies pendant la période des décemvirs, dès la seconde année (306), les comices furent présidés par un tribun désigné par le sort (1).

Le fonctionnement de ces nouvelles institutions ne donna probablement pas toute satisfaction, car nous voyons en 302, V. C., un accord intervenir entre les deux ordres pour nommer des législateurs chargés d'établir un droit uniforme (2). Les conditions étaient, pour les patriciens, que les législateurs, au nombre de dix, seraient pris parmi eux, et pour les plébéiens le maintien de la loi Scilia votée sur l'Aventin et des autres lois sacrées (3).

Le pouvoir passa des consuls à ces décemvirs qui furent soustraits au droit de provocation. Il en résultait l'annihilation du pouvoir tribunicien et la renonciation de la plèbe à sa situation à part ; d'ailleurs ces garanties devaient être remplacées par les dispositions des nouvelles lois. Les pouvoirs des décemvirs leur étaient accordés pour une année, mais la rédaction des lois n'étant pas terminée à l'expi-

(1) Tite-Live III, 64. Forte quadam utili ad tempus ut comitiis præesset potissimum. M. Duillio sorte evenit. La première année, les tribuns n'existant pas, ce fut le grand pontife qui présida.

(2) Tite-Live, III, 51 : Finem certaminum facerent... communiter legum latores et ex plebe et ex patribus qui utrisque utilia ferrent, quoque æquandæ libertatis essent sinerent creari.

(3) Tite-Live, III, 52. Admiscerenturne plebeii, controversia aliquandiu fuit ; postremo concessum patribus : modo ne lex Icilia de Aventino, aliæque sacratæ leges abrogarentur.

ration de ce temps, une prorogation eut lieu, et des décemvirs furent de nouveau nommés. Autant ceux de la première année s'étaient montrés modérés, autant les derniers furent arrogants et tyranniques (1). Des séditions éclatèrent à la ville et à l'armée, la plèbe entière se retira sur le mont Aventin, puis sur le Mont-Sacré, en réclamant l'abdication des décemvirs (2); ceux-ci s'y refusaient, sous prétexte de n'avoir pas accompli encore leur tâche, mais le Sénat l'exigea d'eux et la plèbe obtint sa reconstitution sur ses anciennes bases; par suite de ces circonstances extraordinaires, où les pouvoirs réguliers faisaient défaut, les nouveaux tribuns de la plèbe furent nommés dans les comices tenus sur l'Aventin, sous la présidence du grand-pontife, et ils procédèrent sans doute à la nomination des édiles (3). Les lois *Valeriæ-Horatiæ* sur l'autorité des plébiscites, sur la provocation et sur l'inviolabilité des magistrats plébéiens complétèrent les garanties de liberté de la plèbe et lui donnèrent de nouvelles armes. La dernière de ces lois soulève une question délicate; elle fut rendue, dit Tite-Live (III, 55), pour remettre en mémoire la *sacro-sanctitas* des tribuns, car il parait que le souvenir du ser-

(1) Tite-Live, III, 44 à 50.
(2) Tite-Live, III, 50 à 54.
(3) Tite-Live, III, 54 : Armati (plebeii) per urbem silentio in Aventinum perveniunt; ibi extemplo pontifice maximo comitia habente tribunos plebis creaverunt.

ment du Mont-Sacré commençait à s'abolir, de sorte que les tribuns, déjà inviolables par la religion, le furent aussi par l'effet de la loi qui prononçait l'exécration de quiconque attenterait à la personne des magistrats qu'elle désignait (1). Les jurisconsultes, continue Tite-Live, affirment que cette loi n'a rendu aucun de ces magistrats sacrosaint, mais a simplement déclaré « *sacer* » le violateur, si bien que l'édile peut être appréhendé au corps et conduit en prison par un magistrat supérieur ; c'est un acte illégal, mais il montre qu'on ne tient pas les édiles pour sacrosaints, à la différence des tribuns. Avec la plupart des auteurs, M. Mommsen (2), tout en trouvant remarquable l'exposition de Tite-Live faisant la distinction qui vient d'être citée, conclut nettement au même fondement sur le serment de la *sacrosanctitas* des édiles ; il apporte, à l'appui de son opinion, la phrase de Caton, citée par Festus (3), donnant les édiles comme sacrosaints,

---

(1) Tite-Live (III, 55) : Sanciendo « Ut qui tribunis plebis, ædilibus, judicibus decemviris nocuisset, ejus caput Jovi sacrum esset, familia ad ædem Cereris, Liberi, Liberæque venum iret. » Hac lege juris interpretes negant quemquam sacrosanctum esse : sed eum qui eorum cuiquam nocuerit sacrum sanciri. Itaque ædilem prehendi ducique a majoribus magistratibus ; quod etsi non jure fiat... tamen argumentum esse non haberi pro sacrosancto ædilem : tribunos vetere jurejurando plebis cum primum eam potestatem creavit sacrosanctos esse.

(2) *Droit public romain*, IV, p. 164 et n. 1.

(3) Festus v° *sacrosanctum* : Affirmat... M. Cato... ædilis plebis sacrosanctos esse.

et comme raison de ce privilège, il ajoute qu'il était indispensable pour la protection des édiles plébéiens contre les magistrats du peuple (1). Il y admet cependant une restriction : pour eux, l'effet n'est que relatif et n'existe pas vis-à-vis des tribuns.

Dans l'opinion contraire, nous alléguerons le texte si net de Tite-Live, l'absence complète de preuve d'un serment prêté à propos des édiles, la vraisemblance du défaut de serment, en la fondant sur l'assertion de Denys (VI, 90), que ce ne fut qu'après leur rentrée dans la ville que les plébéiens obtinrent l'adjonction de ces auxiliaires des tribuns ; le silence de Tite-Live sur la création des édiles, sur le Mont Sacré, peut s'interpréter dans le même sens ; quelque système qu'on adopte sur leur élection, soit directement par les tribuns, soit dans une assemblée par curies, de toute façon ils n'ont pu être nommés qu'après les tribuns ; enfin il est contraire à la nature du serment d'en scinder l'effet. D'ailleurs, rien ne s'oppose à ce qu'en fait les édiles aient participé à l'immunité de leurs supérieurs les tribuns ; l'explication de leur inviolabilité donnée par Denys (VI, 90) et selon laquelle *l'injure au serviteur rejaillit sur le maître*, rejetée si sévèrement

---

(1) M. Mommsen reconnait lui-même le peu de portée de l'argument fondé sur les paroles de Caton, quand il admet qu'on peut en tirer une preuve que le principe de *sacrosanctitas* était controversé, puisque Caton se croyait obligé de le consolider (IV p. 179, n. 1.)

par M. Mommsen (1), peut bien signifier que l'agent
exécutant un ordre est le représentant de la personne
même de celui qui l'a donné, ce qui, du reste, exista plus
tard pour les viateurs; au début, ce fut bien le rôle des
édiles, et cette façon de voir est confirmée par le fait que
lorsque les édiles se séparèrent des tribuns, il ne fut plus
question de leur *sacrosanctitas*; les magistrats supérieurs
les citaient devant eux, en employant au besoin la force,
et l'on ne trouve nulle part mention d'une revendication
de leur privilège.

Sans doute, il faut attribuer à leur rôle subalterne
d'auxiliaires, la profonde obscurité qui règne sur les attributions des anciens édiles, et ce qui tend à le démontrer
c'est que lorsque nous les verrons avec une compétence
spéciale, ils auront à ce moment complètement secoué le
joug des tribuns et qu'ils occuperont même un rang supérieur au leur dans le « *cursus honorum* »; et cependant
un dernier reflet de l'état primitif subsistera toujours dans
la présidence des élections par les tribuns.

C'est donc de ce principe de subordination qu'il faut
partir pour se faire une idée de leurs fonctions au début.
Le rôle des tribuns consistait dans la défense et la protection de la plèbe, et ils l'exerçaient par deux moyens : l'intercession et la répression; du premier, il ne peut être

---

(1) *Droit public romain*, IV, p. 164, n. 1.

question pour des magistrats inférieurs; mais l'autre, qui se subdivise en deux branches, la condamnation et l'exécution, offrait, dans l'une de ces deux branches, un côté purement matériel dont le magistrat supérieur devait chercher à se décharger, et d'ailleurs l'exemple d'une répartition analogue existait également dans la magistrature patricienne où les questeurs étaient surtout chargés, dans les premiers temps de la république, de la justice criminelle.

Ainsi, lorsque Coriolan se refuse à se rendre à l'appel des tribuns l'accusant de vouloir leur abolition, les édiles plébéiens L. Junius Brutus et Sicilius Ruga sont envoyés pour l'amener, et le tribun Sicinius leur enjoint d'employer la force en cas de résistance. Puis lorsque Coriolan se décide à comparaitre, le même tribun prononce sa condamnation à mort et ordonne aux édiles de l'exécuter en précipitant Coriolan de la roche Tarpéienne (1). Lorsque le sénat envoya une commission composée d'un préteur, de dix légats et de deux tribuns pour faire une enquête sur la vie dissolue qu'on accusait P. Scipion de mener, il y adjoignit un édile chargé de l'appréhender au corps s'il faisait résistance à l'ordre du préteur (2).

M. Mommsen constate avec raison que ces édiles

(1) Denys VII. 26. Plutarque *Coriolan.* 17.
(2) Tite Live XXIX. 20.

18 INTRODUCTION HISTORIQUE

n'étaient à vrai dire que des viateurs et que cela justifie
l'expression de « *serviteur* » employée par Denys (1) et
néanmoins il leur reconnait le droit d'intenter d'une manière indépendante une poursuite criminelle et, conséquence nécessaire, de défendre leur sentence devant le
peuple ; lui même reconnait qu'il est « *contre la nature
des choses d'accorder aux mêmes magistrats qui sont
en matière d'arrestation et d'exécution des serviteurs
des tribuns, u.* droit de prononcer les sentences indépendantes et do défendre leurs jugements égal à celui
des tribuns* » (2). Mais comme c'est ce qu'admettent
« *les maîtres du droit public* », dit M. Mommsen, il est
sage de ne pas s'écarter de la tradition juridique.

Il invoque aussi le sens du mot « δικάζειν » qu'emploient dans leurs indications générales sur l'édilité, Denys (VI. 90) et Zonaras (VII. 15), qui contient plus que
l'idée d'une simple aide, et enfin la condamnation des consuls Romilius et Veturius poursuivis respectivement par
un tribun et un édile (3). Dans ce texte l'éminent roma-

<hr>

(1) Denys VI. 90. : τοὺς ὑπηρετήσαντας τοῖς δημάρχοις - et *infra, ibid.*
ὑπηρέτας τῶν δημάρχων.

(2) Mommsen. *Droit public Rom IV.* 168.

(3) Tite-Live. (300 V. C.) III. 31 (Prædam) propter inopiam ærarii
consules vendiderunt..... res... tribunis materiam criminandi ad plebem consules præbuit. Itaque..... dies dicta est Romilio ab C. Calvio
(ou Claudio) Cicerone, tribuno plebis, Veturio ab L. Allieno, ædile
plebis. Uterque..... damnatus, Romilius X millibus aeris. Veturius XV.

niste voit une égalité parfaite entre les deux magistrats d'espèce différente qui « *ne serait aucunement vraie à l'époque historique* ».

Il faut croire cependant que tel n'est pas son avis personnel et qu'il n'a voulu qu'exprimer quelle était la conception des maitres du droit Romain sur ce point, et qu'en général, on doit adopter leurs idées, car il constate ailleurs que les procès politiques dont le fondement est dans la liberté du magistrat n'ont jamais été intentés par les édiles. L'unique objection en sens contraire, l'histoire certainement fictive de l'an 300, ne peut suffire à déplacer une délimitation de compétence que les autres données révèlent clairement (1).

C'est encore une conjecture reposant sur de faibles indices que l'attribution aux édiles de la surveillance des corvées imposées comme charges foncières aux propriétaires riverains des voies, mais elle est vraisemblable parce qu'elle concorde avec le caractère de l'édilité récente ; néanmoins on est forcé d'avouer qu'on se heurte à de grandes difficultés parce que les corvées, en leur qualité de charges foncières, grèvent évidemment des propriétaires patriciens, et qu'il est difficile de les soumettre à un contrôle de magistrats plébéiens. Cependant quelques déduc-

— Denys X. 50 donne les mêmes chiffres ; il appelle le tribun Siccius et dit que l'édile Lucius avait été tribun l'année précédente.

(1) *Droit publ. Rom.* III. p. 575, et *ibid.* n. 2.

tions tirées de faits connus permettent de justifier en partie cette idée : sous le consulat de Sp. Tarpius et d'Aulus Aternius (ou Termenius), en l'an 300 v. c., Denys rapporte que le droit jusqu'alors réservé aux seuls consuls de réprimer les atteintes contre la loi ou leur autorité fut étendu à tous les magistrats (1). Cette disposition visait les édiles uniquement, car ils étaient à cette époque les seuls magistrats inférieurs avec les questeurs à qui n'appartint jamais la coercition. M. Mommsen pense que c'est à ce moment que la surveillance des corvées, avec un droit limité de coercition, passa aux édiles des mains des magistrats supérieurs et que ce droit, chez ceux-ci sans limites, ne consista plus qu'à prononcer des amendes, saisir des gages, et peut-être infliger même des châtiments corporels. Cette juridiction criminelle expliquerait l'organisation donnée à l'édilité en 388. Les annales nous montrent en 365, quelque temps après l'incendie de Rome par les Gaulois, les maisons se reconstruisant sans ordre et sans plan, tant la hâte était grande de voir la ville se relever ; tout était mis gratuitement à la disposition des constructeurs, pourvu qu'ils donnassent caution de terminer leurs travaux dans l'année (2). L'exigence de ces cautions prouve

(1) Denys X. 50 : (οἱ ὕπατοι) ἐπὶ τῆς λογίτιδος ἐκκλησίας νόμον ἐκύρωσαν ἵνα ταῖς ἀρχαῖς ἐξῇ πάσαις τοὺς ἀκοσμοῦντας ἢ παρανομοῦντας εἰς τὴν ἑαυτῶν ἐξουσίαν ζημιοῦν τέως γὰρ οὐχ ἅπασιν ἐξῆν, ἀλλὰ τοῖς ὑπάτοις μόνοις.

(2) Tite-Live V. 55. Promiscue urbs ædificari cœpta. Tegula publice

que ces travaux sont considérés comme des travaux publics ; ils ressemblent aux ouvrages accomplis par corvées, parce qu'il n'y a pas non plus de marché, et que dans les corvées on imposait peut-être aussi l'achèvement d'une certaine tâche en un temps donné. Ce qui confirme cette manière de voir, c'est que ce fut les édiles que l'on chargea de recevoir ces travaux terminés l'année suivante (1) (366 v. c.). Or, nous verrons plus tard que dans le cas de travaux faits par corvées, ils furent compétents pour la réception, les censeurs l'étant en cas de marché, sauf exception au profit des édiles pour le pavage des rues. Enfin l'établissement d'un tarif pour l'imposition des corvées que l'on trouve dans la *lex coloniæ Genetivæ Juliæ* a déjà pu exister pour ces premiers édiles, ainsi que la haute surveillance en a pu également leur appartenir (2). Il n'est jusqu'à la dénomination dont nous avons vu le rapport avec [le mot *ædes* et qui paraît avoir été créée par cette

---

præbita est ; saxi materiæque cædendæ unde quisque vellet jus factum ; prædibus acceptis eo anno ædificia perfecturos. Festinatio curam exemit vicos dirigendi.

(1) Tite-Live VI. 4. : Et Roma cum frequentia crescere, tum tota simul exsurgere ædificiis, et republica impensas adjuvante et ædilibus velut publicum exigentibus opus, et ipsis privatis.... festinantibus ad effectum operis, intraque annum nova urbs stetit.

(2) Lex coloniæ Gen. Juliæ cap. XCVIII : Munitionem fieri liceto dum ne amplius in annos singulos inque homines singulos puberes operas quinas et in (jumenta plaustraria) juga singula operas ternas decernant. Eique munitioni ædiles qui tum erunt ex d. decurionum præsunto.

magistrature, qui ne puisse servir à déterminer cette sphère d'opérations. D'autres explications ont été données sur ce dernier point. Une, entre autres, repose sur la seule attribution que l'on connaisse certainement pour les premiers édiles. Pomponius (1) prétend qu'ils furent créés pour avoir la garde des lieux où la plèbe conservait ses archives, et Zonaras (2) nous donne l'énumération des documents qu'ils conservaient pour que rien ne leur échappât de ce qui avait été fait. L'allégation du jurisconsulte est incompatible avec l'affirmation précise de Tite-Live (3) que ce fut à partir de l'an 306 et sur l'initiative des consuls Valerius et Horatius que les Sénatus-Consultes furent remis aux édiles dans le temple de Cérès, alors qu'auparavant, ils étaient ou supprimés ou falsifiés au gré des consuls. Il est possible cependant qu'avant même cette époque ils aient déjà conservé certains documents les intéressant, même des sénatus-consultes dont les tribuns pouvaient connaitre le texte. Il parait, en effet, qu'ils pla-

---

(1) *Dig*. 1. 2-1. 2. § 21 : Ut essent qui ædibus præessent in quibus omnia scita sua plebs, deferebat, duos ex plebe constituerunt qui etiam ædiles appellati sunt.

(2) VII. 15 Οἷς (δημάρχοις) καὶ ἀγορανόμους δύο προσείλοντο οἷον ὑπηρέτας σφίσιν ἐσομένους πρὸς γράμματα· πάντα γὰρ τά τε παρὰ τῷ πλήθει καὶ τὰ παρα τῷ δήμῳ καὶ τῇ βουλῇ γραφόμενα λαμβάνοντες ὥστε μηδὲν σφᾶς των πραττομένων λανθάνειν ἐφύλασσον.

(3) III. 55 : Institutum ab eisdem consulibus ut senatusconsulta in ædem Cereris ad ædiles plebis deferrentur ; quæ antea arbitrio consulum supprimebantur vitiabanturque.

çaient leurs bancs dans l'embrasure des portes du Sénat auquel ils n'avaient pas entrée, écoutaient la lecture des décrets, prêts à former une intercession s'il était utile. C'est de là, dit Valère Maxime, que vient qu'on trouvait d'anciens Senatus-Consultes marqués de la lettre T, indiquant l'accord des tribuns (1).

En dehors de ces fonctions permanentes, on voit les édiles chargés de missions très diverses. Ainsi lorsque en 306 les consuls firent publier les lois décemvirales par l'exposition des tables de bronze où elles étaient gravées, certains auteurs disent que les édiles furent chargés de cet affichage (2). M. Mommsen regarde la chose comme controuvée parce que des magistrats de la plèbe ne pouvaient publier une loi du peuple Romain. Il se peut cependant que cette loi étant l'œuvre d'une entente entre les deux ordres, les tribuns en aient fait faire une publication spéciale pour les plébéiens, en dehors de la publication officielle, car Tite-Live dit que ce fut sur l'ordre des tribuns : à cette époque, ceux-ci n'auraient pas été plus compétents

(1) Val. Max II. 2. 7. Tribunis plebis intrare curiam non licebat : ante valvas autem positis subselliis, decreta patrum attentissima cura examinabant, ut si qua ex eis improbassent rata esse non sinerent. Itaque veteribus S. C. T littera subscribi solebat, eaque nota significabatur ita tribunos quoque censuisse.

(2) Tite-Live III. 57. (Consules) leges Xvirales quibus Tabulis XII est nomen, in æs incisas in publico proposuerunt : Sunt qui jussu tribunorum ædiles functos eo ministerio scribant.

pour la publication légale. En 327, pendant le désarroi d'une épidémie où des cultes étrangers s'étaient introduits à Rome, les édiles sont chargés de réprimer les atteintes à l'intégrité du culte national (1). Dans une autre circonstance déjà, en 291, ils auraient à défaut des consuls dont l'un était mort et l'autre mourant, pris la direction générale (2), ce qui n'est guère vraisemblable, le recours à la dictature ou en dernier état de cause à l'interrègne étant toujours possible.

D'autres systèmes ont été proposés qui ne sont que de pures conceptions de l'imagination. Les deux principaux sont ceux de M. W. Soltau (3) et de M. W. Ohnesseit (4) très récents l'un et l'autre.

M. Soltau commence par étudier l'édilité dans son plein développement et entreprend de séparer ce qui est spécial à l'édilité plébéienne, et de remonter, en fixant les dates de chaque nouvelle attribution, aux débuts. Il pose alors en principe le partage en deux branches de la compétence

(1) Tite-Live IV. 5o. Datum inde negotium aedilibus ut animadverterent ne qui, nisi Romani Dii, neu quo alio more quam patrio colerentur.

(2) Tite-Live III 6 : Munus vigiliarum senatores.... per se ipsi obibant; circuitio ac cura aedilium plebei erat : ad eos summa rerum ac majestas consularis imperii venerat.

(3) Die urspruengliche Competenz der aediles plebis. Bonn. 1882.

(4) Un article publié dans une revue : *Zeitschrift der Savigny stiftung.* 1885 (partie Romaine).

des édiles plébéiens : 1° une fonction plébéienne ; 2° une juridiction arbitrale.

1° *Ædilis* dérive des *ædes*, mais *ædes* est ici le temple de Cérès. L'auteur ne donne pas les raisons d'une telle étymologie et il n'est pas prouvé que dans la langue, le temple de cette déesse ait été le temple par excellence. Aussitôt après leur création, ils auraient eu un local dans ce temple (1) où ils auraient conservé les documents concernant la plèbe ainsi que les registres du recensement des tribus et des propriétés des plébéiens. Il est certain que les édiles plébéiens eurent plus de rapports que les édiles curules avec le temple de Cérès, qu'eux seuls y firent des présents et que les édiles plébéiens créés par César pour l'annone prirent le nom de *Ceriales* : mais cela ne suffit pas pour y trouver l'origine de cette dénomination qu'on aurait sans doute déterminée d'une façon plus précise, ni pour y trouver le caractère de leurs fonctions.

2° Leur juridiction arbitrale dérive de leur charge de tenir le registre des tribus et des propriétés, car sa confection même pouvait faire naître des différends entre propriétaires ; ces juges décemvirs, qui sont cités dans la formule d'exécration de la loi Valeria-Horatia relative à

---

(1) Nous rappelons le texte précité de Tite-Live (VI. 42) d'où il résulte d'une façon indubitable que les édiles n'eurent la garde des Sénatus-Consultes que leur remettait les consuls qu'à partir de l'année 3o6. V. C. après l'abdication des décemvirs.

l'inviolabilité des magistrats plébéiens (1), auraient été sous leur direction.

Enfin il leur attribue la *cura annonæ* (limitée à ce qu'elle fut plus tard), lors du rétablissement de la plèbe en 305 (2).

C'est incidemment, au cours d'un travail sur les édiles municipaux, que M. Ohnesseit émet une hypothèse relative à l'origine de l'édilité Romaine qui, d'après lui, serait dans l'édilité des villes du Latium dont l'organisation municipale aurait servi de modèle à l'édilité récente. M. Mommsen (3) répond très justement que, si elle avait été une institution primitive dans les cités latines, elle l'eût été également à Rome, l'une d'elles ; au contraire l'édilité débute par une institution plébéienne qui ne peut remonter plus haut que l'existence de la plèbe elle-même.

§ 2. — L'ÉDILITÉ CURULE.

On trouve presque toujours une petite cause pour un grand effet, dit Tite-Live (4), qui ne fait pas exception

(1) Tite-Live III. 55. Ut qui tribunis plebis, ædilibus, judicibus X. viris nocuisset ejus caput Jovi sacrum esset, familia ad ædem Cereris Liberi, Liberæque venum iret,

(2) Pline, *h. n.* XVIII. 3. Manius Marcius ædilis plebis primum frumentum populo in modios assibus donavit.

(3) *Droit public Rom.*, IV, p. 166, fin de la note de la page précédente.

(4) Parva, ut plerumque solet, rem ingentem molendi causa inter-

à cette règle pour l'origine du mouvement qui fit admettre la plèbe dans le peuple. Certes, le tribun de la plèble, C. Licinius Stolo, eut des raisons plus sérieuses que de chercher à satisfaire la convoitise des honneurs consulaires de sa femme, fille du patricien Fabius Ambustus, lorsqu'il présenta la loi qui consomma l'union des deux ordres. Malgré la protection de leurs tribuns et quelques légers avantages, depuis la sécession du mont Sacré, la situation des plébéiens ne s'était guère améliorée, ni au point de vue politique, ni même au point de vue matériel ; véritables Sisyphes, ils succombaient sous le fardeau de leurs dettes. Ils comprirent que leurs efforts resteraient toujours vains s'ils ne parvenaient à participer directement au gouvernement qu'ils n'avaient pu jusqu'alors qu'entraver par le *veto* de leurs tribuns (1). L. Sextius et C. Licinius Stolo proposèrent une loi donnant satisfaction à leurs revendications en quatre chefs : 1° Suppression des intérêts accumulés et délai de trois ans avec trois termes pour le payement des dettes ; 2° limitation de la part d'a-*ger* de chacun à 50 arpents ; 3° retour au consulat (au lieu des tribuns consulaires militaires) dont l'un des sièges

venit. Suit l'anecdote du retour du consul, annoncé par les coups de la baguette du licteur sur la porte.

(1) Tite-Live, VI, 37 : Non posse æque jure agi, ubi imperium penes illos, penes se auxilium tantum sit : nisi imperio communicato, numquam plebem in parte pari reipublicæ fore.

occupé nécessairement par un plébéien (379 V. C.) (1).
La résistance était acharnée de la part des patriciens qui
y employaient tous les moyens, soudoyant quelques-uns
des tribuns pour apporter un obstacle au vote de la loi par
leur intercession; de l'autre côté, les tribuns entravaient
les élections des magistrats patriciens, si bien que pendant l'espace de cinq ans il n'y eut aucun magistrat curule (2). Les choses trainèrent ainsi en longueur jusqu'en 387 où fut votée la loi de Licinius. La disposition
qui donnait un des sièges du consulat à la plèbe fut encore l'objet de grands dissentiments, car le Sénat refusait
son autorisation à ce plébiscite; Furius Camillus, alors dictateur pour la cinquième fois, parvint à faire conclure une
transaction aux termes de laquelle un des consuls serait
plébéien, et d'autre part il serait créé un préteur chargé
de « dire le droit entre les citoyens » (3), et deux édiles curules, tous trois patriciens (4). C'est bien là la raison de la
création de l'édilité curule, et si Tite-Live (5) le constate,

(1) Tite-Live, VI, 55, sous l'an 579, V. C.

(2) Tite-Live, VI, 35 : Comitia præter ædilium tribunorumque pl.
nulla sunt habita; nullos magistratus creari passi sunt (tribuni), eaque
solitudo magistratuum... per quinquennium urbem tenuit (279-283).

(3) Tite-Live, VI, 42 : Per dictatorem conditionibus sedatæ discordiæ
sunt concessumque a nobilitate plebi de consule plebeio, a plebe nobi-
litati de prætore uno qui jus in urbe diceret ex patribus creando.

(4) Tite-Live, VII, 1. Hos sibi patricii quæsivere honores pro con-
cesso plebi altero consulatu.

(5) Tite-Live, VI, 42, *in fine*.

il a donné auparavant une explication peu sérieuse et même invraisemblable : Pour célébrer le rétablissement de la concorde, le Sénat décréta la célébration de grands jeux aux trois jours habituels desquels on ajouterait un quatrième ; les édiles auraient refusé ce surcroit de frais, et de jeunes patriciens se seraient proposés pour le faire, à condition d'être aussi édiles (1). Ce récit est inadmissible pour bien des raisons, et entre autres parce que jamais les édiles de la plèbe n'eurent la direction des *ludi maximi.* Tite-Live ajoute qu'un sénatus-consulte décréta que le dictateur ferait nommer dans les comices deux édiles pris parmi les patriciens (2). Il n'est pas question d'une loi, mais on ne voit pas de raison, en ce cas, pour une dérogation, et l'on est d'accord pour en supposer l'existence (3): elle dut être votée dans les comices centuriates, sous la présidence de M. Furius Camillus. Tite-Live et Pomponius, nous l'avons vu, disent que les premiers édiles furent patriciens, et nous connaissons même leurs noms pour les années 388 et 389.

(1) Tite-Live, VI, 42, *in fine.*

(2) Factum senatus-consultum ut duos viros ædiles, ex patribus dictator populum rogaret.

Pomponius, I, 2, l. 2, § 26. Deinde cum placuisset creari etiam ex plebe consules, cœperunt ex utroque corpore constitui. Tunc ut aliquo pluris patres haberent, placuit duos ex numero patrum constitui : ita facti sunt ædiles curules.

(3) Mommsen, *Droit public romain,* IV, p. 172, n. 2.

Les tribuns supportèrent péniblement de voir tant de nouveaux magistrats patriciens et manifestèrent leur mécontentement : des scrupules s'éveillèrent chez les Sénateurs et l'accès de l'édilité curule fut ouvert aux plébéiens (1) Tite Live ne donne pas la date de ces événements, mais il ressort du récit et de sa place, tout de suite après le compte-rendu des premières élections, qu'ils durent être assez rapprochés de la naissance de cette magistrature. M. Mommsen croit pouvoir faire résulter cette date d'un texte de Festus (2), mais qui, à vrai dire, est si délabré qu'il supporte bien des interprétations. Suivant celle de cet auteur il signifie que « *les premiers jeux scéniques ont été faits par les édiles curules C... fils de ... et M. Popillius fils de Marcus, suivant ce que rapportent les historiens* ». Or Tite Live place parmi les cérémonies destinées à apaiser les dieux pendant une peste qui dura pendant les années 390 et 91 l'introduction des jeux scéniques (3). Ce Popillius doit être le même que

(1) Tite-Live VII-I : Non patientibus tacitum tribunis quod pro consule uno plebeio tres patricios magistratus curulibus sellis prætextatos tanquam consules sedentes nobilitas sibi sumpsisset.... Verecundia inde imposita est senatui ex patribus jubendi ædiles curules creari.

(2) Il manque les premiers mots ; on le trouve à la suite de l'article « *Salutaris porta* ». Voici comment M. Mommsen le restitue : [Saltatores qui n]unc ludi: scœnicos [ludos saltibu]s primum fecisse C.... [fi]lium M. Popillium M. [f. curules a[ediles memoriæ [prodiderunt] historici ; solebant [enim saltare in orchestra... etc.

(3) Tite-Live VII-2 : Hoc (390) et insequenti anno.... ludi quoque

le Consul de l'an 396 collègue du patricien Cn. Manlius (1)
et par conséquent plébéien. Il n'est de date vraiment
certaine que celle de 450 v. c. où le scribe Cn. Flavius fut
édile curule (2). Depuis l'admission des plébéiens, il y eut
alternance entre les deux ordres, les années impaires
(fastes de Varron) appartenant aux patriciens ; ce roulement
dura probablement jusqu'au VII° siècle: il est facile de
le vérifier en prenant les comptes rendus des comices où
Tite-Live de l'an 538 à l'an 560 donne assez régulièrement les noms des édiles curules de l'année précédente
nommés préteurs (3). En tous cas en 663 v. c. il n'existe
plus, car dans cette année impaire M. Claudius Marcellus
était édile curule (4). A la fin de la République, des patriciens et des plébéiens sont collègues (5), César et M. Calpurnius Bibulus en 689. M. Æmilius Scaurus et C. Claudius

scenici, nova res bellicoso populo nam circi modo spectaculum fuerat,
inter alia cœlestis iræ placamina instituti discuntur.

(1) Tite-Live VII-12.

(2) Tite-Live IX-46.

(3) Tite-Live : XXIV-43. XXV-2. XXVII-16 et 21, 35, 36. XXVIII-10.
XXIX-11, 38. XXXI-50. XXXII-27. XXXIII-25, 42. XXXIV-54. XXXV-
10.

(4) Cicero. *De Oratore* I. 13 (57) : M. Marcellus hic noster, qui nunc
ædilis curulis est. — Or la scène de ce dialogue est placée par l'auteur à
Tusculum pendant la célébration des jeux romains sous le Consulat de
L. Marcius Philippus (fast. Capital. A° DCLXII. Varr. DCLXIII) et au
moment de la lutte soutenue par le tribun Lisius Drusus pour rendre
au Sénat les listes de juges. (*de orat.* I-7).

(5) Tite-Live VIII-1. primo ut alternis annis ex plebe fierent con-
venerat, postea promiscuum fuit.

Hypsæus en 696. Ce nombre de quatre édiles ne fut pas dépassé pendant la République; César en 710 créa deux nouveaux édiles plébéiens spécialement chargés de l'approvisionnement et pour cette raison nommés *ceriales* (1).

§ 3. — RANG ET INSIGNES DES EDILES CURULES.

Les édiles curules étaient des magistrats du peuple au sens strict de cette expression ; ne possédant pas les pouvoirs qui caractérisent les magistratures supérieures, ni le droit d'assembler le Sénat et le peuple, ni la plénitude de juridiction, ils ne sont pas rangés dans les *magistratus majores*. A certains points de vue ils sont dits *minores ;* par exemple Aulu-Gelle, posant la question de savoir quels sont ces magistrats *minores*, répond en faisant connaitre quels sont les *majores*. Ce sont ceux qui ont les *auspicia maxima*, consuls, préteurs et censeurs, les autres magistrats n'ont que des *auspicia minora* et par conséquent sont eux-mêmes *minores* (2).

Mais cette distinction n'a été aussi rigoureuse que

____

(1) Dion Cassius XLIII-51. Pomponius-*Dig* I. 2 l. 2 § 32. — Suetone. César. 41.

(2) Aulus-Gellius XIII-14 : Quæri... solet qui sint magistratus minores... Patriciorum auspicia in duas sunt potestates: maxima sunt Consulum, Prætorum, Censorum... Reliquorum magistratuum minora sunt auspicia. Ideo illi minores, hi majores magistratus appellantur.

lorsqu'il n'y avait que des consuls et des questeurs, et l'é-
dilité fut considérée comme occupant une situation intermédiaire. Cicéron la regarde comme le premier échelon
des magistratures supérieures, bien qu'ailleurs, mais bien
un peu pour les besoins de la cause, et en la comparant
au consulat, il l'envisage comme n'élevant qu'un peu au-
dessus des particuliers (1). Pour Suétone, les questeurs
mêmes sont *majores* (2).

Toutefois les édiles sont tenus de déférer aux ordres de
magistrats supérieurs, et peuvent avoir à répondre pendant la durée de leurs fonctions à la citation d'un particulier devant le préteur (3). En revanche, ils partageaient

---

(1) *De legibus*. III. 5 (1). Suntoque ædiles... ollisque ad honoris
amplioris gradum is primus adscensus esto. — *In Verrem*. Act. I. 15
Erit tum consul Hortensius cum summo imperio et potestate : ego
autem ædilis, hoc est paulo amplius quam privatus.

(2) *C. Julius Cæsar* XLI : prætorum, ædilium, quæstorum, minorum
etiam magistratuum numerum ampliavit.

(3) Aulu-Gelle XIII. 15 : M. Varronis... protuli XXIam rerum human.
librum in quo ita scriptum fuit : Qui potestatem neque vocationis populi viritim habent, neque prehensionis, eos magistatus a privato in
jus quoque vocari est potestas. M. Lævinius, ædilis curulis a privato
ad prætorem in jus est eductus ; nunc stipati servis publicis non modo
prehendi non possunt, sed etiam ultro summovent populum. Hoc Varro
in ea libri parte de Ædilibus. — D'ailleurs à la cessation des fonctions
du magistrat, il aurait toujours pu le citer devant le préteur et dans
le cas où son action eût été éteinte par l'arrivée d'un terme (*cujus
actionis eorum cui dies*), il aurait pu demander la *restitutio in integrum*, c'est un des cas où elle est accordée aux majeurs de 25 ans
(*cum magistratus de ea se appellatus esset*) *Dig*. IV. 6. 1. 1 § 1.

les insignes et les honneurs de la magistrature supérieure. Ils avaient la chaise curule qui est un pliant à pieds recourbés en ivoire ou en placage d'ivoire. Leur toge était celle de la magistrature dite *prætexta*, c'est-à-dire blanche avec une bande de pourpre en bordure. Ils y joignaient, quand elle devint l'insigne des sénateurs, une tunique dite *clavus* parce qu'elle était ornée d'une bande verticale de pourpre (1) Enfin ceux d'entre eux qui étaient plébéeins acquéraient, sans d'ailleurs que ce fût un insigne de la magistrature, le droit de porter la chaussure réservée aux sénateurs patriciens appelée *mulleus* ou *calceus mulleus*, C'étaient des souliers, rouges le plus souvent, à pointes recourbées et fermés sur le dessus d'un petit croissant d'argent ou d'ivoire, ce qui les faisait qualifier de *lunati* (ou *allucinati*) (2) Zonaras (VII.9) et Lydus (*de mensibus* I-19) rattachent cet ornement à la lettre C désignant le nombre cent qui fut celui des sénateurs de Romulus. L'origine en était très ancienne et illustre, car ils remon-

(1) Horace *Sat* I. 6-v-28. Ut quisque insanus........... Latum demisit pectore clavum. Voir aussi *Sat.* 1-5-v-36 où il montre la prétexte et le laticlave réunis.

(2) Festus (V° *Mulleos.* Mulleos genus calceorum aiunt esse quibus reges Albanorum primi, deinde patricii, usi sunt. M. Cato originum Libro VII° qui magistratum curulem cepisset, calceos mulleos allucinatos, ceteri perones — Scaliger : Catoni verba ita legenda : qui magistratum curulem cepisset, calceos mulleos, alii uncinatos, cæteri perones. Hæc erat antiquorum εὐτέλεια.

taient, parait-il, au temps des rois d'Albe (1) qui les portaient, mais il était d'un usage mal commode, s'il faut en
croire Tertullien qui déclarait préférer aller, été eu hiver,
les pieds nus et droits que recourbés dans cet instruments
de torture (2). Ces chaussures se distinguaient aussi des
autres en ce qu'elles étaient attachées à la jambe par quatre courroies maintenues par des boutons (*Malleoli*) et
de couleur noire (3).

Il parait que c'était un privilège à Rome de se faire précéder de porteurs de torches la nuit, car Cicéron cite
comme le seul particulier en usant C. Duillius et il regar-
dait la chose comme un abus toléré à cause de la gloire de
sa victoire navale sur les Carthaginois (4). Il semble ce-

(1) C'est sans doute la raison pour laquelle César, qui, de la *gens Julia*, descendait des rois d'Albe portait des chaussures rouges et hautes. Dion-Cassius XLIII-43.

(2) *De pallio* V. Calceos nihil dicimus, proprium togæ tormentum, immundissimam pedum tutelam, verum et falsam ! Quem enim non expediat in algore et ardore rigore nudipedem, quam in calceo unci-pedem.

(3) Isidore XIX. 34. Patricios calceos Romulus repperit quatuor corrigiarum, adsutaque luna. Horace (*Serm.* I. 6. v. 27 : *Ut quisque nigris medium impediit crus | Pellibus*) dit que ces courroies étaient noires.

(4) Cic. *De Senect.* XIII (44) C. Duillium M. F., qui Pænos classe primus devicerat, redeuntem a cœna senem sæpe videbam puer : delectatur crebro (M. Mommsen : *Cereo*) funali et tibicine quæ sibi, nullo exemplo privatus sumpserat ; tantum licentiæ dabat gloria. — M. Mommsen (IV p. 61 n. 2) dit qu'il avait au moyen de ce texte conjecturé ce droit pour les magistrrts, et que depuis, le chapitre 62 de la loi muni-

pendant que les gens rentrant la nuit chez eux devaient pouvoir faire éclairer leur route, et sans doute il faut admettre comme M. Mommsen (1) que des modalités spéciales distinguaient pour les magistrats, cet honneur de l'usage commun ; il suppose qu'elles consistaient principalement en ce qu'en même temps que les torches on portait une cassolette où de la braise enflammée servant à allumer le flambeau, ou, croyons-nous plutôt, à brûler des parfums (2), ainsi que dans la présence d'un joueur de flûte,

cipale de Genetiva l'a établi à l'évidence : II viris, ædilibusque dum eum magistratum habebunt togas prætextas, funalia, cereos habere jus protestas esto. — Plutarque dans le texte cité quelques lignes plus loiu (*Questions romaines* 2) l'a bien précisé aussi car il donne même le nombre des flambeaux et pour les édiles de Rome.

(1) *Droit public*, Rom. II. p. 61.

(2) Horace. *Sat.* I-5 vers. 54 à 55 :

> Fundos Aufidio lusco prætore libenter
> Linquimus, insani ridentes præmia scribæ
> Prætextam et latum clavum prunæque batillum

Au lieu de *Batillum* un scholiaste sur ce vers propose de lire *vatillum*. Saumaise sur les mots « *coctilium quotidiana batilla quatuor* » (Vita Claudii c. 14, Treb. Pollio) en proposant aussi le changement pour ce texte nous dit *ex veteri interprete Horatii* : Vatillum, diminutivum a vase, quasi vas parvum in quo odores incendebantur. — Estienne (*Thesaurus ling. lat.* — Edit. Gesner Leipzig 1760) donne du mot « *batillum* la définition suivante : *ferreum instrumentum quo prima colligitur ad similitudinem palæ*, et il ajoute sur le vers d'Horace que nous venons de citer (V. 56) : *ubi, poculum gestatilem significat in quo odores accendebantur.* Cette définition s'accorderait assez bien avec la pompe accompagnant un magistrat, elle suppose que ce réchaud contenait aussi des parfums.

car on en rencontre dans l'apparition des magistrats. Le
nombre des flambeaux variait avec la qualité des magistrats;
Plutarque (*Questions romaines* 2) nous apprend que le
préteur avait droit à trois, et l'édile à deux torches.

Comme nous l'avons vu, en établissant la distinction
des magistrats en *majores* et *minores*, les édiles curules
n'eurent que les *auspicia minora*. On ne sait s'il y avait
une différence de rituel entre les *auspicia maxima* et
minora; le fait que l'éclair, le signe le plus élevé, pouvait être l'objet des « *auspicia minora* » ne porte pas à
le croire ; la distinction se fonderait simplement sur ce
que les uns précédaient les actes des magistrats supérieurs et les autres ceux des magistrats inférieurs. Mais
le magistrat supérieur qui présidait à leurs élections prenait les *auspicia maxima*. Pour citer un cas où les édiles
devaient prendre les auspices, on peut affirmer qu'ils le
faisaient certainement avant leur entrée en charge.

Ils acquéraient la « *nobilitas* » (1), mot qui, sans équivalent dans notre langue, désignait un ensemble de
droits honorifiques transmissibles à la descendance. Le
droit principal, que nous ne ferons qu'indiquer, parce que
nous aurons l'occasion d'y revenir, est le *jus imaginum*,
c'est-à-dire le droit pour le *nobilis* et pour ses descen-

---

1) Festus : Nobilem antiqui pro noto ponebant et quidem, par
Glitteram (Gnobilis)..

dants de transmettre leur image dans la famille (1). Il n'était exercé à l'origine que par les familles patriciennes dont, au sens strict, c'était un droit de gentilité et aussi parce qu'en fait ils avaient seuls une généalogie; mais, lorsqu'il se forma dans la plèbe une aristocratie composée de familles dont les membres avaient occupé des magistratures, l'usage emprunté aux familles patriciennes se forma chez les familles plébéiennes. Le droit de porter un anneau d'or, qui ne fut plus tard que le signe d'une naissance ingénue, comptait aussi à cette époque parmi les distinctions de la noblesse, ainsi que le droit d'orner le poitrail du cheval de *phalères* (2), et, enfin, l'usage du *cognomen* transmissible aux descendants.

Sortis de charge, ils conservaient encore le droit de revêtir la robe prétexte du magistrat pour paraitre dans les fêtes publiques (3), et leur image pouvait également en être habillée lors de leurs funérailles. Sans avoir encore le titre de sénateur par le simple fait de l'occupation d'une magistrature curule, ils conservaient la faculté d'assister aux séances du Sénat et de donner à leur rang leur avis sur la question en discussion, le *jus sententiæ*

----

(1) Cicero, *in Verrem*, V. 13 (36). Sum designatus ædilis... mihi antiquiorem in senatu sententiæ dicendæ locum... jus imaginis ad memoriam posteritatemque prodendæ.

(2) Pline XXXIII, 1, *passim*.

(3) Tite-Live. *Epit.* XIX : [Claudius Glicia dictator] coactus abdicare se magistratu postea ludos prætextatus spectavit.

dicendæ, et en conséquence ils recevaient les convocations comme les sénateurs (1) ; en somme, leurs droits politiques étaient les mêmes. Avant le plébiscite Ovinien, l'inscription au Sénat était dans les attributions des Consuls ; depuis cette loi, la confection de la liste fut conférée aux censeurs avec l'injonction de choisir dans chaque ordre le meilleur citoyen (2). Le censeur était tenu de maintenir sur la liste les anciens magistrats curules, sauf à user de la *notatio*. C'est au vi^e siècle qu'on commence à voir pour les ex-édiles curules l'acquisition du siège sénatorial à vie. Tite-Live, en parlant des magistrats curules, consulaires, prétoriens et édiliciens tués à Cannes, dit nettement que ceux qui avaient exercé ces fonctions avaient préféré servir dans les légions, alors qu'ils auraient dû entrer au Sénat (a° 536, V. C.) (3). Deux

---

(1) Festus, V° *Senatores* : ... Cum Senatores adesse jubentur « quibusque in Senatu sententiam dicere licet » quia ii qui post lustrum conditum ex junioribus magistratum cœperunt et in senatu sententiam dicunt et non vocantur senatores antequam in Senioribus sunt censi. — Les mots *quibusque in Senatu...* sont ceux de la formule même de l'édit. Aulu Gelle, III, 18 : Verba edicti hæc sunt : « Quibusque, etc. »

(2) Festus, v° *Præteriti* : Ovinia Tribunicia intervenit qua sanctum est ut censores ex omni ordine optimum quemque curiatim in senatu legerent.

· (3) Tite-Live, XXII, 49 : Cæsi dicuntur... consulares quidam prætoriique et ædilitii... octoginta præterea aut Senatores aut qui eos magistratus gessissent unde in Senatum legi deberent, quum sua voluntate milites in legionibus facti essent.

ans plus tard, à propos de l'opération du complètement
du Sénat, il distingue ceux qui sont pris comme ayant
occupé des magistratures curules, de ceux qui n'ont
occupé que des magistratures non curules (1). En 558, les
censeurs portèrent sur la liste sans exception tous ceux
qui avaient été magistrats curules (2).

§ 4. — COMPARAISON DE DEUX ÉDILITÉS
ET LEUR SITUATION RESPECTIVE

Les édiles plébéiens n'eurent pas les insignes que nous
venons de voir chez les édiles curules, ni robe prétexte,
ni siège curule, mais un simple banc analogue à celui des
tribuns nommé *subsellium*, dont le nom même indique
le peu de hauteur par comparaison à la *sella* des magistrats du peuple non curules (3), M. Mommsen (4) leur

(1) Tite-Live XXIII, 25. Recitato vetere senatu, inde primos in
demortuorum locum legit qui post L. Æmilium et C. Flaminium censores curulem magistratum cepissent, necdum in Senatum lecti essent.
ut quisque eorum primus creatus erat, tum legit qui ædiles, tribuni
plebei quæstoresve fuerant.

(2) Tite-Live, XXXIV, 44 : Neminem curuli honore usum præte-
rierunt.

(3) Varro : *De ling. lat.* V. (IV) 128 : ab sedendo sedes, sedile
sellæ deinde ab his subsellium, ut subsipere, quod non plane sa-
pit : sic quod non plane erat sella, subsellium dictum.

(4) *Droit publ. Rom. IV*, p. 168.

refuse sans restriction le droit de siéger au Sénat ; ils
arrivèrent cependant à un moment qu'on ne connait pas
à en faire partie de droit, car ils sont cités par la loi *Acilia repetundarum* (de l'année 631-632) comme étant dans
le Sénat. Il est probable qu'ils n'eurent jamais les auspices puisque les magistrats de la plèbe, du moins à partir
de leur nomination dans les assemblées plébéiennes (loi
Publilia de 283) sont élus *inauspicato* (1). Il n'y a en
sens contraire qu'un texte de Zonaras (VII. 19) qui prétend que les tribuns reçurent les auspices par la loi Valeria Horatia de 305. Pour expliquer comment néanmoins
des élections d'édiles faites par les tribuns de la plèbe
pouvaient être viciées dans les auspices comme cela arriva
en 550 V. C. (2). M. Mommsen (3) distingue entre les
auspicia impetrativa, c'est-à-dire les auspices obtenus
par un magistrat qui a observé le ciel (*qui de cœlo serva-
vit*, opération qu'on désigne par le mot *spectio*) et les
auspicia oblativa, c'est-à-dire des signes de la volonté
des dieux, tel un orage, qui se manifestent d'eux-mêmes.

(1) Tite-Live VI. 41 : Plebeius quidem magistratus nullus auspicato creatur. — Nous avons vu qu'avant cette loi Publilia il y avait prise
d'auspices dans les élections par curies : Cic. pro C. Cornelio ap. As-
con : auspicato, postero anno X tribuni plebis *comitiis curiatis* creati
sunt.

(2) Tite-Live XXX. 39. P. Ælius Tubero et L. Lætorius ædiles plebis
vitio creati magistratu se abdicarunt.

(3) *Droit publ. Rom.* III, p. 527.

Les premiers n'auraient appartenu qu'aux magistrats du peuple et jamais à ceux de la plèbe, tandis que des présages funestes *(diræ)* intervenant pendant une assemblée de la plèbe doivent la faire dissoudre et le magistrat plébéien directeur doit avoir le droit de constater l'auspice (1).

Les édiles curules eurent à l'exclusion des plébéiens l'intendance et la surveillance des *ludi maximi*, mais comme ils n'en avaient pas la présidence, qui appartenait au contraire à ceux-ci dans la célébration des jeux plébéiens, ils n'eurent pas le droit d'y porter la robe de pourpre (2). Enfin une différence beaucoup plus importante et qui sera développée dans le chapitre relatif à la police des marchés consiste dans le droit de faire un édit à l'entrée en charge (*jus edicendi*), réservé aux seuls édiles curules.

Cependant l'édilité plébéienne se rapprocha certainement de l'édilité curule, et c'est ce qui explique le rang préférable qu'elle obtint dans l'échelle des honneurs à celui du tribunat, et, si elle conserva toujours le *subsel-*

____

(1) L'*obnuntialio* par un magistrat dut même être admise contre les assemblées de la plèbe : Cicero, *In Vatinium* VII (17) : Num quem post V. C. scias tribunum plebis egisse cum plebe, cum constaret servatum esse de cælo ?

(2) Comme nous le verrons dans la section des jeux, la présidence appartenait au consul.

lium, elle eut cependant son tribunal sur le *forum* (1), ce qui ordinairement implique la *sella curulis*, ou tout au moins la *sella* à pieds droits et non pliante; elle eut de même des appariteurs, mais avec de légères différences, que nous verrons en énumérant leurs différentes catégories. Les édiles plébéiens cessèrent enfin, comme nous l'avons déjà dit, d'être les subordonnés des tribuns et perdirent par là même leur caractère d'inviolabilité; dans la pratique, argument que Tite-Live donne pour distinguer le caractère de leur privilège de celui des tribuns (2), les magistrats supérieurs les citaient et en cas de non comparution employaient la force. Ils se virent aussi dépouillés sinon de la totalité du moins d'une partie qui parait assez considérable, de leur droit de garde des archives qui passa aux édiles curules et peut-être aussi aux questeurs, dans des proportions inconnues lorsqu'à une époque antérieure à 565 V. C. les Senatus-consultes ne furent plus comme auparavant déposés au temple de Cérès, mais à l'*Ærarium*, dans le temple de Saturne, le local des questeurs (3).

(1) *Lex Julia municipalis* : la loi (L. 24) ordonne que les édiles curules et plébéiens partagent entre eux les régions de la ville puis elle les investit de diverses fonctions, entre autres de mettre en adjudication les travaux à la charge du riverain et non faits par lui : l. 54 isque ædilis (qui viam tuendam locatur) diebus ne minus X antequam locet aput forum ante tribunale suom, propositum habeto...

(2) Tite-Live III. 55. Voir *supra.* p. 24 et *ibid* n° 1.

(3) Tite-Live (XXXIX. 4.) nous donne la première mention du dé-

La situation respective des deux édilités offre un cas unique dans les magistratures Romaines. Elles sont séparées par les différences de forme que nous venons de voir et au fond par la concession de l'attribution si importante du *jus edicendi* à une seule des deux ; néanmoins dans la liste des magistratures telle qu'elle résulte des textes des lois et des auteurs, il n'existe au septième rang qu'une édilité, réunissant les deux, et la loi *Julia Municipalis* applicable à la ville de Rome, dans ses prescriptions, ne distingue pas les attributions des uns et des autres, mais les réunit au contraire toujours nominativement dans les parties générales, et lorsqu'il s'agit de fonctions déjà divisées, ne parle jamais que de l'*ædilis cujus arbitratu...* sans distinction. Toute magistrature à Rome, en temps normal, comprenait plusieurs titulaires et généralement la dualité était la règle, car ce n'était pas par une majorité

pôt à l'ærarium des senatus-consultes ; Quid abeo (M. Æmilio consule) quemquam posse æqui expectare qui per infrequentiam furtim senatus-consultum factum ad ærarium detulit *Ambraciam non videri vi captam.* — Suetone (*Auguste* 94) en nous montrant des sénateurs craignant l'effet d'un sénatus-consulte, en empêcher le dépôt à l'ærarium semble indiquer que ce dépôt était nécessaire à sa validité. Enfin Tacite (*Annales* III. 51) établit d'une façon nette que le sénatus-consulte ne pouvait être exécuté qu'après son dépôt à l'*ærarium* : Tibère pour détourner de soi les soupçons d'une exécution à mort trop rapidement faite en vertu d'un décret du Sénat sollicita lui-même et obtint un sénatus-consulte qui décidait : *ne decreta patrum ante diem decimum ad ærarium deferrentur ; idque vitæ spatium damnatis prorogaretur.*

que se prenaient les décisions, mais on appliquait le principe de la collégialité, dont les effets ressemblaient assez, *mutatis mutandis*, à la solidarité parfaite du droit civil, c'est-à-dire que chacun des membres du collège avait la capacité complète d'agir seul. Or, étant donnée la situation respective des deux édilités, la collégialité existait-elle entre les quatre magistrats? Evidemment, entre les deux édiles plébéiens et les deux édiles curules ; mais entre les deux édilités, rien n'est moins probable, et la chose parait inadmissible en réfléchissant à leurs origines différant par l'élection et les conditions d'éligibilité, aux insignes accordés et refusés, au droit de publier un édit, et à l'intendance des jeux Romains, prérogatives réservées à l'édilité curule. D'ailleurs pour les édiles, il était facile de concevoir une division de fonctions établie soit par le sort, soit d'accord pour se partager un territoire depuis longtemps réparti en quatre quartiers. La loi *Julia Municipalis* le décidait, mais on ne sait si ce fut une innovation. Quant aux édiles de chaque collège entre eux, pour les actes habituels, ils établissaient sans doute un roulement ; ainsi, par exemple, pour la juridiction des marchés entre les deux édiles curules. Pour des actes isolés, il pouvait y avoir entente ou tirage au sort.

M. Mommsen (1) donne, tant de la création de l'édilité

____

(1) *Droit publ. Rom.* IV. p. 181 et suiv.

curule que du rapprochement progressif vers elle de l'édilité plébéienne, plusieurs raisons d'ordres très différents :
D'abord, le désir d'émousser les armes du parti révolutionnaire, en les transformant ; si l'on parvint à modifier la constitution interne du tribunat, il devait être bien plus facile de le faire pour l'humble édilité en l'éloignant de se destination primitive par une extension à son profit des attributions de l'édilité curule, en la séparant des tribuns pour rattacher les deux édilités aux consuls, qui les employèrent d'une façon identique. Ainsi, par exemple, à l'occasion des Bacchanales, les consuls furent chargés de l'instruction par le Sénat et les deux édilités reçurent chacune une mission où cependant apparait une légère distinction dans le souci de donner la mission la plus délicate aux édiles curules : ceux-ci durent rechercher les prêtres du nouveau culte et les retenir pour être interrogés dans un local à leur choix, tandis que les édiles plébéiens ne furent chargés que d'empêcher des réunions secrètes (1).

Dans cette transformation de magistrats de la plèbe en

---

(1) Tite-Live XXXIX. 14 : Ante omnia ut quæstio de his habeatur qui coierint, conjuraverintve quo stuprum flagitiumve inferretur. Hæc senatus decrevit. Consules ædilibus curulibus imperarunt ut sacerdotes ejus sacri omnes conquirerent, comprehensosque libero conclavi ad quæstionem servarent; ædiles plebis videre ne qua sacra in operto fierent. — Enfin au troisième rang, les *triumvirs* capitaux sont chargés de rondes nocturnes, et au dernier les *quinqueviri uti cis Tiberim* doivent veiller aux incendies. On suit l'échelle descendante.

magistrats du peuple, M. Mommsen voit la réalisation de l'intention que révélait déjà la dénomination donnée à la nouvelle magistrature, peu en rapport en effet avec l'objet de sa compétence, car la « *procuratio sacrarum ædium* » n'en était qu'une bien faible part. D'autre part, la surveillance des corvées jusqu'à sa disparition a dû aussi appartenir aux édiles curules, ce qui peut encore avoir eu une influence sur sa création, les corvées incombant aussi aux patriciens. Enfin M. Mommsen nous donne la bonne raison, c'est l'accroissement continu de la ville de Rome demandant de nouveaux organes, la préture et l'édilité ; l'instabilité des consuls ne leur permettant pas de faire face à des attributions si multiples, les marchés et le commerce avaient besoin d'une réglementation et d'une autorité administrative locale. Peut-être l'organisation des villes grecques a-t-elle fourni un modèle, et c'est ce que semble bien indiquer la traduction immédiate et constante du mot latin *ædilis* par le mot grec ἀγορανόμος qui, au point de vue de la signification, n'offre aucun rapprochement avec lui. Comme nous l'avons constaté, en commençant, la vie journalière des Romains répandue au dehors demandait une surveillance active et des organes spéciaux. La délinition traditionnelle de Cicéron (*de legibus* III. 3 (7) *Suntoque ædiles cæratores urbis, annonæ, ludorumque solemnium*, indique les trois grandes branches de leurs attributions, mais la première l'emporte de beau-

coup par sa permanence et la multiplicité de ses subdivi-
sions qui peuvent se ranger sous deux dénominations, la
voirie et la police. La police dans ce qu'elle a de plus général embrasse les trois branches.

A côté des édiles se trouvent des magistrats subalternes ;
comme leurs attributions sont restreintes à des matières
déterminées, il vaudra mieux n'en parler que dans les
parties qui auront trait à l'objet de leur compétence. Mais
il est utile de connaitre les agents directement employés
par les édiles dans toutes leurs fonctions et qui d'ailleurs
se trouvent, au moins pour partie, dans toutes les magistratures.

§ 5. — Les appariteurs des édiles.

Le mot *adparere* après avoir eu un sens spécial exclusivement appliqué au service du licteur qui marchait le
plus près du Consul *(lictor proximus)* (1) avait pris une

(1) Valère-Maxime II. 2. 4 : Maxima autem diligentia majores hunc
morem retinuerunt ne quis se inter consulem et proximum lictorem,
quamvis officii causa una progrederetur, interponeret ; filio dumtaxat
et ei puero, ante patrem consulem ambulandi jus erat. — Aulu-Gelle
II. 2 : Consuli pater proconsul obviam in equo vehens venit, neque
descendere voluit quod pater erat... Lictores non ausi sunt descendere jubere ; ubi juxta venit tum Consul ait : « *Descendere jube* ».
quod posteaquam lictor ille qui apparebat cito intellexit... pro-
consulem descendere jussit. — Tite-Live XXIV. 44 : Pater filio legatus

acception étendue et servait à désigner l'action de remplir
un des offices de tout genre exercés auprès des magistrats.
Les titulaires de ces emplois devaient être des hommes
libres, parce que, devant exécuter, du moins pour quelques
catégories d'entre eux, les ordres des magistrats vis-à-vis
de citoyens Romains, des esclaves n'y pouvaient être
employés; pour les licteurs qui figuraient dans des procès
ou des comices fictifs, ils devaient nécessairement être
citoyens Romains; la loi de Sylla sur les questeurs exige
aussi que leurs appariteurs soient citoyens Romains. Ils
recevaient tous un salaire de l'État (1). En principe ils
étaient engagés pour la durée des fonctions des magistrats
auxquels ils étaient affectés, mais l'usage des réélections
successives en fit pour ainsi dire des charges à vie; ils
n'étaient rattachés qu'à un collège de magistrats et non à
la personne d'un des collègues; par suite de la durée de
leurs fonctions ils arrivèrent sous la République à se
former en corporations, divisées en décuries; cette der-

in castra venit: cum obviam filius progrederetur, lictoresque verecundia majestatis ejus taciti anteirent, præter undecim fasces ejus
provectus senex ut consul animadvertere proximum lictorem jussit
et is ut descenderet ex equo inclamavit. Cum demum desiliens :
« Experiri, inquit, volui, fili, satin', scires consulem esse ».

(1) *Lex Coloniæ Geneticæ* C. 81 : *æs apparitorium* — Cic. *Verr.* III-
78 (182) : Tuus apparitor parva mercede populi conductus — *Lex
Cornelia de XX quæstoribus*: I. Quæstor... eam pequniam ei scribæ
scribeisque, heredive ejus solvito.... olleisque hominibus eam pequniam capere liceto.

nière expression devint technique, au point qu'elle désigna même les corporations non divisées.

La corporation la plus considérée était celle des scribes (1) ; ils remplissaient les fonctions de secrétaires, greffiers et comptables ; quant au *librarius* c'était un simple copiste que l'on trouve au service de magistrats municipaux (2). Les scribes sont désignés de deux et peut-être même de trois manières différentes « *Scriba* » seul, *scriba librarius*, qui équivaut à *scriba* (3), — et l'on trouve dans le Senatus-Consulte, rapporté par Frontin, qui détermine les insignes et l'apparition du curateur des eaux les mots « *scribas et librarios* » qui semblent bien désigner un seul et même genre d'appariteurs (4). La corporation avait à sa tête un conseil, l'*ordo*, composé de 10 ou 6 membres. Les édiles ne devaient avoir qu'une décurie car on ne trouve nulle part la mention de plusieurs ; elle avait un *ordo* dont les membres étaient dits *sexprimi* ou *curatores*

---

(1) Cic. *in Verrem* III. 79 (185) Ordo (Scribarum) est honestus : quis negat?... est vero honestus quod eorum hominum fidei tabulæ publicæ, periculaque magistratuum committuntur. Itaque ex his scribis qui digni sunt illo ordine, patribus familias, viris bonis atque honestis percontamini...

(2) *Lex Coloniæ Geneticæ* C. LXII.. II viris in eos singulos.. librarium.

(3) Festus. (v° *Scriba*) Scribas proprio nomine antiqui et librarios et poetas vocabant, at nunc dicuntur scribæ quidem librarii qui rationes publicas scribunt in tabulis.

(4) Frontinus (*de aquæd.* n° 100) : eos qui aquis publicis præcessent... architectos singulos et scribas et librarios, accensos... totidem habere.

parmi lesquels, un *princeps* (1). Les scribes avant d'entrer
en exercice prêtaient, comme les magistrats, serment de
remplir fidèlement leurs fonctions (2). Celles des scribes
des édiles curules devaient consister à les seconder dans
la surveillance du trésor et des archives (3); ils devaient
aussi leur servir de greffiers dans leur juridiction com-
merciale. On trouve de rares mentions de scribes d'édiles
plébéiens, et ils paraissent n'avoir eu que des fonctions
peu importantes que nous ne connaissons pas (4). Enfin
les scribes étaient chargés de donner communication à
ceux qui avaient qualité des pièces gardées dans les
archives publiques ; ils s'en acquittaient sans doute fort
mal, car Cicéron s'en plaint (5) et plus tard Auguste retira
aux édiles la garde des archives pour leur négligence

(1) Cicero. *De nat. deor.* III. 30 (74). Sessum it prætor,.., ut judi-
cetur.... qui transcripserit tabulas publicas : id quoque L. Allienus fecit
cum chirographum Sex-primorum imitatus est. — Princeps: *Bull. del*.
comm. mun. di Roma 1886 : p. 571 Junius M. l. Menander scr. libr. æd.
cur. princeps.

(2) *Lex Col. Genet.* c. LXXXI : II viri, ædilesve.... scribis suis ante
quam tabulas publicas scribet... jus jurandum adigito... sese pecuniam publicam .. concustoditurum rationesque veras habiturum
esse.

(3) Tite-Live XXX. 39. 550 V. C. — Pecuniam ex ærario scribæ viato-
resque ædilicii clam egisse per indicem comperti, damnati sunt non
sine infamia Luculli ædilis.

(4) C. I. L. VI. 1855. VI. 1847. VI. 1822.

(5) Cicero. *de leg.* III. 20 (46). Legum custodiam nullam habemus.
itaque hæ leges sunt quas apparitores nostri volunt; a librariis
petimus.

et l'abandon qu'ils en faisaient à ces appariteurs (1).

Les édiles plébéiens ou curules, n'eurent pas de licteurs et par conséquent pas d'*accensi*, car il n'appartenait d'en avoir qu'aux magistrats pourvus de l'*imperium*. Cependant, il est possible que les édiles curules, dans la présidence des jeux de la *Mère des Dieux*, et les plébéiens, dans la présidence des jeux plébéiens, en aient eu pendant les fêtes (2).

Le texte de Tite-Live (XXX-39) que nous venons de citer (p. 51 n. 3) mentionne les viateurs des édiles curules, mais il faut croire que plus tard ils leur furent supprimés car on n'en trouve pas trace dans les inscriptions.

Une inscription (3) porte « viateur des édiles plébéiens de la loi Papiria » ; on ne sait rien de cette loi. En tous cas ces viateurs n'auraient pas été les mêmes que ceux des magistrats supérieurs, chargés d'opérer des arrestations, car les édiles n'avaient pas la coercition ; ils devaient les employer comme messagers.

(1) Dion, XLIV, 56. an 745 VC. : τοῖς ταμίαις τὰ δόγματα τὰ ἑκάστοτε γιγνόμενα διὰ φυλακῆς ποιεῖσθαι ἐπειδὴ οἱ τε δήμαρχοι καὶ οἱ ἀγορανόμοι οἱ πρότερον αὐτὰ ἐπιτετραμμένοι διὰ τῶν ὑπηρετῶν τοῦτο ἔπραττον καί τις ἐκ τούτων καὶ διαμαρτία καὶ ταραχὴ ἐγίνετο.

(2) Les édiles pendant l'intervalle de l'édilité à la préture étaient souvent *judices quæstionis inter sicarios* ; dans ce cas ils avaient des licteurs : Cicero. *Pro Cluentio* LIII (147) : quid lictores, quid ceteri quos apparere huic quæstioni video, volunt ?

(3) C. I. L. VI. 1933 : Q. Considius. Q. L. Ero | Viator æd. pl. lege Papiria.....

Les *præcones*, crieurs publics, étaient au dernier rang des appariteurs, et leur profession entrainait peut-être même des déchéances (1).

Leurs fonctions consistaient principalement à répéter à haute voix ce que le magistrat avait besoin de faire connaitre au public; nous ne nous occuperons pas de leur rôle dans les comices, puisque ceux des édiles n'y figuraient pas, ou du moins non comme appariteurs de ces magistrats. Ils annoncent les fêtes publiques (2), ils introduisent aux aux audiences particulières du magistrat (3); en matière criminelle ils sont, comme nos huissiers, chargés du service de l'audience, d'appeler les parties, de faire le silence, d'avertir les avocats, les témoins, d'annoncer la clôture des débats (4); ils opèrent dans toutes les adjudications et

---

(1) La *loi Julia municipalis* ne vise pas directement les appariteurs, mais les præcones en général et il semble bien qu'ils y soient néanmoins compris; elle les déclare inéligibles aux magistratures locales *lign*. 94.

(2) Suétone. *Claudius* 21 Vox præconis... invitantis more soleuni ad ludos...

(3) Cicero. *In Verrem* III.79 (183) præco qui adire jussit.

(4) Tite-Live VII. 32 : dictator advenit classicoque ex templo ad concionem advocavit; tum silentio facto, præco Q. Fabium magistrum equitum citavit... c. 33 : silentio nequidquam per præconem tentato. — Quintilien. *Inst. or.* VI-3 : In publicis certe judiciis vox illa præconis præter patronos, ipsum qui egerit citat. — id XI-3: Ergo cum judex in privatis aut præco in publicis dicere de causa jusserit. — Cicero. *Pro Flacco* XV (34) Citat præco voce maxima legatos — Cic. *in Ver.* II. 3o (75) præco dixisse pronuntiat — Quintilien *Inst.* I-4 Cum... « dixere » quoque... de pluribus patronis præco pronuntiet — Ciceron. *Pro Cluentio* 27 (75):

ventes publiques. Si, comme nous l'avons vu, ils étaient fort décriés, il parait néanmoins qu'ils pouvaient facilement s'enrichir, car Quintilien nous dit que la voix rapporte plus à un *præco* qu'à un orateur et Martial nous montre un père de famille refusant 2 préteurs, 4 tribuns, 7 avocats et 10 poètes, pour donner sa fille au *præco* Euloge (1). Une fois enrichis, ils pouvaient même aspirer aux honneurs, car la déchéance prononcée par la loi *Julia Municipalis* n'avait d'effet que pendant leur exercice (2).

Il n'y a pas de raison pour ne pas étendre à l'édilité Romaine, tout au moins à l'édilité curule, le *tibicen* et l'*haruspex* que la *lex Genetivæ Juliæ* (3) accordait aux édiles municipaux. Le *tibicen* faisait sans doute

Placuit repente pronuntiare judices « dixerunt » se id velle. — L'indication de « *dixere* » par Quintilien est plus précise, car il se sert de ce mot comme d'un exemple pour démontrer que si primitivement la forme en *re* fut un duel comme en grec, il n'en restait plus trace.

(1) Quintilien. *Inst. or.* VI. 4 Præco plus debet voci suæ quam ora tor — Martial VI. 8.

(2) Ciceron écrit en 708 V. C. (la loi *Julia Municipalis* est de 709) à Lepta (ad famil , VI-19) : Quæsivi a Balbo per codicillos quid esset in lege : rescripsit, eos qui facerent præconium vetari esse in decurionibus; qui fecissent non vetari — *Lex Jul. Municip.* l. 94 : .... Neve quis quei præconium dissignationem libitinamve, faciet, dum eorum quid faciet in municipio colonia præfectum II vir(atum).IV vir(atum) aliumve quem mag(istratum) petito neve capito neve gerito neve habeto neve ibei senator neve decurio neve conscriptus esto neve sententiam dicito.

(3) *Lex Gen. Jul.* C. LXXII : Iis ædilibus.... haruspicem, tibicinem habere jus potestasque esto.

partie du cortège du magistrat, principalement le soir, car nous avons vu que Duillius était, en outre de porteurs de torches, accompagné d'un joueur de flûte. Les édiles avaient aussi des fonctions très importantes dans les sacrifices (1) pour lesquelles l'*haruspex* peut leur avoir été nécessaire. Enfin les édiles pouvaient employer les esclaves de l'État pour les services publics (2).

§ 6. — LE CONSEIL DES ÉDILES

Le principe de la collégialité excluant la garantie de l'avis d'une majorité, il y avait lieu de recourir à des moyens d'atténuer cette toute puissance ; car dans bien des cas l'*intercessio* n'était pas admissible, ou encore ne se produisait pas. L'usage et la coutume y remédièrent par un conseil dont s'entourait le magistrat, dans certains cas, car en d'autres il était forcément exclu, par exemple dans les décisions prises à la majorité, ou soumises à la *provocatio*, ou à l'*intercessio*. Le devoir de consulter s'impose au contraire dans les matières pénales en l'absence du droit de *provocatio* ; dans la procédure civile où

(1) Festus : *Murrata* potione usus antiquos indicio est quod etiam nunc ædiles per supplicationes diis addunt ad pulvinaria. *Id.* vº s. optatam hostiam, alii optimam appellant eam quam ædilis tribus constitutis hostiis optat quam immolari velit.

(2) Aulu-Gelle XIII. 15 : (Ædiles) stipati servis publicis.

la décision était remise à un seul ; dans la procédure administrative, c'est-à-dire dans les contestations de toute nature élevées entre l'État et un particulier ; dans les réceptions de travaux en exécution de marchés. Nous manquons de renseignements sur la composition du conseil des édiles, il est possible qu'il variât suivant les circonstances, dans celles, par exemple, où la compétence d'hommes de l'art était nécessaire : dans les cas les plus communs on peut supposer que des *ædilicii*, par exemple ou d'autres anciens magistrats, même des collègues en fonctions en faisaient partie, peut-être des gens d'une haute situation de fortune (1). Enfin dans les mesures d'intérêt général, rares pour les édiles, mais apparaissant quelquefois en matière d'aqueducs à défaut de censeurs, il y avait lieu de prendre l'assentiment du Sénat.

§ 7. — NOMINATION ET ENTRÉE EN CHARGE DES ÉDILES

Tant que dura la République, l'échelle obligatoire des magistratures ne comprit que la questure, la préture et le consulat. Ce « *certus ordo magistratuum* » n'avait pas toujours existé, et il n'est pas facile de fixer la date

(1) C'est à quoi semble faire allusion ce vers de Juvénal. *Sat.* V. 162.
Quando (pauper) in consilio est ædilibus ?

précise où il commença. Une loi Villia votée sur la proposition du tribun L. Villius en 573 V. C. fixa l'âge auquel chaque magistrature pouvait être exercée (1), mais le mode de calcul pour chacune ne nous est pas indiqué, était-ce pour chacune en particulier. ou un ordre étant établi, l'âge de la première magistrature, combiné avec l'intervalle nécessaire entre l'occupation de deux magistratures déterminait il le minimum respectif? On peut supposer aussi un système satisfaisant aux doubles conditions de ces deux hypothèses. M. Mommsen (2) admet la possibilité qu'une loi réglant cet ordre ait existé avant la loi Villia, mais en se fondant sur ce que très peu d'années auparavant la préture n'était pas la condition du consulat, il conclut qu'il est plus vraisemblable que la loi Villia ait eu elle-même cet effet. La continuité entre les magistratures plébéiennes et les patriciennes existait certainement avant l'an 558, de l'édilité plébéienne à l'édilité curule et surtout à la préture : de 544 à 557, on relève les noms de dix-sept édiles plébéiens parvenus à la préture et l'exerçant dans l'année suivante.

L'édilité curule qui était généralement recherchée pour arriver aux magistratures supérieures par la popularité

(1) Tite-Live XL 44 : Eo anno rogatio primum lata est ab. L. Villio tribuno plebis quot annos nati quemque magistratum peterent, caperentque ; inde cognomen familiæ inditum ut Annales appellarentur.

(2) *Droit publ. rom.* II p. 195.

facile mais coûteuse qu'on pouvait s'y attirer, à aucune
époque ne fut ni ne put être obligatoire pour arriver à la
préture, car le nombre des préteurs étant de six alors que
celui de ces édiles était de deux, le recrutement des premiers aurait été matériellement impossible. Si l'édilité
plébéienne conduisait le plus souvent à la préture, elle ne
fut pas non plus nécessaire car on a les exemples de bien
des plébéiens parvenus au consulat sans avoir revêtu aucune des magistratures plébéiennes (1). Ce n'est que sous
Auguste que l'une des deux devint obligatoire pour un
plébéien.

En dehors des trois magistratures de l' « *ordo certus* »
il ne semble pas qu'il y ait eu sous la République d'âge
légal pour les autres magistratures; l'usage cependant

---

(1) Cicéron. *Pro domo*. XLIII (111-112) nous montre sans le nommer, un homme « nobilis » qui pour la gloire de l'édilité qu'il allait
briguer avait rapporté de Tanagre une statue et de la Grèce entière
une quantité d'objets d'art, y renoncer pour se présenter directement à la préture : Is, postquam intellexit posse se, interversa ædilitate, a L. Pisone consule prætorem renuntiari..... ædilitatem
duobus in locis, partim in arca, partim in hortis suis collocavit. —
M. Mommsen désigne Appius Claudius comme étant ce candidat à l'édilité. Cicéron (*ad Attic.* II, ép. 2) écrit que cet Appius favorisait les
entreprises de Clodius contre lui, en convoquant une assemblée. —
Le même, (*de officiis* II. 17 (57-58) cite Mamercus comme ayant subi
un échec dans sa candidature au consulat pour n'avoir pas exercé
l'édilité et il rapporte que L. Philippus et M. Curio se vantaient d'être
parvenus aux plus hauts honneurs sans avoir eu les charges de l'é-
dilité.

dut y suppléer et avant qu'il n'y eût de loi annale, on voit repousser la candidature de personnes trop jeunes; c'est ce que montre la nomination de P. Scipion en 541 âgé de 22 ans, qui n'eut lieu que par la volonté du peuple, alors que les tribuns s'y opposaient à raison de son âge (1). Mais si l'édilité curule était facultative, il n'en fallait pas moins un intervalle de deux ans *(biennium)* entre elle et la préture (2).

Les conditions de capacité pour l'édilité sont les mêmes que pour les autres magistratures, en observant toutefois, pour l'édilité plébéienne, la règle inflexible qu'un plébéien seul peut y être nommé. Les inégibilités sont absolues ou relatives. Parmi les premières figurent le défaut ou l'imperfection du droit de cité, par exemple l'absence de suffrage, l'état d'affranchi ou de fils d'affranchi, et des cas d'indignité qu'on ne peut énumérer parce qu'ils sont laissés en grande partie à l'appréciation du magistrat

(1) Tite-Live XXV. Ædilis curulis fuit eo anno... P. Scipio cui post Africano fuit cognomen : huic petenti ædilitatem cum obsisterent tribuni plebis negantes rationem ejus habendam esse, quod nondum ad petendum legitima ætas esset. « Si me, inquit, omnes Quirites ædilem facere volunt, satis annorum habeo ». Tanto inde favore ad suffragium ferendum in tribus discursum est ut tribuni repente incepto destiterunt.

(2) Cicéron, *ad familiares* X ep. 2. C. Furnio : Animum in rempublicam celeritati præturæ anteponendum censeo... non est annus hic tibi destinatus ; ut si ædilis fuisses, post biennium tuus annus esset. Furnius avait probablement succombé dans sa candidature à l'édilité.

président de l'élection : le fait d'avoir exercé certaines professions décriées, et d'une façon générale l'exercice actuel d'un métier (1). Quant aux inéligibilités relatives nous avons déjà vu les principales en étudiant la question du « *cursus honorum* » et de l'âge auquel on pouvait aspirer aux magistratures en faisant ou n'en faisant pas partie; ainsi l'âge est un empêchement relatif car nous avons cité des exemples où il n'en avait pas été tenu compte, il en est de même pour le service militaire et sa durée ; l'occupation de la même magistrature ne pouvait avoir lieu qu'après un intervalle de dix ans ; l'exercice de deux magistratures différentes successivement dans une même année (1) et le cumul de deux magistratures étaient

(1) C'est ce que nous voyons pour Cn. Flavius : Aulu Gelle VI. 9. L. Piso in III annali scripsit... Cn. Flavius patre libertino natus, scriptum faciebat : isque in eo tempore Ædili curuli apparebat quo tempore Ædiles subrogantur : eumque primæ tribus Ædilem Curulem renuntiaverunt. At Ædilis (?) qui comitia habebat negataccipere, neque sibi placere qui scriptum faceret eum ædilem fieri. — Cn. Flavius Annii filius dicitur tabulas posuisse, scriptu sese abdicasse ; isque ædilis curulis factus est. — Tite-Live IX. 46, rapporte les mêmes faits et accentue la renonciation de Flavius à sa profession de scribe en la faisant accompagner d'un serment : Cum appareret ædilibus, fierique se pro tribu ædilem videret neque accipi nomen quia scriptum faceret tabulam posuisse et jurasse se scriptum non facturum. — Une autre version qu'il donne d'après Macer prouverait, si elle était vraie, la même chose : quem (Flavium) aliquanto ante desisse scriptum facere, arguit Macer Licinius, tribunatu ante gesto, triumviratibusque nocturno altero, altero coloniæ deducendæ.

(2) Tite-Live VII. 42 (a° 415 v. c.) Invenio apud quosdam L. Gennu-

également interdits (1) : l'espace de deux ans (*biennium*) était exigé entre l'occupation de deux magistratures patriciennes, l'espace d'un an et quelques jours entre deux magistratures l'une plébéienne et l'autre patricienne, sans qu'il y eût à distinguer la nature de celle qui avait été la première occupée. Enfin, la déclaration de la candidature (*professio*) qui jusqu'à la fin du vi⁰ siècle était dans les usages, sans être exigée à peine de nullité, devait dans la dernière période de la République au plus tard être faite avant le jour où se faisait l'annonce des comices. Deux autres causes d'inéligibilité ne sont pas applicables aux candidats de l'édilité : celle du magistrat qui procède aux

cium, tribunum plebis tulisse ad populum ne fœnerare liceret : item aliis plebiscitis cautum ne quis eumdem magistratum intra X annos caperet ; neu duos magistratus uno anno gereret.

(1) Le cumul d'une magistrature patricienne et d'une magistrature plébéienne était-il absolument impossible ? Pline l'Ancien *(hist. nat.* XXXIII. C. I.) : (Cn. Flavius) tantam gratiam plebis adeptus est... ut ædilis curulis crearetur cum Q. Anitio Prænestino ;.... Additum Flavio ut simul Tribunus plebis esset ». — Nous avons vu à propos du même personnage, dans Tite-Live (VII. 46) que Macer Licinius prétend qu'il avait été tribun avant d'être édile curule. Dans le récit de la compétition pour la préture entre C. Valérius *flamen Dialis* et Q. Fulvius Flaccus, édile désigné, il semble que la raison principale pour repousser la candidature de l'édile à la place du préteur décédé, fut : quod duos simul unus magistratus; *præsertim curules* neque capere posset neque gerere. — *Præsertim* fait élever un doute sur le cas où l'une des magistratures eût été plébéienne. Enfin Plutarque (*C. Gracchus* c. 8, dit qu'on pensait que C. Gracchus avait l'intention de briguer le tribunat et le consulat.

élections, et celle du candidat qui n'a pas exercé la magistrature immédiatement précédente dans le » *cursus honorum* ».

La personne qui avait la capacité d'exercer une magistrature suivant les conditions que nous venons d'énumérer en quelques mots, et qui désirait y être nommée avait évidemment des démarches à faire quelque temps avant les élections (1). Elle devait faire connaitre ses intentions et s'assurer des chances qu'elle pouvait avoir.

Dans ce but le candidat faisait des visites de droite et de gauche, ce qui s'appelait *ambitus* (2), mot qui a fini par désigner la brigue dans toutes ses variétés ; dans ces allées et venues on serrait la main même à des inconnus, c'était la *prensatio* (3). Le nom de *candidatus* vient de l'u-

(1) A l'époque de Cicéron c'était environ 12 mois avant l'élection. A propos de son consulat il écrit à Atticus (1 ep. 10): Initium prensandi facere cogitaramus... in campo comitiis tribuniciis a. d. XVI Kalend. Sext. (689 V. C); il fut élu le même mois de l'année suivante.

(2) Varron V. 28 *de ling. lat.* : Ab eo qui populum candidatus circumit, ambit ; qui aliter facit, ex ambitu causam dicit. — Festus V° *Ambitus* (bis): Ex quo etiam honoris ambitus dici cœptus est a circumeumdo, supplicandoque. Ambitio est ipsa actio ambientis. V. S. : Ambitus eodem vocabulo crimen avaritiæ vel affectati honoris appellatur.

(3) Valère Maxime VII-5. *repulsa* 2ª : cum ædilitatem curulem adolescens(P. Scipio Nasica) peteret, manumque cujusdam rustico opere duratam, more canditatorum tenacius apprehendisset joci gratia interrogavit eum manibus solitus esset ambulare. — Ciceron *Ad Atticum* I. 1o : Prensat unus P. Galba.....hæc præpropera prensatio.

sage de porter une robe blanche pour attirer sur soi l'attention lorsque l'on briguait une magistrature. Cette coutume remonte sans doute très haut; car en 323 un plébiscite défendit non pas de porter une toge blanche, mais d'y ajouter une matière qui la rendit plus brillante (1), néanmoins elle prévalut et nous la trouvons en pleine vigueur au vi^e siècle. Le candidat se plaçait sur une plate-forme ou sur une éminence d'où tous les yeux pouvaient le voir (2). On comprend que l'abus dans les manœuvres permises s'introduisit bientôt et que des lois durent le réprimer (3) : leur nombre même prouve leur impuissance, et

(1) Tite-Live IV. 25 : Placet tollendæ ambitionis causas, tribunos legem promulgare ne cui album in vestimentum petitionis causa liceret. — C'était de la craie qu'on ajoutait. Perse : Sat. V. V. 187 : Cretata ambitio.

(2) Tite Live XXVI. 18 : P. Cornelius... professus se petere (proconsulatum in Hispaniam), in superiore unde conspici posset loco constitit in quem... omnium ora conversa sunt — Macrobe. Sat I.16 : Candidatis usus fuit in comitium nundinis venire et in colle consistere ; unde coram possent ab universis videri.

(3) En 397 le plébiscite Pételien (Tite-Live VII-15). En 440, mesures prises par le Dictateur C. Mænius, pour réprimer les coalitions (Tite-Live IX-26). En 571, lex Cornelia Bæbia. (Tite-Live XL 18.) En 686 lex Calpurnia par les consuls C. Calpurnius Piso et M. Glabrio (Ciceron, pro Murena XXIII). En 690 la loi Fabia (Cic. pro Murena 54.) En 698 lex Licinia de ambitu et sodaliliis (Cic. pro Plancio XV et XVI). Lex Pompeia de vi et ambitu en 701 (Asconius in or. pro Milone.) nous fait connaitre tonte la procédure de la poursuite. En 654 la loi Maria avait introduit dans les comices des mesures matérielles destinées à empêcher la corruption des électeurs allant au vote. Enfin le tribun Lurco proposa une loi qui avait comme particularité qu'elle ne punis-

la brigue déborda à un tel point à la fin de la République qu'elle fut considérée comme passée dans les mœurs et que souvent les dispositions pénales des lois de *ambitu* restèrent inappliquées (1).

Il y eut pour toutes les magistratures patriciennes ordinaires et continues, et pour les magistratures plébéiennes dans les mêmes conditions, un intervalle entre la nomination du magistrat et son entrée en fonctions ; pendant cette période il est *designatus*; il n'y eut pas de durée légale mais elle résultait du rang où venait, dans les différentes élections, la magistrature recherchée. L'ordre suivi pour les magistratures supérieures au sens large, était l'ordre hiérarchique : Consuls, préteurs, édiles curules, questeurs. Quant aux différentes magistratures composant le *viginti-sexvirat*, nous n'en connaissons pas le règlement, mais il est probable qu'elles suivaient de près les précédentes.

Les élections plébéiennes indépendantes pour l'ordre et le temps des élections patriciennes, eurent certainement

sait pas le corrupteur pour la simple promesse d'une somme d'argent, mais pour le versement, et la sanction consistait en une rente de 5ooo sesterces à servir sa vie durant à chacun des membres de la tribu dont il avait sollicité le suffrage. (Ciceron. *ad Attic.* I. 16). Nous ne savons la suite qu'eut cette proposition.

(1) Cicero. *Pro Plancio* XVIII. Noli putare... legibus istis senatus de ambitu sancire voluerit ut id actum esse ut suffragatio, ut observantia, ut gratia tolleretur ; semper fuerunt boni viri qui apud tribulos suos gratiosi esse vellent. Cneus Plancius fut acquitté malgré la probabilité des accusations portées contre lui.

lieu à l'origine dans l'ordre de tribunat et édilité : peut-
être fut-il renversé plus tard lorsque l'édilité précéda le
tribunat dans l'échelle des honneurs.

La présidence des élections patriciennes appartenait au
Consul ; leur date jusqu'à la fin du vi^e siècle varia beaucoup parce que les points extrêmes d'une magistrature
n'étaient pas déterminés par des dates fixes du calendrier ;
à cette époque l'année des magistratures commençant aux
ides de mars, on peut supposer les élections en Janvier,
sans qu'on sache la date des élections. Sous Sylla il semble qu'elles eurent lieu au mois de Juillet (1). Pous les
magistratures plébéiennes nous savons qu'au vi et viie siècles l'entrée en fonctions était fixée au 4e jour des ides de
Décembre, c'est-à-dire le 10, pour les tribuns (2), mais les
édiles entraient en fonctions en même temps que les édiles
curules (3). Une règle ancienne et sans doute générale,
bien que les termes employés par Cicéron semblent la
restreindre à l'édilité tranchait le cas où deux compétiteurs
auraient eu le même nombre de voix en faisant décider par

(1) Ciceron. *In Verrem, act.* 1. X. (5o et 51) Nonæ sunt hodie sextiles (5 août 684) ; il vient d'énumérer tous ceux qui ne pourront être
juges pour avoir été nommés quelques jours auparavant aux différentes magistratures.

(2) Tite-Live. XXXIX-52 : Nævius... iniit tribunatum..... a. d. IV idus
Decembres (anno. 569 V.C.).

(3) Plutarque rapporte dans la vie de Marius, qu'il échoua le même
jour aux élections des deux édilités, ce qui fut un fait unique.

le sort (1). D'ailleurs ce qui tend à démontrer sa généralité c'est que la loi de Malaca dispose de même (2). Avant que la nécessité de la déclaration de candidature existât, on pouvait nommer un absent, et le fait s'est présenté plusieurs fois pour des édiles curules (3). Le magistrat qui présidait les comices devait faire des diligences pour informer l'absent de sa nomination.

Le premier acte du magistrat devait être une prise d'auspices pour savoir si les dieux lui étaient favorables. Une loi curiate aussi devait avoir lieu peu de temps après l'entrée en fonction des magistrats pour leur confirmer l'*imperium* ou la *potestas* seulement suivant la qualité des magistratures (4). Dans les cinq jours de leur entrée

(1) Ciceron. *Pro Cn. Plancio* XXI (55) : neque unquam majores nostri sortitionem constituissent ædilitiam, nisi viderent accidere posse ut competitores pares suffragiis essent.

(2) *Loi de Malaca* cap. LVI *in fine* : Si duo pluresve totidem suffragia habebunt... nomina eorum in sortem conjicito et uti cujusque nomen sorti ductum erit ita eum priorem alis renuntiato.

(3) Tite-Live XXIX. II An. 549 V. C. : Curules erant ædiles Cn et L. Cornelii Lentuli. Lucius Hispaniam provinciam habebat : absens creatus, absens eum honorem gessit — Id. XXXI. 5o. An. 554 v c. ædiles curules creati sunt forte ambo qui statim occipere magistratum non possent : nam C. Cornelius Cethegus absens creatus erat cum Hispaniam obtineret provinciam... de altero ædile (Cornelio) scitum plebis est factum rogantibus tribunis quos duos in Hispaniam cum imperio ad exercitus ire juberent, ut C. Cornelius ædilis curulis ad magistratum gerendum veniret.... plebes Cn. Cornelis Lentulo et L. Stertinio proconsulibus imperium esse in Hispania jussit.

(4) Aulu-Gelle XIII. 14 : Minoribus creandis magistratibus tributis comitiis magistratus, sed justius curiata datur lege.

en charge les magistrats devaient prêter serment d'observer les lois, « *jurare in leges* », au temple de Castor en
présence du questeur urbain qui constate la prestation sur
les registres publics (1). Le défaut de serment dans le délai prescrit entraine la déchéance de la magistrature. Quand
un absent était nommé, comme nous avons vu qu'il pouvait arriver, une loi lui enjoignait de revenir et il devait
prêter serment dans le délai de cinq jours à partir du moment où il serait à même de le faire. Des cas plus particuliers encore pouvaient se présenter. Un flamine de Jupiter (*flamen dialis*), C. Valerius Flaccus nommé édile,
curule en 554 ne pouvait se soumettre à la formalité à
cause de son caractère sacerdotal, un sénatur-consulte lui
permit de faire jurer par procuration, et ce fut son frère
le préteur qui s'en acquitta ; un plébiscite déclara que ce
serment équivalait à celui qu'il aurait prêté lui-même (2).

(1) *Loi de Bantia* c. 5 : Dictator, consul... ædilis... queiquomque
eorum post hac factus erit, eis in diebus V proxsumeis quibus
quisque eorum magistratum imperiumve inierit jouranto uti infra
scriptum est. Eis consistunto pro æde Castorus palam luci in forum
versus et eidem in diebus V apud quæstorem jouranto per Jovem
deosque Penateis... Quei ex h. 1. joudicaverit is facito apud quæstorem urbanum, ejus quei ita uti s. scriptum est jourarit nomen
perscriptum siet; quæstorque ea nomina accipito et eos quei ex h.
1. apud sed jurarint facito in tabuleis popliceis perscribat. Voir aussi
la note suivante pour le délai de 5 jours.

(2) Tite-Live XXXI. 5o. Comitiis ædiles curules creati sunt forte
ambo qui statim occipere magistratum non possent... C. Valerius
Flaccus... quia flamen Dialis erat jurare in leges non poterat ; magis-

Une autre cause pouvait forcer le magistrat à se démettre par devoir de conscience : l'élection, par exemple, pouvait être vicieuse (1). Mais en fait le magistrat était inamovible et ne pouvait être forcé d'abdiquer ; il fallait un acte de sa volonté. Ce ne fut que depuis la période révolutionnaire ouverte par Tiberius Gracchus (2) et sous le principat que l'on trouve des cas d'abrogations.

Après la cessation des fonctions du magistrat, les décisions rendues par lui, les contrats passés restent en vigueur, car il y a été le représentant de l'État. L'ordre

tratum autem plus V dies nisi qui jurasset in leges, non licebat gerere. Petente Flacco ut legibus solveretur, Senatus decrevit ut, si ædilis qui pro se juraret arbitratu consulum daret, consules si eis videretur cum tribunis pl. agerent uti ad plebem ferrent. Datus qui juraret pro fratre L. Valerius Flaccus prætor designatus : tribuni ad plebem tulerunt, plebesque scivit ut perinde esset ac si ipse ædilis jurasset.

(1) Tite Live XXX. 39 : P. Aelius Tubero et L. Lætorius ædiles plebis vitio creati magistratu se abdicarunt cum ludos ludorumque causa epulum Jovi fecissent, et signa tria ex multaticio argento facta in Capitolio posuissent. — Dion (LIV. 24) cite un cas pour les édiles curules.

(2) Julius Obsequens, ne cite en dehors du cas douteux du consul Collatinus destitué par son collègue Brutus, que des exemples postérieurs à celui d'Octavius dépouillé du tribunat par Ti. Gracchus : n° 70. — Ann. 711. V. C.-P. Titius prætor propter dissensiones collegæ magistratum abrogavit et ante annum est mortuum. — Constat neminem qui magistratum suo collegæ abstulerat annum vixisse. Abrogaverunt autem..... suit la liste. — Scheffer remarquant que tous les détails donnés par Obsequens sont reproduits par Dion (XLVI), pense que ces deux auteurs les ont empruntés à Tite-Live.

donné pendant les fonctions, exécutoire avant qu'elles ne prennent fin reste valable, mais si un jour est indiqué postérieur à la cessation, il devient nul de plein droit (1): il en est ainsi pour les citations judiciaires, pour les convocations; les actes de procédure faits par eux dans une poursuite peuvent certainement être négligés par leur successeur qui peut du reste abandonner la poursuite elle-même, mais on ne sait s'il pouvait les considérer comme valables et suivre sur leurs errements. Enfin il y avait dans le défaut d'une loi positive des cas où il était laissé à l'initiative du magistrat d'y suppléer (2). L'acte fait dans ces circonstances ne liait pas le successeur. L'application la plus importante de ces principes est dans l'édit que certains magistrats, parmi lesquels les édiles curules, rendaient à leur entrée en charge, et dont les dispositions en tant qu'elles étaient étrangères aux lois théoriquement tombaient avec leurs pouvoirs; en fait, la majeure partie en était reproduite par le successeur.

Dans le cas d'empêchement du magistrat, il devait être pourvu à ce qui était urgent; plusieurs moyens pouvaient être employés. Le magistrat ne pouvait par un acte de sa volonté se faire représenter, il ne pouvait déléguer son au-

---

(1) Modestin. (*Dig.* L. 17. 1. 195). Expressa nocent: non expressa non nocent.

(2) Papinien (*Dig.* I. 1. 1. 7 § 1) Adjuvandi, vel supplendi... juris civilis gratia.

torité ; le principe de la représentation qui ne fut admis que très tard dans le droit privé n'existait pas du tout dans le droit public. Mais lorsqu'il s'agissait d'un fait indépendant de la volonté, il fallait bien le remplacer dans ses attributions ; si l'acte n'était pas rigoureusement personnel, la collégialité fournissait un remède en de nombreuses circonstances. Ainsi en cas de vacances d'une des charges des édiles, probablement les autres pouvaient répartir entre eux par la voie du sort l'administration du quartier de la ville qui n'avait plus de titulaire. Dans le cas de vacance complète de la magistrature, ce moyen était inapplicable, il fallait bien la représenter et on recourut toujours à d'autres magistrats dans ce but ; pour les édiles curules on connait plusieurs exemples de leur remplacement par les préteurs urbains pour leur juridiction (1). Lorsque le consulat devenait vacant, par suite du jeu des institutions la chose aboutissait à un interrègne où toutes les magistratures patriciennes, même les édiles curules et les questeurs disparaissaient. On ne sait par quels

(1) Dion en fait mention deux fois en 718 (IL. 16) et en 726 (LIII. 2) il distingue cependant entre les choses d'une plus grande importance, et les autres pour attribuer les premières au préteur urbain et les autres au préteur pérégrin : τὰ μὲν μείζω τῷ ἀστυνόμῳ, τὰ δὲ ἕτερα τῷ ξενικῷ et il donne la chose comme usuelle : καθάπερ εἴθιστο. — Une inscription C. I. L. VI n° 1501 semble exiger la délégation par un Senatus-Consulte : Prætor ex. S. C. pro ædilibus jus dixit.

moyens il était pourvu à l'exercice de leurs fonctions. M. Mommsen (1) suppose qu'à cause de l'ordre hiérarchique des élections, les magistrats supérieurs, comme au début, recouvraient toutes leurs attributions primitives que ne reprenaient les différents titulaires qu'au fur et à mesure de leurs nominations.

La responsabilité des magistrats pour leur gestion était celle du droit commun, et jusqu'à la réforme de la procédure des *quæstiones* par Sylla, il n'y avait pas de tribunal spécial pour eux; elle existait soit vis-à-vis des particuliers, soit vis-à-vis de l'État. Dans le premier cas une action pécuniaire pouvait être exercée pour les soustractions de biens, ou les dommages causés, ou les atteintes à l'honneur. Dans le second cas, on distingue si le magistrat est simplement tenu d'employer les fonds mis à sa disposition, ou de les restituer, ou s'il est aussi tenu de justifier de l'emploi par une reddition de compte. La dernière obligation ne paraît n'avoir été imposée qu'aux questeurs. Ainsi les édiles ne rendent pas compte des amendes prononcées par eux et dont ils ont fait le recouvrement, ni de la subvention qu'ils reçoivent pour les jeux qu'ils sont chargés de célébrer. Pour l'exercice des actions en responsabilité contre un magistrat pendant qu'il est en fonctions, il y a lieu de tenir compte des règles relatives à la

_____

(1) *Droit publ. Rom.* II. p. 555.

par majorce potestas ; le principe que le magistrat supérieur ou égal peut regarder comme non avenu à son égard l'ordre d'un magistrat a toujours été appliqué. Mais en sens contraire l'inférieur doit se rendre à l'ordre du supérieur et la citation des édiles curules devant le préteur est possible (1) ; aussi celle des édiles plébéiens dont l'inviolabilité, comme nous l'avons vu, fut oubliée et même ne fut jamais respectée.

Nous avons vu dans ce rapide aperçu la preuve que l'état de la science actuel nous permet de connaitre de l'origine et du développement de la magistrature chargée de l'administration générale de la ville de Rome ; nous allons étudier dans ces différentes parties le champ ouvert à son activité vers la fin de la république, époque à laquelle nous pouvons commencer à puiser des renseignements dans des sources contemporaines.

____

(1) Aulu Gelle XIII-13. — (Ex. 21 lib. *rerum humanarum Varronis*) : Qui potestatem neque vocationis populi viritim habent, neque prehensionis : eos magistratus a privato in jus quoque vocari est potestas. M. Lævinius Ædilis curulis a privato ad Prætorem in jus est eductus. — Voilà pour le droit, mais il paraît qu'en fait ils résistaient : le texte continue : nunc stipati servis publicis non modo prehendi non possunt, sed etiam ultro summovent populum.

SURVEILLANCE DE LA VILLE

La surveillance de la ville « *cura Urbis* », suivant l'expression traditionnelle, s'applique aux éléments de genres très divers qui constituent une ville ; mais il existe entre eux une division naturelle en deux catégories bien tranchées : la première, qu'on peut dire la partie matérielle, qui comprend le sol où s'étend la ville avec les constructions faites dessus ou dessous ; la seconde, la partie animée, composée des hommes qui habitent la ville, y circulent : elles correspondent respectivement dans la terminologie à la voirie, d'une part, et à la police, de l'autre. Nous commencerons par la partie matérielle, parce qu'il faut connaître la scène avant d'y mettre les acteurs.

PREMIÈRE PARTIE

LA VOIRIE

CHAPITRE PREMIER

RUES ET PLACES. — ÉDIFICES. — CONSTRUCTIONS NOUVELLES.

§ 1. — DIVISION DU TERRITOIRE ENTRE LES ÉDILES.
ÉTENDUE TERRITORIALE DE LEUR COMPÉTENCE.

La tradition fait remonter au roi Servius la division de
Rome en quatre quartiers, répondant aux quatre tribus
primitives. Dans l'ordre d'énonciation constamment suivi
sous la République, inverse de l'ordre alphabétique, ils
se nommaient *Suburranum, Palatinum, Esquilinum,
Collinum*. Cette division dura jusqu'à Auguste. Il semble
que ce soit ce nombre de quatre qui ait déterminé la fixa-
tion du nombre des édiles lors de son organisation en

388, V. C., car il est vraisemblable que dans la partie de leurs fonctions concernant la voirie les quatre édiles eurent des pouvoirs égaux. La loi *Julia Municipalis* (1) n'a sans doute fait que confirmer l'état de choses existant, quand elle enjoint aux quatre édiles de se répartir les quartiers de la ville, soit par une entente, soit par le sort, dans les cinq jours de leur désignation, ou dans les cinq jours de leur entrée en fonctions (2) : le premier point de

---

(1) On est d'accord, après quelques discussions et malgré la contestation élevée récemment par M. Karlowa (Römische Rechtsgeschichte, I, pp. 458 à 440, Leipzig, 1885), pour fixer la date de cette ci à 709, en s'appuyant sur un passage de Cicéron (cité p. 54, n° 2), qui donne à un ami des renseignements sur l'incapacité d'être magistrat pour les *præcones*. Cette loi, qui contient des dispositions applicables seulement à la ville de Rome, et d'autres applicables aux municipes, est considérée par M. de Savigny comme une *lex satura*, tandis que M. Mommsen voit dans cette rédaction une intention de César d'indiquer qu'il ne considère Rome que comme le premier des municipes.

(2) *Lex Julia municipalis*, LL. 24 et seq. : Æliles curules, ædiles plebis... in diebus V proximis quibus eo magistratu designatei erunt, eumve magistratum inierint, inter se paranto ant sortiunto qua in partei urbis quisque eorum vias publicas in urbem Romam propiusve V. R. passus M (ille) reficiundas sternendas curet... M. Mommsen croit que la loi municipale innove en divisant la compétence des édiles suivant les quartiers parce qu'on ne trouve pas trace de cette division dans l'époque antérieure : il invoque aussi dans ce sens quelques mots d'un senatus-consulte, dont nous parlerons plus loin, qui ordonna que l'entretien d'un emplacement sacré aura lieu *arbitratu ædilium plebeium*, il n'y aurait donc pas eu partage. Cet argument est sans portée, attendu que les circonstances dans lesquelles ce senatus-consulte statue sont absolument inconnues.

départ du délai s'appliquait peut-être au cas où tous présents lors de leur nomination, ils pouvaient procéder immédiatement à la répartition ; le second, était la limite extrême où elle devait être faite, sinon ils eussent peut-être été considérés comme démissionnaires par le fait même de l'écoulement du délai. M. Mommsen (1) voit dans cette alternative, pour le point de départ lors de la désignation, la chose ordinaire, et, pour l'autre, une élection intervenant dans le cours de l'année des magistratures.

D'après plusieurs passages de la loi municipale, le ressort de la compétence des édiles s'étend : *in Urbem Romam propiusce V. R. passus M. ubei continente habitabitur*. M. Mommsen (2) entend ce texte comme désignant le territoire compris dans l'enceinte de Servius et mille pas à l'entour.

Il nous semble, cependant, qu'il y a lieu de l'entendre plus largement. L'enceinte de Servius faite à une époque où Rome comptait peu d'habitants ne devait évidemment circonscrire qu'une faible partie du territoire qu'occupait l'immense population de la fin de la République. Il faudrait supposer que par suite de circonstances sans exemple, les aggrégations successives se fussent faites

---

(1) *Droit public romain*, II, p. 258, n° 2.
        Ibid., I, pp. 76-77.

selon une loi invariable en une ligne suivant constamment le contour du périmètre primitif. C'est contraire à ce qui se passe dans la plupart des cas ; sous des influences indéfinies, sociales et naturelles, il est constant que toute grande ville s'est développée suivant une direction quelconque de préférence à une autre ; Paris en a été la preuve évidente (1) et toutes les villes, sauf le cas d'une conformation particulière du sol, ne s'agrandissent que dans ces conditions.

Il est donc impossible qu'une loi établissant le ressort d'une compétence ait méconnu la réalité des choses pour ne tenir compte que d'un passé vieux de près de cinq siècles, au risque de laisser en dehors des parties populeuses. Cette étendue doit non seulement être en rapport avec l'état de choses existant, mais doit même être assez élastique pour se plier aux modifications incessantes de l'activité humaine ; il ne faut pas qu'une autorité qui n'est pas limitée par la rencontre d'une autre se trouve subitement arrêtée par l'obstacle aveugle d'une longueur comptée exactement d'un point fixe ; qu'il arrive par exemple que la limite étant à la moitié d'une maison, l'autre lui échappe ; on n'en doit pas déterminer par un signe immuable le point

(1) Son développement à l'Ouest n'est arrêté que par limite des murs, mais, en fait, les constructions continuent sans interruption, et Londres n'est plus grand que Paris que parce qu'il peut s'étendre ibrement.

de départ ; on ne peut prendre appui pour défendre le système opposé sur la manière de mesurer la distance sur les
routes, car ce sont là deux choses non comparables ; une
route est une chose matérielle déterminée d'une façon invariable dans toutes ses dimensions et dont le point de
départ tombe sous les sens ; le ressort de la compétence au
contraire doit pouvoir suivre dans ses fluctuations l'étendue qui lui est soumise et rien n'est plus mobile que la
limite d'une ville dont la population s'accroit sans obstacles.
Cette distinction est si naturelle qu'elle se reflète dans le
langage : du jour où des bornes se succédèrent de mille
en mille pas sur les routes, une distance ne s'exprima
jamais autrement que par un nombre de milliaires. Pour
leur point de départ il est sans contestation que « les distances des voies Romaines se calculent en partant des
portes de l'enceinte de Servius comme Canina (1) le dé-
montre par exemple pour la voie Appienne qui est connue
d'une manière précise » (2). Un vers de Lucilius le confirme,
pour Salerne, il est vrai, mais à l'époque où il écrivait,
cette ville était une Colonie Romaine depuis plus d'un
demi siècle : *Ad portam, mille a porta est, sex inde
Salernum* (3). Mais quand M. Mommsen ajoute qu'à

(1) *Annali dell'Instituto di corrispondenza archeologico.* 1855 p.
134.
(2) Mommsen. *Droit pub.* Rom. I p. 76 n. 2.
(5) Aulu-Gelle I. 16... (*Scripsit*) Lucilius in tertio Satyrarum : ad

Rome la limite de l'autorité exercée *domi* a de tout temps été fixée à la première borne milliaire des diverses routes partant de la ville (1), il est en contradiction absolue pour la terminologie avec tous les textes relatifs aux mille pas. Le passage même de la loi municipale qui détermine l'étendue de la surveillance des édiles sur les routes n'emploie pas le mot milliaire, qui lui eût permis, étant donnée la nature même de la chose, d'exprimer sa volonté d'une façon exacte et claire, parce qu'elle aurait été familière à tous ; et si elle ne le fait, il est évident que c'est parce que la limite qu'elle fixe ne concorde pas avec ce premier milliaire. Quelle autre raison pourrait-elle avoir de définir cette distance d'une façon si imprécise « *propiusce Urbem Romam mille passus ubei continente habitabitur* » ; sinon pour se plier à un état de choses variant sans cesse ? c'est ce qu'indique encore le verbe au futur. Nous com-

portam etc.... Mille, inquit, est ; non mille sunt.... Neque hoc (ut quidam putant) vetustati concessum est, aut per figurarum concinnitatem admissum est, sed sic videtur ratio poscere. Mille enim non pro eo ponitur quod græce χίλιοι dicitur, sed quod χιλιάς et sicuti una χιλιάς et duæ χιλιάδες, unum mille et duo millia, certa atque directa ratione dicitur. On se demande comment après cette explication si nette de Aulu-Gelle, la plupart des éditeurs d'Aulu-Gelle ou des fragments de Lucilius, à la suite de Turnèbe qui voit une pointe dans ce vers (*adversar.* XXVIII. 9) ont pu le ponctuer de la façon suivante :

ad portam mille, a porta est sex inde Salernum.

(1) *Loc. laud. :* dans le texte auquel correspond la note citée sur les distances des routes.

prenons donc que la ville s'étend aussi loin que la ligne
des maisons est continue et que les mille pas commencent
à ce point. Ainsi entendu ce texte ne peut cadrer avec la
théorie de M. Mommsen, aussi considère-t-il les mots *ubi
in continente habitabitur* « comme excluant de la police
de la voirie les localités situées dans l'intérieur de l'enceinte indiquée où les habitations ne forment pas une
ligne continue » (1). Il ne nous parait pas vraisemblable
que la loi ait prévu une telle hypothèse et que, même en
l'admettant, elle ait pu avoir l'idée d'une disposition tendant à créer des enclaves dans la ville échappant à toute
surveillance et destinées à devenir le dépôt de toutes les
immondices ; car à quelle autorité eussent-elles pu être
soumises ? La compétence territoriale « *domi* », est certainement la même pour toutes les magistratures (2).
Après avoir donné cette interprétation il ajoute qu' « il en
est de même pour les règlements de police sur la circulation des voitures (3) ». Nous ne doutons pas que la compétence, des magistrats dans les rues de Rome, ne soit
exactement la même pour la circulation des voitures pour
l'entretien et pour le nettoyage, et que c'est bien les

(1) *Droit pub. Rom.* I p. 77 n. 4.

(2) *Dr. pub. Rom.* I p. 77 : « Il n'est pas douteux que la même
limitation (au 1er milliaire) existe pour tous les magistrats qui sont
appelés urbani. »

(3) *Eod. loco* n. 4.

mêmes rues que désigne sur ces différents points la loi municipale. Nous prendrons cependant de préférence le texte relatif à la circulation, parce que c'est celui qui fait le mieux ressortir à quelles conséquences inadmissibles conduit le système que nous comba   ons: l. 56 . *Quæ viæ in V. R. sunt, erunt intra ea loca ubi continenti habitabitur.* Telle est la définition des lieux où les voitures ne doivent pas circuler pendant certaines heures du jour. Il faut remarquer que la zone des mille pas n'est pas visée, et avec notre façon de les comprendre, c'est avec juste raison, car ils sont à peu près inhabités et les voitures n'y peuvent causer de l'encombrement. Au contraire si les mille pas commencent aux murs de Servius, la loi est bien imprévoyante, et les mots *intra ea loca* apparaissent comme superflus et dénués même de sens. Il est hors de doute que l'agglomération des maisons aux dehors des murs était surtout dans la partie voisine, tout aussi grande qu'à l'intérieur. La loi n'en tiendrait aucun compte et y laisserait les voitures circuler, stationner, et s'accumuler pour attendre l'heure d'entrer dans l'enceinte, sa prohibition ne concernerait que la ville primitive ? A vrai dire elle y était indispensable car les rues étaient fort étroites, très encombrées et formaient un lacis inextricable (1). Que

______

(1) Tite-Live V. 55 : Après l'incendie de Rome par les Gaulois. Promiscue urbis ædificari. Festinatio curam exemit vicos dirigendi, dum

signifient alors ces mots *quæ viæ.... sunt, erunt intra
ea loca ubei continenti habitabitur*, qui supposent forcément des espaces inhabités ? Où en trouvera-t-on dans
cette ville où les rues mêmes n'étaient pas libres, envahies
par les boutiques, les auvents, les étalages? Et quand ils
prévoient de nouvelles rues *(erunt)* et des suites de nouvelles constructions (*ubei continenti habitabitur*) peut-on
les entendre de cet amas de maisons, qu'il était interdit de
démolir ? (1). Au contraire lorsqu'on y voit les habitations
attenantes à la ceinture des murs (*ædificia urbi continentia*) ils sont parfaitement en rapport avec l'état de choses,
car nous admettons, sans que cela détruise notre système
qu'il pouvait exister des parties où les faubourgs avaient
très peu d'étendue, et où les mille pas devaient commencer
à peu de distance des portes et des murs. Il résulte donc
clairement de là que les lieux désignés par l'expression
« *intra ea loca ubei continenti habitabitur*, ne peuvent
ni être compris dans l'enceinte, ni faire partie de la zone

omisso sui alienique discrimine in vacuo ædificant; ea est causa ut
veteres cloacæ primo per publicum ductæ nunc privata passim subeant
tecta, formaque urbis sit occupatæ magis quam divisæ similis.

(1) Paulus. lib. 54 ad. edict. *Dig*. XVIII. 1. 52) : Senatus censuit
« ne quis domum villamve dirueret quo plus sibi adquireretur, neve
quis negotiandi causa eorum quid emeret venderetve ». Pœna in
eum qui adversus S. C. fecisset constituta est. — Voir Marcianus
(*Dig*. XXXIX. 5. 46). — L'autorité peut forcer le propriétaire à recon-
truire sa maison. Paulus (*Dig*. XXXIX. 2. 46) : ad curatoris reipublicæ
officium spectat ut dirutæ domus a dominis extruantur.

des mille pas puisqu'elle n'existe pas dans l'espèce et que
par conséquent lorsque cette zone figure dans les dispositions de la loi, elle ne peut commencer qu'après l'étendue
habitée, ou plutôt en dehors d'elle. Car de même que
la loi a dit à l'intérieur des lieux habités (*intra ea
loca ubei continenti habitabitur*) elle dit « en dehors
de la ville de Rome ». C'est en effet ainsi qu'elle
s'exprime pour les mille pas lorsqu'elle règle une compétence qui ne s'étend absolument que sur eux, l. 50 : II
vir(ei) vieis extra propius ve urbem Roma(m) passus M
purgandeis. (1). Nous croyons avoir apporté de fortes
présomptions à l'appui de notre interprétation, et que les

---

(1) M. Mommsen (*Dr. pub. Rom.* IV. p. 515 n. 2 sur ce texte dit que
« l'explication qu'il en donne (nettoyage par les duumvirs au dehors
de la ville jusqu'au 1er milliaire) lui semble préférable sous le rapport
de la langue et du sens à celle essayée (C. I, LI p. 94) quoique le
pléonasme *extra propiusve* qu'elle force à admettre demeure toujours
étrange ». Cette explication semble d'écouler naturellement du texte
à la différence de celle qui faisait exercer leurs fonctions aux II virs
eu Italie. Mais le pléonasme nous paraît être bien plutôt, une précision
et se trouver en opposition avec l'idée contenue dans le premier
membre de la phrase ainsi conçu : Quominus æd(iles) et IV vir(ei) vieis
in urbem purgandeis, II vir(ei) vieis extra propiusve urbem Romam
passus M purgandeis. — Nous avons vu que les voies où était interdite
la circulation, étaient les mêmes que celles soumises à la compétence
des édiles pour l'entretien dans l'intérieur de Rome intra ea loca ubi
continenti habitabitur. — Cette expression « in urbem Roman » équivaut donc à celle que nous venons de citer. La phrase ne serait-elle
pas plus correcte au point de vue de grammaire si on lisait: intra
urbem Romam, ce qui serait symétrique à extra propiusve urbem
Romam passus mille.

témoignages des textes vont lui donner une quasi-certitude. M. Mommsen n'en cite qu'un (2). S'il en tire une juste conséquence sur un point, il le rejette pour le surplus en ce qu'il a de contraire à son système : Macer indique comment doivent se compter les mille pas (*Dig.* 4. 16. 154 bis, I ad *legem vicesimam*) : *mille passus non a milliario urbis sed a continentibus ædificiis numerandi sunt.* L'auteur remarque en premier lieu qu'il n'est fait nulle part ailleurs mention du procédé indiqué par Macer... C'est une raison insuffisante; car la règle, « *testis unus testis nullus* » n'est admissible en aucune matière et d'ailleurs nous allons voir plusieurs jurisconsultes confirmer l'assertion de Macer. En second lieu : sa rubrique se rapporte à l'impôt sur les successions et le mode anormal qu'il indique peut n'avoir été employé qu'en ce cas spécial. Admettons qu'en effet ce texte signifie que pour l'application de la loi du vingtième, les mille pas ne se comptent pas du milliaire d'or du forum de Rome, mais de l'extrémité des habitations continues; il suit logiquement de là qu'en sortant du domaine de cette loi spéciale pour rentrer dans le droit commun le point de départ devra être au contraire ce milliaire : le jurisconsulte n'a pu mettre que la règle en opposition à l'exception, sinon la comparaison des deux modes de compter n'a pas de

____

(2) *Dr. pub.* R. 1 p. 76 n, 2.

raison d'être. Le système du milliaire de Rome, s'il eut quelques partisans au siècle dernier (1), n'est plus soutenu par personne et moins que par tout autre, par M. Mommsen qui admet l'allégation de Macer sur ce point. Que conclure sinon qu'il n'y a là qu'une règle générale énoncée même, si l'on veut, à propos de l'impôt sur les successions, peut-être contre ceux qui cherchaient à restreindre le champ d'application de la loi par l'emploi d'un argument désespéré (2).

(1) Mazochio dans son commentaire sur les *tables d'Héraclée* p. 258 et suiv. Naples 1754.

(2) Dans un article intitulé « *mille passus e continentia ædificia* » paru dans le « *Bulletino dell'Instituto di diritto Romano. Rome et Paris* : Anno II° (1889) fasc. VI, M. Lodovico Zdekauer (de Sienne) prétend que par des rapprochements avec d'autres textes recueillis dans la « *Palingenesia juris civilis* » d'Otto Lenel (Leipzig 1888 col 571) le texte de Macer, doit avoir trait aux excuses du tuteur testamenteur à raison des délais de distance où un « *dies integer* » est accordé par vingtaine de mille pas (Modestinus. *Dig.* XXVII. 1. 15 § 2). Nous croyons qu'il s'agit bien d'un délai de jours mais nous le rapporterions plutôt aux héritiers institués absents ou présents : Paul-Sent. lib. IV. tit. 6 *De vicesima*. § 3. Testamentum lex statim post mortem testatoris aperiri voluit, et ideo... a præsentibus intra triduum vel quinque dies aperiendæ sunt tabulæ ab absentibus quoque intra eos dies cum supervenerint, nec enim oportet tam heredibus aut legatariis, aut libertatibus, quam necessario vectigali moram fieri. — La question de délai, on le voit, est importante pour le recouvrement de l'impôt, le délai variant suivant que l'héritier institué est présent à Rome ou en est absent ; il est essentiel de déterminer l'étendue du territoire y compris les mille pas. Macer traite de la *vicesima*, et c'est très probablement cette question qu'il résout, ne s'en suit-il pas que la loi ne l'avait pas fixée et que par conséquent le droit commun était seul applicable ?

D'ailleurs, il est peu vraisemblable que l'étendue d'un territoire déterminé varie avec les diverses matières, et avec le système que nous combattons, c'est un fait qui se présente notamment pour les assemblées du peuple et du Sénat qui avaient souvent lieu hors des portes ; et on n'apporte aucune explication. Sur les questions d'absence de Rome des sénateurs ou des magistrats, on se trouve en contradiction formelle avec Ulpien qui, à propos de magistrats en collège, définit ainsi l'absence ou la présence : (*Dig.*, L. 16-173, § 1) : *Qui extra continentia urbis est, abest : cæterum usque ad continentia non abesse videbitur* (Voir aussi eod. tit., 1. 199). Enfin, que peut-on alléguer contre cette définition de Marcellus dans un ouvrage dont le titre n'indique rien de spécial (*Dig.*, L. 16, 1. 87, lib. 12, *Digestore*) : *Ut Alfenus ait, urbs est Roma quæ muro cingeretur, Roma est etiam qua continenti ædificia essent, nam Romam non muro tenus existimari ex consuetudine quotidiana posse intelligi cum diceremus Romam nos ire, etiam extra urbem habitaremus.* Paul, dans son ouvrage qui traite de l'édit du préteur dont la compétence territoriale est la même que celle de tous les magistrats urbains (*Dig.*, L. 16, 1. 2 pr., lib. 1 *ad edictum*) amplifie encore : « *Urbis appellatio muris, Romæ autem continentibus ædificiis finitur quod latius patet* ». Le texte de Macer, corroboré par tous les autres, nous indique donc bien le

procédé en usage et nous en conclurons que le ressort
des édiles, comme celui des magistrats supérieurs, comprend à Rome « *quod continentibus ædificiis latius
patet* » et mille pas à l'entour.

§ 2. — ENTRETIEN DE LA RUE, CHAUSSÉE ET TROTTOIRS.

La loi met à la charge des propriétaires riverains
l'entretien de la partie de la route qui passe devant leur
maison, et l'édile sera juge de l'exécution de cette obligation ; la loi indique que cet entretien devra assurer un
libre passage et comme exemple, il devra être tel que
l'eau ne séjourne pas (1). Il peut y avoir lieu de paver la
route, ou de la réparer, si le pavage est déjà fait (2). Nous
placerons ici la confection ou l'entretien du trottoir, bien
que dans un ordre illogique la loi intercale des disposi-

---

(1) *Lex Jul. Mun.*, l. 20 : Quæ viæ in urbem Romam propiusve V.
R. passus M. ubei continente habitabitur, sunt erunt quojus ante ædificium earum quæ via erit, is eam viam arbitratu... ædilis... tueatur ;
isque æd. curato uti quorum ante ædificium erit quamque viam hac
lege quemque tueri oportebit ei omnes eam viam arbitratu ejus
tueantur neve eo loco aqua consistat quominus commode populus ea
via utatur.

(2) *La loi*, l. 24 et suivantes, ordonne aux édiles de se répartir le
territoire et que chacun d'eux (l. 26) : *vias publicas... reficiendas
sternendas curet*, et qu'à chacun (ll. 27-28) *viarum reficiendarun tuen-
darum procuratio esto uti h. l. oportebit.*

tions concernant ce qui les précède et ce qui les suit. Lorsqu'à la place habituelle (*in loco*) il y aura un trottoir, le propriétaire de l'immeuble est chargé de le faire et de l'entretenir et sa construction doit répondre aux conditions suivantes (1) : les dalles doivent joindre le pied de la façade sur toute sa longueur et chacune des dalles juxtaposées doit avoir une longueur suffisante pour faire seule la largeur du trottoir.

Pour l'entretien de la route, différents cas doivent être envisagés. La route passe : 1° entre deux propriétés privées : les charges se partagent par moitié proportionnellement à la largeur de chaque façade ; 2° entre un terrain public ou sacré, bâti ou non, et un immeuble privé bâti (la loi ne prévoit pas le cas d'un terrain nu), la moitié sera à la charge du propriétaire et l'édile devra faire mettre en adjudication l'entretien de l'autre moitié de la route, du côté du terrain sacré ou public, au nom et pour le compte de l'*ærarium* et 3° l'entretien de la totalité de la route si elle est bordée de deux immeubles publics (2).

(1) *Lex Jul. Mun.*, l. 53. Quojus ante ædificium semita in loco erit, is eam semitam eo ædificio perpetuo lapidibus perpetuis integreis continentem constratam recte habeto arbitratu ejus ædilis quoius in ea parte h. l. viarum procuratio erit. Varron (*de lat. l.* V (IV-51) définit le mot Semita : Qua ibant abitu, iter appellarunt ; qua anguste semita ut semi iter dictum. Il l'entend donc dans le sens de chemin étroit. On le trouve aussi dans ce sens dans Martial (VII. 6o) : Et modo quo fuerat semita facta via est. Mais, ailleurs. il lui donne bien le sens de trottoir : Alta Suburrani ducenda est semita clivi. (V. 21.)

(2) *Lex Julia Mun.*, l. 29 : Quæ via inter ædem sacram et ædifi-

Si le propriétaire n'exécutait qu'en partie ou pas du tout les obligations à sa charge, suivant les époques ou les lieux, on y pourvoyait de façon différente : dans le régime municipal et au début, à Rome, régnait l'usage des corvées et de la coercition par le magistrat ; à Rome, l'adjudication fut finalement le seul moyen usité. Elle avait lieu après l'accomplissement de délais et de formalités que nous fait connaitre la loi de César (1). Une affiche doit être apposée devant le tribunal de l'édile (2) au forum, au moins dix jours avant le jour de l'adjudication, indiquant ce jour et la désignation de la partie de la route dont l'entretien est à faire, avec le nom du propriétaire de l'immeuble.

Ce délai de dix jours entre l'affichage et l'adjudication

cium locumve publicum et inter ædificium privatum est erit ejus viæ partem dimidiam is ædilis quoi ea pars urbis obvenerit, in qua parte ea ædis sacra erit seive ædificium publicum seive locus publicus tuemdam locato.

(1) *Id.*, l. 51 : Quemquomque ante suum ædificium viam publicam h. l. tueri oportebit quei eorum eam viam arbitratu ejus ædilis quoius oportuerit, non tuebitur eam viam, ædilis quoius arbitratu eam tueri oportuerit, tuemdam locato ; isque ædilis diebus ne minus X antequam locet aput forum ante tribunale suom propositum habeto quam viam tuemdam et quo die locaturus sit et quorum ante ædificium ea via sit.

(2) On est surpris de trouver un tribunal accordé à l'édile plébéien, car telle est la portée de la généralité du texte : le tribunal, ordinairement, ne va qu'avec une sella ; dans le cas contraire, le tribunal perd son caractère juridique et la chose n'a pas grande importance, elle a, du reste, été motivée très probablement par le rapprochement des deux édilités.

est fixé comme beaucoup d'autres délais dans le droit
romain ; il comprend forcément un jour de marché (1).
L'édile fera dénoncer, à domicile, la mise en adjudication,
aux propriétaires ou à leurs représentants et au jour dit,
en présence de l'un des questeurs urbains, chargés de
l'*ærarium*, il procède à l'adjudication ; la loi ordonne
que le questeur porte sur les registres publics le montant
de l'adjudication (2). La loi se sert ici de l'expression
« *pecunia facta* », qui équivaut à « *nomen factum* » ;
la créance du peuple contre un particulier ne pouvait
devenir exigible qu'après son inscription au registre (3)
et ce n'est qu'alors qu'elle était dite « *pecunia facta* » ;
dans la tenue d'un *codex* particulier, il y aurait « *acceptum* ». Les règles du droit civil ne sont pas applicables
au droit public et nous allons en avoir une preuve dans le

(1) Asconius (*ad Cornel*). Cum L. Cassius prætor decimo die ut mos
est, adesse jussisset accusatores.

(2) Jul. *Mun.*, 1. 55 (*Suite*) : Eisque quorum ante ædificium ea via
erit prouratoribusque eorum domum denuntietur facito se eam viam
locaturum et quo die locuturus sit ; eamque locationem palam in foro·
per quæstorem urbanum eumve quei ærario præerit facito. Quanta
pecunia eam viam conlocaverit tantæ pecuniæ eum eosque quorum
ante ædificium ea via erit proportioni, quantum quoiusque ante ædificium viæ in longitudine et in latitudine erit quæstor urbanus... in
tabulas publicas pecuniæ factæ referundum curato.

(3) Tacite (*Ann*. XIII-28) : Addidit L. Piso, designatus consul...
neve multam ab iis dictam quæstores ærarii in publicas tabulas ante
IV menses referrent ; medio tempore contradicere licet. — Donc l'argent n'était pas exigible pendant ce délai.

mode que notre loi indique pour le payement de l'entrepreneur : posons la question au point de vue du droit
civil. Le propriétaire est tenu d'une obligation de faire
vis-à-vis de l'Etat : il ne la remplit pas et l'Etat la fait
exécuter par un entrepreneur envers lequel il devient
débiteur du prix du travail. L'obligation du propriétaire
est éteinte et l'Etat a acquis une action *negotiorum gesto-
rum* contre lui. Pour arriver au résultat auquel aboutit
la loi, c'est-à-dire de faire payer l'entrepreneur par l'Etat
au moyen d'une délégation sur le propriétaire, il aurait
fallu recourir à toutes les inscriptions et transcriptions
que comporte le contrat *litteris*, et l'on n'aurait pu y
arriver que par le consentement des parties ; la loi, par
son autorité, accomplit ces opérations de plein droit et
l'entrepreneur devient créancier direct du débiteur ;
c'est ce que la loi désigne par le mot *adtribuere* (1) qui
est technique pour désigner cette opération du questeur
soldant le compte de l'Etat avec l'entrepreneur en portant
au débit de l'entrepreneur le montant de la créance de
l'Etat sur le propriétaire. L'entrepreneur, ainsi muni
d'une créance, pouvait éprouver des difficultés à se faire

---

(1) *Lex Julia, Mun.*, l. 40 : Ei quoi eam viam tuemdam redemerit,
tantæ pecuniæ eum eos ve adtribuito sine dolo malo. — Varron nous
donne l'origine de *adtributum* : Tributum dictum a tribubus quod ea
pecunia quæ a populo imperata erat, tribuium a singulis proportione
.censûs exigebatur ; ab hoc ea quo adsignata erat, adtributum dictum.

payer ; la loi impartit un délai de trente jours au propriétaire pour payer ou donner caution (1). Ce délai court du
jour où le débiteur ou son représentant a connu l'*attri-
butio* faite. Faute par lui de s'exécuter dans ce délai, la
loi donne contre lui une action analogue à celle qui serait
résultée du contrat *litteris* civil analysé ci-dessus, celle
uti de pecunia credita (2). La loi Julia, qui emprunte,
comme le fait souvent le législateur, la langue du préteur,
semble par ce mot « *uti* » créer une action utile, mais il
est aisé de voir qu'il n'en saurait rien être, puisque c'est
une action légale. Ce qui l'éloigne davantage de la
condictio certæ pecuniæ du contrat *litteris*, c'est qu'elle
est pénale ; la peine est de la moitié du principal. La loi
passe ensuite au cas où la charge de l'entretien de la
route est entièrement à l'Etat qui est et reste débiteur et

(1) *Lex Jul. Mun.*, l. 41 : Sei is quei adtributus erit eam pecuniam
diebus XXX proxumeis quibus ipse aut procurator ejus sciet adtribu-
tionem factam esse ei quoi adtributus erit, non solverit neque satisfecerit. is quantæ pecuniæ adtributus erit tantam pecuniam et ejus
dimidium ei quoi adtributus erit non solverit neque satisfecerit is
quanto pecuniæ adtributus erit, tantam pecuniam et ejus dimidium
ei quoi adtributus erit dare debeto. — *Satisfacere* employé dans ce
texte a généralement un sens analogue à celui de *solvere*, mais dans
l'espèce il y aurait un pléonasme inutile, et il faut entendre *satisfacere* comme *satisdare*.

(2) *L .Julia Municip.* Suite du texte cité dans la note précédente,
l. 44 : Inque eam rem is quo quomque de ea re aditum erit, judicem,
judiciumve ita dato utei de pecunia credita (judicem) judiciumve dari
oporteret.

paye directement à l'entrepreneur ou à son héritier (1).

Les empiètements faits sur la voie publique par des constructions particulières doivent être empêchés par les édiles, ainsi que des adossements d'un mur privé à un édifice public (2), et il semble bien que, s'ils existent, il résulte des termes de la loi municipale que les édiles soient chargés de les faire démolir. Ils ont ici plus qu'un simple droit de surveillance, leur pouvoir de coercition leur permet non seulement de frapper d'amendes les récalcitrants, mais aussi de faire procéder à la démolition des constructions parasites (3). Enfin on peut tirer un argument d'analogie d'un passage de la loi d'Urso qui charge les édiles

(1) *Lex Julia Mun.*, l. 46 : Quam viam h. l. tuendam locari oportebit, ædilis quam eam viam tuendam locare oportebit, is eam viam per quæstorem urbanum queive ærario præerit tuendam locato, ut ei eam viam arbitratu ejus quei eam viam locandum curaverit tuetam. Quantam pecuniam ita quæque via locata erit, tantam pecuniam quæstor urbanus... redemptori quoi e lege locationis dari oportebit, heredeive ejus tandem attribuendam curato.

(2) *Lex Jul. Mun.* C. 68. : Quæ loca publica publica, porticusve publicæ in V. R. pr. ve V. R. p. M. sunt erunt quorum locorum quoiusque porticus (ædilium eorum ve magistratuum quei vieis loceisque publiceis V. R. p. ve V. R. p. M. purgandeis præerunt legibus procuratio est erit neiquis iu ieis locis inve porticibus quid inædificatum immolitumve habeto) neve ea loca porticumve quam possideto neve eorum quod sæptum clausumve habeto quominus eis locis porticibusque populus utatur, pateant ve.

(3) En ce sens, Mommsen, *Droit public romain* IV, p. 202. *ibid.* n° 2. et p. 209 n° 1. C'est, semble-t-il, par une contradiction que l'auteur (IV p. 152. n° 2) écarte le texte de la lex Julia parce que, dit-il : la *procuratio* n'est pas la juridiction.

municipaux de faire enlever des sépultures établies contre
les prescriptions légales (1). Dans cette matière de plus
grands pouvoirs appartiennent aux censeurs pendant leurs
fonctions (2), mais il est probable que les édiles pour les
choses de peu d'importance et de simple voirie conservaient en même temps l'exercice de leurs fonctions.

§ 3. — ENTRETIEN DES ÉDIFICES

Parmi les monuments publics, la loi mentionne en premier les portiques, longues colonnades, très nombreuses
à Rome, où la foule la plus variée circulait ou s'asseyait
à l'ombre ; ils étaient ornés d'objets d'art, il s'y trouvait
même des bibliothèques (3). La surveillance et l'entretien
des temples et des lieux publics, appartiennent aux édiles

(1) *Lex Col. Jul. Genetivæ* c. 75. It que quot inædificatum erit,
II vir ædilisve dimoliendum curanto.

(2) Tite-Live XXXIX-42 : (Censores) quæ in loca publica inædificata,
immolitave privati habebant intra dies XXX demoliti sunt-Id. XLIII.
16. (Censores) clientem libertinum parietem in sacra via adversus
ædes publicas demoliri jusserunt quod publico inædificatus esset ;
appellati a privato tribuni, cum præter Rutilium nemo intercederet,
censores ad pignora capienda miserunt multamque pro concione
privato dixerunt.

(5) Cicéron *pro domo* 44 (116) : Porticus cum conclavibus parimen-
tata CCC pedum. — Voir le même, *Ad attic.* IV-16 — Suétone-Aug-
29 : Addita porticus cum bibliotheca latina græcaque.

qui en avaient les gardiens sur leurs dépendances (1). Leurs attributions dans cette administration résulte aussi d'une inscription (2) trouvée à une époque assez récente sur le mont Esquilin relatant un Senatus-Consulte que M. Mommsen place à une date voisine de la fin de la République et qui viserait des entrepreneurs adjudicataires d'un emplacement sacré à entretenir « *arbitratu ædilium plebeium* », dit le texte ; mais en ce qui concerne l'entretien de l'édifice, la conclusion du marché et la réception des travaux n'appartiennent en principe qu'au Censeur, ou en son absence aux magistrats supérieurs, d'abord les Consuls (3), à leur défaut au préteur urbain, et ensuite aux différents préteurs (4) ; les édiles en général n'y peuvent procé-

(1) Varron *de re rust.* I. 2 : Veneram in ædem Telluris rogatus ab æditimo... (Ille) accersitus ab ædile cujus procuratio hujus templi est, nondum rediit. — Ciceron *in-Verr.* V. 14) procuratio sacrarum ædium.

(2) C. I L. VI n° 5825. — (Restitution de M. Mommsen) ... eis que curarent tu[erenturque ar]bitratu ædilium pleibeium [quei]cumque essout neive ustrinæ in eis locis regionibusve nive foci ustrinæve caussa fierent nive stercus terra [ni] ve intra ea loca fecisse conjecisse ve veli[t] quei hæc loca ab paago montano.....

(*In aversa parte*)

[redempta habebit ; quod si stercus in eis locis fecerit terramve in ea] loca jeceret in..... (uti : HS...) manus injectio pignorisq. capi[o siet].

(3) Cicéron. Ep. *Ad Atticum* IV-2 : Consules porticum Catuli restituendam locarunt ; illam porticum redemptores statim sunt demoliti...

(4) Frontin. *De aquæd.* : Anno ab V. C. DCVIII Ser. Sulpicio Galba

der qu'en vertu d'une mission du Sénat, sauf quelques exceptions, dont nous avons vu un exemple dans l'adjudication de l'entretien des rues et dont nous verrons un autre en matière d'aqueducs. La formule qui résume ce qu'il faut comprendre dans les travaux d'entretien est pour ainsi dire sacramentelle, toujours reproduite à peu près dans les mêmes termes chez les différents auteurs: la formule complète est : *sarta tectaque ædium sacrarum locorumque publicorum tueri* (1); l'abréviation se trouve beaucoup plus fréquemment « *sarta tecta tueri* » (2). Il faut entendre par ces expressions le gros-œuvre et la toiture des bâtiments religieux ou publics. La « *tuitio* » consistait

cum L. Aurelio Cotta coss..... datum est a senatu negotium Marcio qui tum prætor inter cives et peregrinos jus dicebat. — Ciceron. In *Verrem.* lib. I. 5o (r3o) : Cum L. Octavius, C. Aurelius Consules ædes sacras locavissent, neque potuissent omnia sarta tecta exigere, neque in prætores quibus erat negotium datum... factum est S. C. quibus de sartis tectis cognitum et judicatum non esset uti... prætores cognoscerent et judicarent.

(1) Nous la trouvons chez Cicéron avec une légère modification (*communium* au lieu de *publicorum* parce qu'il s'agit d'un municipe) *Ad famil.* XIII. 11 : Omnia commoda, omnesque facultates (Arpinatum) quibus... sarta tecta ædium sacrarum locorumque communium tueri possint consistunt in vectigalibus.

(2) Macer. *Dig.*, XLVIII, 11, l. 7, § 2 : Sarta tecta tuenda. — Tite-Live, XLII, 3: Sarta tecta exigere. — Paul Diacre, dans son *epitome* de Festus, v° *Sarte* : assimile *sarta tecta* à *opera publica* : Sarte ponebant pro integre, ob quam causam opera publica quæ locantur ut integra præstentur, sarta tecta vocantur, etenim sarcire est integrum facere.

7

à passer des marchés pour faire les réparations nécessaires, et à reconnaitre les travaux exécutés. On commençait par passer les nouveaux marchés pour les travaux en cours au moment de l'entrée en fonctions des nouveaux censeurs ; de cette manière, les adjudicataires pouvaient être présents à la réception des travaux en cours exécutés en vertu d'un marché remontant à la précédente censure (1).

Les censeurs devaient aussi mettre en rapport les immeubles publics, soit en les louant à des particuliers (2), soit en les utilisant pour le service de l'État ; c'est ainsi que nous verrons la loi *Julia Municipalis* en prévoir l'occupation par les esclaves publics sur l'ordre du censeur.

Pour tous ces marchés et ces baux, la voie de l'adjudi-

(1) Cicéron. *In Verrem*, lib. :2, I, 5o à 57 (t5o-149), nous montre comment les choses se passent. Comme on est sous Sylla, les consuls sont à la place des censeurs. Ils ont à remplacer un entrepreneur, chargé du temple de Castor, qui est décédé. Ils commencent par adjuger les travaux à un nouvel entrepreneur. Des préteurs, dont Verres, sont nommés pour recevoir les travaux faits. Il s'agit alors d'en faire la remise à l'adjudicataire. Cicéron nous décrit en détail l'opération, les contestations sur l'exécution soulevées par la mauvaise foi de Verrès, l'un des préteurs, qui empêche l'entrepreneur nouveau d'accepter le travail fait, et qui, le remettant en adjudication, le fait monter par un enchérisseur soudoyé par lui à un prix exorbitant.

(2) Ils pouvaient les louer non seulement à prix d'argent, mais aussi pour des fournitures en nature. — Tite-Live, XXVII, 5. Capuæ... Flaccus... agro... locaudo (locavit autem omnem frumento) tempus terit.

cation aux enchères publiques avec la publication préalable du cahier des charges (*lex censoria*) est toujours
suivie ; l'adjudication a lieu *sub hasta*, sur le *forum* (1) ;
ceux qui veulent enchérir doivent donner préalablement
des garanties, soit par une constitution de gage, soit par
l'engagement d'une caution ; l'adjudication est prononcée
au profit du plus offrant, qu'on appelle « *manceps* »,
parce que c'est en levant la main qu'il a déclaré son
enchère, ou encore « *idem præs* », parce qu'il est tenu
comme son garant. Dans les adjudications des revenus
publics, l'adjudicataire est dit « *publicanus* » ; dans celles
des travaux publics, « *redemptor* » (2). — Les baux et

(1) Cicéron. *De lege Agr.*, I, 3 (7). Censoribus vectigalia locare nisi
in conspectu populi Romani non licet. — *Ibid.*, II, 21 (55). Vectigalia
locare nusquam licet nisi in hac urbe. hoc ex loco (*Cicéron parle des
rostres comme consul*), hac vestrum frequentia. Festus, V° s. : Produit, porro dederit, ut est in lege censoria : « Porticum sartam tec-
tamque habeto, prodito », alias prodiderit. — Cicéron, *in Verr..* act.
2ᵃ, I, 55 (143) : Operæ pretium est ipsam legem (prætoriam) cognos-
cere... Dic, dic, quæso, clarius : « C. Verres prætor urbis addidit :
Corriguntur leges censoriæ...Video enim in multis veteribus legibus :
Cn. Domitius, Cn. Metellus, etc... censores addiderunt. — Tite-Live,
XXXIX, 44 : Censores, edicto summotis ab hasta qui ludificati priorem
locationem erant.

(2) Cicéron, *in Verr.*, Act. 2°, I, 54 (142). Ubi illa consuetudo in
bonis, prædibus, prædiisque vendendis omnium consulum, prætorum,
quæstorum denique ut optima conditione sit is cuj⁊ res sit cujus peri-
clum ?... Locatur opus... prædibus et prædiis populo cautum est. —
Festus, v° s. : Manceps dicitur qui quid a populo emit conducitve quia
manu sublata significat se auctorem emptionis esse ; qui idem præs

les marchés sont de deux sortes : ou ils rendent l'État créancier, ce sont les baux à ferme, ou ils le rendent débiteur, ce sont les louages de services et les adjudications de travaux à exécuter. Les loyers payés en vertu des baux rentraient dans la dénomination de *vectigalia*, et pour marchés, les paiements étaient faits sur les *ultrotributa* de sorte que ces deux mots avaient fini par désigner les objets des deux genres de contrat et qu'on voit les censeurs mettre en adjudication les *vectigalia*, c'est-à-dire la jouissance des biens de l'État à un haut prix, et les *ultro-tributa*, c'est-à-dire les travaux à faire et à payer avec le produit d'une allocation faite par le Sénat, au plus bas prix (1). Dans les uns et les autres, il y en avait de permanents, c'est-à-dire qu'il y avait toujours lieu de renouveler dans les mêmes conditions. Le caractère superstitieux des Romains et l'appât du gain leur avait fait introduire l'usage d'affermer en première ligne le droit de pêche dans le lac Lucrin, qu'à cet effet, on avait empois-

dicitur quia tam debet præstare populo quod promisit is qui pro eo præs factus est. — La loi Julia mentionne le *Redemptor*, ligne 49. — Pour *Publicanus*, voir la note suivante.

(1) Tite-Live, XXXIX. 44 : (*Censores*, M. Porcius Cato et L. Valerius Flaccus) vectigalia summis pretiis, ultro tributa infimis locaverunt : quas locationes cum senatus precibus et lacrimis publicanorum victus, induci et de integro locari jussisset, censores edicto summotis ab hasta qui ludificati priorem locationem erant omnia eadem paulum imminutis pretiis locaverunt.

sonné et agrandi pour en obtenir un prix plus élevé (1) ; ensuite, la subsistance des oies du Capitole et peut-être aussi des chiens ; enfin, l'entretien de la couche de minium recouvrant la statue de Jupiter, au Capitole (2).

La loi municipale de César énumère sous forme d'exceptions à sa prohibition d'empiéter sur le sol public, quatre cas qui sont bien plutôt des applications de la mise en revenu des biens de l'État, ou de leur utilisation, ou du droit de l'autorité d'en disposer. Elle exclut de ses dispositions prohibitives : 1° Ceux qui jouissent du bénéfice d'une loi ou d'un Sénatus-Consulte (3) ; 2° la location

---

(1) Festus, V. s. : Lacus Lucrinus in vectigalibus publicis primum locatur fruendus (les m.ss. : eruendus, ce qui n'a pas de sens, puisqu'il s'agit d'un revenu (*vectigal*), et que le curage serait au contraire un travail à payer par l'Etat) ominis boni gratia ut in dilectu censuve primi nominantur Valerius, Salvius, Statorius. — Servius, *ad Georg.*, II, v. 161 et s.), après avoir parlé du lac Averne, mentionné comme le Lucrin par Virgile, ajoute : At Lucrinus populi Romani cura piscosus factus vectigalibus operam pensantibus. — Horace, *Od*, II, 15, v. 2 : Undique latius | Extenta visentur Lucrino | Stagna lacu.

(2) Pline, *Hist. nat.*, X, 22 : Est et anseri vigil cura Capitolio testata defenso ; per id tempus canum silentio proditis rebus ; quamobrem cibaria anserum censores in primis locant. — Cicéron, *pro Sex. Roscio*, 20 (56). Anseribus cibaria publice locantur et canes aluntur in Capitolio ut significent si fures venerint. — Pline, h. n., XXXIII, 7 : Auctor est Verrius... a censoribus in primis Jovem miniandum locari.

(3) *Lex Jul. municip.*, l. 72 : Nisi quibus uteique legibus, plebis-ve scitis, senatusve consulto concessum, permissum est.

faite par les censeurs ou autres magistrats compétents. Par exemple, le bail d'une boutique sur un forum ou sous un portique (1). L'abus de cette faculté devint tel que les rues n'eurent plus que la largeur de sentiers, et que Domitien dut en ordonner la suppression : ce dont Martial (VII, 60) le loue fort en disant que Rome qui, jusquelà, n'avait été qu'une vaste boutique était enfin redevenue Rome. — L'accès des édifices appartenant à l'État est permis à ceux qui sont chargés de leur entretien ; 3° une occupation de quelques jours pour donner des jeux (2) ; on se servait dans ce cas d'un matériel volant ; le mot « *scæna* », employé par la loi *Julia Municipalis*, désigne des décorations mobiles figurant ce qui était nécessaire à la représentation : on les nommait « *versatiles* » lorsqu'elles étaient montées sur un pivot sur lequel, en tournant, elles montraient leurs revers qui étaient peints de façon différente, et « *ductiles* » quand

(1) *Ibid.*, l. 73. Quibus locis ex lege locationis quam censor aliusve quis magistratus publicis vectigalibus ultrove tributis fruendis tuendisque dixit dixerit, eis qui ea fruenda tuendave conducta habebunt, ut uti fruei liceat, aut utei ea ab eis custodiantur, cautum est ei quominus eis locis utantur fruantur ita uti quoique eorum ex lege locationis eis sine dolo malo ubei frui licebit ex hac l. n. r.

(2) *Lex Jul. mun.*, l. 77 : Quos ludos quisque Romæ propiusve V. R. passus M. faciet, quominus ei eorum ludorum caussa scænam, pulpitum ceteraque quæ ad eos ludos opus erunt, in loco publico ponere statuere eisque diebus quibus eos faciet loco publico utei liceat ejus h. l. n. r.

elles glissaient sur des coulisses, et laissaient voir les peintures qu'elles masquaient. C'est une de ces scènes que Virgile (*Georg*. III, vers 24) place dans la prairie où il élève un temple à Auguste :

> (*juvat*) ... *Scena ut versis discedat frontibus, utque*
> *Purpurea intexti tollant aulæa Britanni* (1).

« *Aulæa purpurea* », c'est le rideau qui se baissait pour découvrir la scène; quand on le relevait, les dessins faits dessus se développaient, c'est ce que veut dire Virgile en disant que les Bretons peints sur la toile semblent eux-mêmes la lever (2). Le « *pulpitum* » autorisé par la loi, c'est le devant de la scène au-dessus de l'orchestre qui est au ras du sol; il consiste en une espèce d'estrade où une rainure est pratiquée tout à fait en avant pour donner passage au rideau. Dans notre cas, le *pulpitum* devait rappeler par sa simplicité celui sur lequel Eschyle jouait les premières tragédies :

> *Æschylus et modicis instravit pulpita tignis*
> *Et docuit magnumque loqui, nitique cothurno.*
>
> Horace. (*Ars poet*. v. 278-9.)

(1) Varro de scœnicis origin. apud Servium ad vers. cit. : Scœna quæ fiebat aut versatilis erat aut ductilis. Versatilis tunc erat cum subito tota machinis quibusdam vertebatur et aliam picturæ faciem ostendebat. Ductiiis tunc, cum tractis tabulatis hac atque illac species picturæ videbatur interius.

(2) Ovide, *Métam*., III, v. 111 : Sic ubi tolluntur festis aulæa theatris | Surgere signa solent, primumque ostendere vultum | Cetera paulatim, placidoque educta tenore | Tota patent, imoque pedes in margine ponunt.

La quatrième exception est relative à l'installation des scribes des magistrats, à qui l'on peut assigner un emplacement pour faire leur service d'appariteurs.

La cinquième a déjà été indiquée, c'est l'attribution d'un local par le Censeur au logement d'esclaves publics (1).

Il est à remarquer que pour les occupations importantes et de longue durée, le bail ou l'attribution est fait par le Censeur ou le magistrat supérieur qui le remplace ; au contraire, pour une possession de quelques jours, et sans importance, telle que pour installer la scène dont parle la loi municipale et dans des cas analogues, on peut reconnaître le même pouvoir aux édiles, puisqu'on le trouve chez les édiles municipaux (2).

---

(1) *Lex Jul. mun.* l. 80. Quæ scribæ librarii magistratibus apparebunt ei quominus loceis publiceis ubei is quoi quisque eorum apparebunt jusserit apparendi causa utantur e. h. l. n. r. l. 82 : Quæ loca serveis publiceis ab censoribus habitandei utendei causa adtributa sunt ei quominus eis loceis utantur, e. h. l. n. r.

(2) Deux inscriptions insérées dans le Bulletin de la Commission archéologique municipale (de Rome) ont été relevées sur deux pierres terminales trouvées dans le Tibre ; l'une porte : *M. Agrippa : privat. iter*, et l'autre : ... *Septumius (S) abinus æd. cur. arcas a cippo ad Tiberim adtrib.* — M. Mommsen (Man. IV, p. 205, n. 4) pense que ces pierres se rattachent au *Campus Agrippæ*, et que les inscriptions indiquent la jouissance d'un terrain concédé à des particuliers par l'édile. L'inscription trouvée sur le mur du théâtre de Pompéi (C. I. L. IV. 1096) : *Permissu ædilium Cn. Aninius Fortunatus occup.* doit s'appliquer au titulaire d'un emplacement de vente.

§ 4. — CONSTRUCTIONS NOUVELLES.

A côté des travaux publics que nous venons de voir faire pour l'entretien des constructions existantes, il en est d'un autre genre qui consistent à créer une chose nouvelle (1). Le magistrat chargé des uns l'est aussi des autres, et il a la liberté d'employer les sommes qui lui sont allouées aux uns ou aux autres, suivant ce qu'il juge utile. Il n'y eut jamais régulièrement d'autre magistrat ordinaire que le Censeur à qui des allocations furent faites. Elles consistaient en un crédit que le Sénat ouvrait de son plein gré (*ultro tributa*) au Censeur et le montant de la somme mise à sa disposition s'appelait *pecunia attributa*, ce qu'il ne faudrait pas entendre par un versement en espèces, mais simplement par une somme portée à son crédit au Trésor sur lequel il pouvait déléguer les créanciers de l'État et dont le montant était déterminé (*pecunia certa*); lorsqu'on voit attribuer l'impôt d'une année (*vectigal*

___

(1) La distinction entre les deux genres résulte bien de ces deux textes de Tite-Live, XXIX, 37. (Censores) sarta tecta acriter et cum summa fide exegerunt; viam e foro Boario ad Veneris... et ædem Matri Magnæ in Palatio faciendam locaverunt. — Id. XLV, 15 : Petentibus censoribus ut ex instituto ad sarta tecta exigenda et ad opera quæ locassent probanda anni et semestris tempus prorogaretur.

annuum), ce n'est pas une évaluation de recettes à faire, mais bien le montant dû en vertu de marchés (1).

La plupart des grands travaux de Rome ont été l'œuvre des Censeurs. Nous verrons plus loin ce qu'ils firent en matière d'aqueducs. Parmi les grandes voies de communication entre Rome et l'Italie on peut citer la voie Appienne, construite par Appius Claudius (2) de Rome à Capoue; la voie Flaminienne, par C. Flaminius (3); la voie Æmilia, de Rome à Bononie, créée par le consul M. Æmilius Lapidus, fut pavée par le censeur M. Æmilius Scaurus, de la même famille (4). Les premières routes encaissées, c'est-à-dire bordées de grosses pierres destinées à maintenir le milieu de la route, furent faites à Rome par Q. Fulvius Flaccus et A. Postumius Albinus (5). Marcus Porcius Cato

(1) Tite-Live XL, 46 : Censoribus... postulantibus ut pecuniæ summa sibi qua in opera publica uterentur attribueretur vectigal annuum decretum est. Ces fonds provenaient souvent de l'excédent des vectigalia d'un exercice précédent. Tite-Live XLIV, 16 : Cum eis (censoribus) dimidium ex vectigalibus ejus anni adtributum ex Senatus-Consulto a quæstoribus esset, Ti. Sempronius ex ea pecunia quæ ipsi adtributa erat..., etc.

(2) Tite-Live, IX, 29.

(3) Tite-Live. *Epitome* 20 : C. Flaminius Censor viam Flaminiam munivit et circum Flaminium extruxit.

(4) Tite-Live, XXXIX, 2 — Victor, de vir. ill. 72 : M. Æmilius Scaurus : Censor viam Æmiliam stravit.

(5) Tite-Live XLI, 27 : Censores vias sternendas silice in urbe... marginandasque primi omnium locaverunt pontesque multis locis faciendos et scœnam ædilibus prætoribusque præbendam.

éleva sur le forum la basilique dite de son nom, Porcia (1):
M. Fulvius Nobilior, la basilique Fulvia (2), Ti. Sempronius Gracchus, la basilique Sempronia (3). C. Flaminius
fit aussi le cirque Flaminien (n. 3 p. 106). Parmi les
théâtres, on peut citer celui que fit M. Æmilius Lepidus,
près du temple d'Apollon (n. 2). Fulvius Flaccus et Postumius firent construire une scène pour les édiles et les
préteurs, ce qui prouve qu'en 580, la comédie et la tragédie, introduites en 514, avaient pris de l'extension (n. 3
p. 106). Le théâtre qu'avait fait élever Cassius fut démoli
en exécution d'un Sénatus-Consulte rendu sur la proposition de Cornélius Nasica, comme inutile et pernicieux
pour les mœurs (4). Beaucoup de temples furent élevés

(1) Tite-Live XXXIX, 44 : Cato atria duo Mœnium et Titium in lautu-
miis et quatuor tabernas in publicum emit, basilicamque ibi fecit quæ
Porcia appellata est.

(2) Tite-Live, XL, 51 : Censores (M. Æmilius Lepidus et M. Fulvius Nobilior)... opera ex pecunia attributa divisaque inter se hic
confecerunt : Lepidus... theatrum et proscenium ad Apollinis, ædem
Jovis in capitolio... M. Fulvius plura et majoris locavit usus... basilicam
post argentarias novas.

(3) Tite-Live, XLIV, 16 : Ti. Sempronius ex ea pecunia quæ ipsi adtributa erat ædes P. Africani pone Veteres ad Vortumni signum lanie-
nasque et tabernas conjunctas in publicum emit basilicamque faciendam curavit quæ postea Sempronia appellata est.

(4) Tite-Live, *Epitome* 48 : Cum locatum a censoribus theatrum
extrueretur, P. Cornelio Nasica auctore tamquam inutile et nociturum
publicis moribus ex senatus-consulto destructum est.—Valère Maxime,
II, 4, 2.: quæ (theatra) inchoata quidem sunt a Messala et Cassio censoribus ceterum auctore P. Scipione Nasica omnem apparatum operis

par les censeurs : le temple du Salut, par C. Junius Bubulcus (1); le temple de la Mère des Dieux, par M. Livius
et C. Claudius (2); le temple de la Fortune *Primigenia*,
par P. Sempronius Sophus (3); un temple à Jupiter au
Capitole, par M. Æmilius Lepidus; le temple d'Apollon,
médecin, par M. Fulvius Nobilior (4).

Ils s'occupèrent aussi de créer des marchés : un forum
fut installé près de la porte Trigemina par le même
Fulvius. Il fit le forum *piscatorium* ou marché au poisson ; il avait fait construire des boutiques tout à l'entour qu'il vendit à des particuliers (n. 4) ; mais peut-
être ne fit-il que réunir le forum *piscatorium* au forum
cupedinis, marché des friandises, ou transforma-t-il
simplement le forum par l'aménagement des *tabernæ*,
car il semble bien résulter de quelques textes que

eorum subjectum hastæ venire placuit. — Ce censeur semble avoir été
poursuivi par la malechance dans ses constructions ou ses dédications :
lorsqu'il voulut dédier la statue de la Concorde, les pontifes s'y oppo-
sèrent. (Cicéron, *Pro domo* 55 (136-137).

(1) Tite-Live, X, 1.

(2) Tite-Live, XXIX, 37.

(3) Tite-Live, XXIV, 52.

(4) Tite-Live, XL, 51 : Lepidus ædem Jovis in Capitolio columnasque
circa poliendas albo locavit... M. Fulvius plura et majoris locavit usus
portum et pilas pontis in Tiberim quibus pilis fornices post aliquot
annos, P. Scipio Africanus et L. Mummius censores locaverunt im-
ponendos... et forum piscatorium circumdatis tabernis quas vendidit
in privatum; et forum et porticum extra portam Trigeminam... et post
Spei ad Tiberim ædem Apollinis medici.

l'un et l'autre ne faisait qu'un seul et même marché (1).

De nombreux ponts furent construits par Q. Fulvius Flaccus et A. Postumius Albinus (2). M. Fulvius Nobilior, que nous citons pour la quatrième fois, passa des marchés pour l'ouverture d'un port sur le Tibre et pour la construction des piles d'un pont sur lesquelles les arches furent posées quelques années après par les censeurs P. Scipio Africanus et Lucius Mummius (n. 4 p. 108). Enfin, M. Æmilius Scaurus jeta sur le Tibre le pont Mulvius, célèbre dans les annales politiques (3).

(1) Varron. *De ling. lat.* V. 156 (IV-52) nous indique le « forum piscarium » près du Tibre et rapporte un mot de Plaute montrant qu'on n'y vend pas que du poisson : *Apud piscarium ubi variæ res ;* ajoute après avoir donné l'étymologie de *forum cupedinis*, soit du nom du chevalier Cupedius, soit de *cupiditas*, que ces marchés furent réunis sous le nom de Macellum : Hæc omnia post quam contracta in unum locum quæ ad victum pertinebant et ædificatus locus ; appellatum Macellum ut quidam scribunt quod ibi fuerit ortus, alii quod ibi domus fuerit cui cognomen fuit Macellus quæ ibi publice diruta, e qua ædificitur hoc quod vocatur ab eo macellum. — Festus vo S : Cupes et cupedia antiqui lautiores cibos nominabant ; inde macellum forum cupedinis appellabant. Cupedia autem a cupiditate sunt dicta, vel sicut Varro vult quod ibi fuerit Cupedinis equitis domus qui fuerat ob latrocininium damnatus. — Enfin, Apulée (metam. I. 24), bien qu'il soit à Hypatha, parle néanmoins le langage de Rome et dit : Ut... aliquid nobis cibatui prospicerem, forum cupedinis peto, inque eo piscatum opiparem expositum video. (Voir aussi quelques passages de l'*apologia* I*.)

(2) Tite Live, XLI, 27 : Censores... locaverunt... pontes multis locis faciendos.

(3) Sex Aurelius Victor. *De viris illust.* 68 (M. Æmilius Scaurus) : censor... pontem Mulvium fecit. — Ce fut au passage de ce pont que

Mais lorsque les édiles employaient le produit des amendes prononcées par eux à édifier un temple ou à exécuter un travail public, ils n'agissaient pas au nom de l'Etat, mais pour leur propre compte et c'est par une simple conséquence de cette idée que si de deux édiles l'un a obtenu l'amende en soutenant l'accusation, seul il fait la construction (1).

Avec les fonds provenant de cette source, et en contribuant souvent de leur fortune, les édiles élevèrent ou enrichirent de statues de nombreux temples, firent des portiques et pavèrent des routes (2). Poètes, historiens,

Cicéron fit saisir les députés allobroges pour leur prendre les lettres qu'ils portaient à Catilina. (Catilin. III-2 (5) et Salluste (bell. Catilin. 45.) — Le pont servit aussi de refuge au préfet de la ville sous Honorius, Lampadius fuyant les fureurs d'une émeute (Amm. Marcell. XXVII-5). Enfin, Lactance prétend que c'est de ce pont que les Vestales précipitaient leurs mannequins d'osier dans le Tibre suivant un rite du culte d'Hercule (*de fals. rel.* I-21). Mais c'est une confusion, car c'est sur le pont Sublicius que cette cérémonie avait lieu. (Varron *de ling. lat*, VII-44.)

(1) Tite Live, XXXVIII. 55 : Ædilis plebis Q. Fulvius Flaccus duo signa aurea, uno reo damnato, nam separatim accusaverant, posuit ; collega ejus... neminem condemnavit.

(2) Tite Live, X 23 : Eodem anno (456 v. c.) Cn. et Q. Ogulnii ædiles curules aliquot fœnatoribus diem dixerunt ; quorum bonis multatis ex eo quod in publicum redactum est ænea in Capitolio limina et trium mensarum argentea vasa in cella Jovis, Jovemque in culmine cum quadrigis, et ad ficum Ruminalem simulacra infantium conditorum Urbis sub uberibus lupæ posuerunt ; semitamque saxo quadrato a Capena porta ad Martis straverunt ; et ab ædilibus plebeis... ex multatitia item pecunia quam exegerunt pecuariis damnatis ludi facti,

grammairiens, célèbrent les deux frères L. et M. Publicius Malleolus qui, comme édiles plébéiens consacrèrent un temple à la déesse Flore et comme édiles curules (d'après Festus) firent la route qui, de leur nom, fut dite *clivus Publicius* (1). Les édiles M. Junius Brutus et Q. Oppius élevèrent sur le forum sept pavillons qui furent appelés plébéiens pour la qualité de magistrats plébéiens de leurs auteurs. Plus tard, ils furent sans doute occupés par les banquiers, car brûlés dans le grand incendie du forum pendant la guerre d'Annibal, ils furent reconstruits au nombre de cinq seulement et nommés « les nouveaux comptoirs » (2).

pateræque aureæ ad Cereris positæ. — *Ibid.*, 5ι : Le temple de Vénus, construit avec le produit des amendes imposées à des femmes pour stupre. — *Ibid.*, Cap. ultimo : Le pavage de la route du temple de Mars à Bovilles. — Voir aussi Tite Live, XXIV. 18.-XXVII. 6.-XXX. 59.-XXXIII. 25. Varron, de l. l. V. 157.

(1) Ovide : *Fastes* V. v. 285 à 294. C'est Flore elle-même qui dit au poète que les édiles lui ont, avec une partie des amendes prononcées contre les pécuaires, élevé un temple et institué des jeux, et avec l'autre partie construit la route. Ovide les dit plébéiens, mais Festus (v° Publicius) les dit édiles curules ; il faut peut-être distinguer entre le temple et la route : Publicius clivus appellatur, quem duo fratres L. M. Publicii Malleoli, ædiles curules pecuariis condemnatis ex pecunia quam ceperant munierunt ut in Aventinum vehiculi Velia veniri possit. — Tacite, ann. II-49. Eodem in loco (juxta circum maximum) ædem Floræ ab Lucio et Marco Publiciis ædilibus constitutam. — Mais Varron, de l. l. V. 158 (IV. 52), les dit aussi plébéiens à propos de la route : Clivus Publicius ab ædilibus plebei Publicieis qui eum publice ædificarunt.

(2) Festus v. s. : Plebeias tabernas no[vas vocant nostra ætate, ut

Les frères Cneius et Quintus Ogulnius, édiles curules offrirent les plus riches dons au temple de Jupiter, parmi lesquel le dieu lui-même sur un char attelé à quatre chevaux, placèrent le groupe de la Louve allaitant Romulus et Rémus à l'endroit même où la tradition montrait encore le figuier qui abrita cette scène ; ils firent un trottoir pavé dans la rue allant de la porte Camène au temple de Mars. La dépense, fournie par le seul produit des amendes infligées aux usuriers, laisse à penser quel développement cette plaie romaine atteignait déjà en 456 v. c. (1). M. Æmilius Scaurus, édile curule en 696 v. c. dépassa tout ce que l'on peut imaginer dans ses prodigalités pour l'édification d'un théâtre dont Pline nous donne la description (2) ; il l'avait fait pour contenir 80.000 personnes, quand le cirque de Pompée, de 50.000 places, ne fut jamais rempli au temps de Pline où la population avait doublé ; tout était dans ces proportions, la scène trois fois plus haute que toute autre, ornée de trois cents colonnes et de 3.000 statues, était partie en marbre, partie en verre.

dicunt V taber]uas esse et septem ferunt[ur olim fuisse. Plebeias appel-amus a genere magistratus, eas enim faciendas curaverunt M. Junius Brutus, Q. Oppius ædiles pl[ebei] — Tite Live, XXVI-27 : Nocte quæ pridie Quinquatrus fuit (vers le 21 mars 542 v. c.) quæ postea quinque et argentariæ quæ nunc novæ appellantur, arsere.

(1) Voir la note 2 de la page 110.
(2) *Hist. nat.*, XXXVI-15.

Les consuls employèrent leur butin de la même manière et comme les édiles ils adjugèrent les travaux et en surveillèrent l'exécution (1). A côté des magistrats réguliers chargés des constructions publiques, on trouve des magistrats extraordinaires nommés spécialement pour l'exécution de certains travaux dont la durée était trop grande pour qu'ils pussent être terminés dans l'année de la magistrature régulière : nos renseignements sur ces magistrats sont très succincts, car ils se bornent aux textes de quelques courtes inscriptions mentionnant la mission, sous le nom de *curatores viarum* ou *curatores viis sternundis* (2), et peut-être l'expression rapportée par Varron de *viocurus* (bien qu'un autre sens, comme nous le verrons, soit plus vraisemblable) se rattache-t-elle au même sujet (3). Nous voyons aussi nommer, en 540 v. c.,

(1) Pour l'édile. Tite Live, X. 33 (L. Postumius) : Ipse ædem Victoriæ quam ædilis curulis ex multatitia pecunia faciendam curaverat dedicavit. Pour le consul et l'édile : Tite Live, XXXIV. 53 : Ædes eo anno aliquot dedicatæ sunt : una Junonis Sospitæ... vota locataque... a C. Cornelio consule... ; altera Fauni : ædiles eam biennio ante ex multatitio argento faciendum locarunt... in insula Jovis ædem C. Servilius duumvir dedicavit : vota erat sex annis ante... ab L. Furio Purpureone prætore ; ab eodem postea consule locata. (Voir aussi Tite Live, IX. 43, X. 1, XXXVI. 36, XLII. 3.

(2) *Corpus Inscripl. lat.*, I. p. 279 ; *ib.* n° 595 ; *ib.* n° 600 : VI n° 3824 ; IX, 2845.

(3) Varro de l. l. V. 7 : Quis enim non videt unde... viocurus ? *Ibid.*, 158 : Simili de causa Publilius vicus et Cosconius vicus quod ab his viocuris dicuntur ædificati. Voir p. 136 n. 4.

des quinquevirs dans les comices, en vertu d'un plébiscite provoqué par le Sénat, pour l'entretien des murs et des tours de l'enceinte de Rome et en même temps deux séries de triumvirs, les uns pour rassembler les objets sacrés et enregistrer les dons, les autres pour procéder à la reconstruction des temples de la Fortune et de l'Aurore (1).

S'il y avait lieu, pour les temples, à « *dedicatio* », plusieurs conditions étaient exigées. Une loi en 450, V. C., avait été rendue à la suite d'une dédication illégale faite par l'édile curule Cn. Flavius, l'ancien scribe, avec la faveur du peuple, et elle portait qu'aucune dédication ne devrait avoir lieu que sous l'approbation préalable du Sénat, ou de la majorité des tribuns de la plèbe (2). Il n'appartenait pas à qui voulait de faire la dédication : au début, le droit de la faire n'appartenait qu'au magistrat

---

(1) Tite Live, XXV-7 : Comitia deinde a prætore urbano de senatus sententia plebisque scitu sunt habita ; quibus creati sunt *V viri* muris turribusque reficiendis, et triumviri bini : uni sacris conquirendis donisque persignandis : alteri reficiendis ædibus Fortunæ et Matris Matutæ... quæ priore anno incendio consumptæ fuerant.

(2) Tite-Live, IX, 46 (Cn. Flavius). Ædem Concordiæ in area Vulcani summa invidia nobilium dedicavit coactusque consensu populi Cornelius Barbatus Pontifex Maximus verba præire cum more majorum negaret nisi consulem aut imperatorem posse templum dedicare. Itaque ex auctoritate senatus latum ad populum ne quis templum aramve injussu senatus aut tribunorum plebei partis majoris dedicaret.

supérieur présent (1), dictateur (2), consul (3) ou pré·
teur (4), et en cas de contestation, le sort réglait la prio·
rité (5): mais, plus tard, on admit le censeur et même
l'édile, et l'on ne sait trop s'il fallait ou non une loi pour
leur conférer ce pouvoir (6). Des magistrats spéciaux pou-

(1) Voir le texte cité à la note précédente : « Cum more majorum
negaret nisi consulem aut imperatorem posse templum dedicare.

(2) Tite-Live, X, 1 . (C. Junius Bubulcus) ædem Salutis quam consul
voverat, censor locaverat, dictator dedicavit.

(3) Tite-Live, II, 27 : Certamen consulibus inciderat uter dedicaret
Mercuri ædem. — C'était donc aux consuls que la dédication appartenait.

(4) Tite-Live, XXXIV, 53. Cn. Domitius qui a fait construire le
temple de Faune comme édile, en fait la dédication comme préteur
urbain.

(5) Tite-Live, II, 8 : Nondum dedicata erat in Capitolio Jovis ædes :
Valerius Horatiusque consules sortiti uter dedicaret. — Voir aussi
Tite-Live, IV, 29.

(6) Pour le censeur, voir Tite-Live : XXIV, 33 ; XL, 52 : XLII, 10.
Pour les édiles, en outre de la dédication faite par Cn. Flavius, qui fut
contestée (v. sup., n. 1), on ne trouve qu'une mention d'un temple
construit par les soins d'un édile, puisque l'argent provenait
d'amendes, mais il ne ressort pas du texte qu'il fit la dédication en la
même qualité : Tite-Live, XXIV, 16, *In ædi Libertatis quam pater
ejus (Tiberii Gracchi consulis) in Aventino ex multatilia pecunia
faciendam curavit dedicavitque*, mais du moment que l'édile pouvait
faire faire la construction (locatio), il devait aussi pouvoir faire la
dédication, car ce sont choses corrélatives. — Ce qui fait se demander si une loi était nécessaire pour donner le pouvoir de faire la
dédication au censeur ou à l'édile, c'est que Cicéron [*Pro domo*, LIII
(156)] montre C. Cassius censeur consultant le collège des pontifes,
au sujet de la dédication de la statue de la Concorde, recevoir comme
réponse du grand pontife, au nom du collège : *Nisi cum populus Romanus nominatim præfecisset, atque ejus jussu faceret, non videri*

vaient aussi être nommés dans les comices sous le nom de *duumviri ædi dedicandæ*; ce nombre de deux respectait le principe de la collégialité d'une façon remarquable, puisque l'acte était de nature à ne pouvoir être fait que par une personne; d'ailleurs, on nommait généralement l'auteur du vœu ou de la construction du temple, ou l'un de ses proches parents, parmi les duumvirs, et le choix était ainsi déterminé d'avance (1); hors de ce cas, généralement, mais non nécessairement ainsi résolu, les règles ordinaires de la répartition entre les consuls s'appliquaient; c'étaient les consuls qui présidaient l'élection; cet ensemble de circonstances a permis

recte posse dedicari. — Il semble pourtant résulter des textes qu'en fait cette formalité n'était pas toujours exigée.

(1) Pour l'auteur du vœu : Tite-Live, XXIII, 3o : Q. Fabius Maximus a senatu postulavit ut ædem Veneris Erycinæ quam dictator vovisset dedicare liceret. Senatus decrevit ut T. Sempronius consul... ad populum ferret ut Q. Fabium IIvirum esse juberent ædis dedicandæ causa. — Pour le fils : Tite-Live, II, 42, Castoris ædes... dedicata est : vota erat Latino bello, Postumio dictatore; filius ejus duumvir ad id ipsum creatus dedicavit. — XXIX, 11 : Ædem Virtutis eo anno ad portam Capenam M. Marcellus dedicavit septimo decimo anno postquam a patre ejus primo consulatu vota in Gallia ad Clastidium fuerat. — XL, 34, ædes duæ... dedicatæ sunt una Veneris Erycinæ ad portam Collinam; dedicavit L. Porcius L. F. Licinus duumvir, vota erat ab consule L. Porcio... (puis un exemple de l'auteur du vœu); altera in foro olitario, Pietatis : eam ædem dedicavit M'. Acilius Glabrio duumvir... is erat (pater Glabrionis) qui ipse eam ædem voverat. — Pour le fils de l'auteur du vœu, faisant la dedication comme consul : X, 46, ædem Quirini ab dictatore patre votam, filius (Papirius), consul dedicavit.

à Dion (LV, 10) de dire que ces duumvirs avaient une sorte de puissance consulaire; peut-être en eurent-ils les 12 faisceaux.

Lorsque l'État lui-même voulait élever un temple sur le sol public, une loi en attribuait la propriété à la divinité (1). On procédait dans les comices à la nomination de « *duumviri ad ædem faciendam* ». Ainsi, pour le temple de la Concorde (en 535), Tite-Live (XXII, 33) nous montre le préteur urbain faisant voter la nomination de Cn. Pupius et Cæso Quintus Flamininus comme duumvirs chargés d'adjuger les travaux du temple. Ce ne furent pas ces mêmes duumvirs qui firent la dédication, mais des duumvirs spéciaux *ædi dedicandæ* nommés de la même façon y procédèrent l'année suivante (Tite-Live, XIII, 21).

A côté de ces grands monuments, on en trouve d'autres de bien moins grande importance, parmi lesquels il suffit de mentionner les autels « aræ » où l'on brûlait des parfums et faisait des libations, de simples cippes, où aucune de ces cérémonies ne pouvait être accomplie parce qu'ils n'avaient ni foyer ni écoulement pour les liquides.

Ce n'est guère qu'après la première moitié du viᵉ siècle de Rome, après la prise de Syracuse en 542, qu'il commença à y avoir des statues dignes de ce nom dans la

---

(1) Cicéron, *pro domo*, XLIX (127): video esse legem veterem tribuniciam quæ injussu plebis ædem, terram, aram consecrari vetat.

ville. Ce fut M. Marcellus qui les fit servir à orner son triomphe et placer ensuite dans divers endroits de la ville (1). Jusque-là les Romains les avaient à peu près ignorées et n'avaient eu que de grossières représentations en terre cuite peinte de leurs dieux ; Caton d'ailleurs les préférait, prétendant que le nouvel art serait pernicieux aux mœurs (2). Mais les efforts du farouche censeur ne prévalurent pas et ce fut à partir de ce moment un défilé de généraux triomphants apportant toutes les richesses de l'art grec à Rome. Fabius Maximus (3) se montra le plus modéré en n'enlevant aux Tarentins que la statue colossale d'Hercule. On peut citer ensuite T. Quintus Flaminius vainqueur de Philippe de Macédoine et de Nabis de Sparte (4), Fulvius Nobilior de Pyrrhus (5), Paul-Emile de

(1) Plutarque, *Vie de Marcellus*, c. XXXIII. — Cic. In Verr. IV, 54 (120).

(2) Caton défendant la loi Oppia sur le luxe des femmes contre la proposition d'abrogation de tribuns de la plèbe s'élève contre la corruption venue de Grèce et d'Asie et il ajoute (Tite-Live XXXIV, 3) : Infesta mihi credite, signa ab Syracusis illata sunt huic urbi ; jam nimis multos audio Corinthi et Athenarum ornamenta laudantes mirantesque et antefixa fictilia deorum Romanorum ridentes.

(3) Plutarque, (*Vie de Fabius* c. XL.) Cette statue fut placée dans le Capitole.

(4) Tite-Live XXXIV, 52 : Triduum triumphavit : die primo arma tela signaque ærea et marmorea transtulit plura Philippo adempta quam ex civitatibus ceperat....

(5) Tite-Live XXXVIII, 9 : Signa ænea marmoreaque et tabulæ pictæ quibus ornatior Ambracia (quia regia ibi Pyrrhi fuerat) quam ceteræ regionis ejus urbes erant sublata omnia avectaque.

Persée (1), qui employa une flotte entière au transport
des objets précieux; L. Cæcilius Metellus après la troisième guerre macédonique (2) et surtout L. Mummius, qui
brûla Corinthe et en transporta toutes les richesses qui
n'avaient pas péri dans l'incendie, à Rome, sans d'ailleurs
en connaitre la valeur, car il est l'auteur de la légendaire
menace de condamnerceux qui perdraient ces merveilles sor-
ties des mains des plus grands artistes à les faire refaire (3).
Cicéron pouvait donc constater avec enthousiasme que
dans la ville de Rome, si belle et si décorée, il n'y avait
pas une statue, pas un tableau qui n'eût été enlevé à l'ennemi (4), ce qui ne prouve pas en faveur des aptitudes
artistiques des Romains, mais seulement de leur avidité.

(1) Tite-Live XLV, 35 : Spectaculo fuit... turbæ non scenicum magis
ludicrum.... quam præda Macedonica omnis ut viseretur exposita
statuarum tabularumque, textilium et vasorum.... ut non in præ-
sentem modo speciem..... sed in perpetuum usum fierent. Hæc in
classem imposita devehenda Romam Cn. Octavio data.

(2) Velleius Paterculus I, 12. Hic est Metellus Macedonicus..... qui
hanc turmam statuarum equestrium... ex Macedonia detulit.

(3) Florus II, 16. Cum Metellus dimicasset ad victoriam Mummius
venit... Quid signorum, quid vestium quidve tabularum raptum, incensum atque projectum est... Quidquid Corinthi æris toto orbe laudatur
incendio superfuisse comperimus. — Velleius Paterculus I, 14: Mummius tam rudis fuit ut capta Corintho cum maximorum artificum per-
fectas manibus tabulas ac statuas in Italiam portandas locaret, juberet
prædici conducentibus si eam perdidissent novas eos reddituros.

(4) Cic. In Verrem V, 48 (127) : In urbe nostra pulcherrima, atque
ornatissima, quod signum, quæ tabula picta est quæ non ab hostibus
victis capta atque apportata sit ?

Cependant Cicéron exagère, car on trouvait aussi beaucoup de statues que des particuliers se faisaient élever sur le forum soit en vertu d'un sénatus-consulte ou d'une loi, soit en vertu de leur autorité privée (1), ce qui les exposait à les voir enlever par le censeur ou l'édile (2). Des femmes même eurent des statues malgré les efforts de Caton, et Pline nous dit que la Vestale Taracia Caia ou Sufetia fut autorisée à placer sa statue où bon lui semblerait. Cornélie, mère des Gracches eut la sienne (3), et les empereurs ne manquèrent pas d'en élever à leur femme où à leurs sœurs, Auguste à Livie et à Octavie, Caius César Caligula à Drusilla (4), Clélie, l'héroïne de la

(1) Tite-Live XL, 34 : M'. Acilius Glabrio.... statuam auratam, quæ prima omnium in Italia statua aurata, est patri Glabrioni posuit. (An. 573, V. C.)

(2) Tite-Live XL, 51 : Ab his columnis (circa ædem Jovis in Capitolio), quæ incommode opposita videbantur (Lepidus Censor) signa amovit, clypeaque de columnis et signa militaria... dempsit. — Pline. — *Hist. nat.* XXXIV, 6. L. Piso prodidit... censoribus P. Cornelio Scipione, M. Popilio statuas circa forum eorum qui magistratum gesserant sublatas omnes præter eas quæ populi an senatus sententia statutæ essent. — Aurelius Victor (de vir. ill. 44). (P. Scipio Nasica) censor statuas quas sibi quisque per ambitionem in foro ponebat sustulit.

(3) Pline. — *Hist. nat.* XXXIV, 6 : Invenitur et statua decreta Taraciæ Caiæ, sive Suffetiæ virgini Vestali ut poneretur ubi vellet. — *Ibid.* — Extant Catonis in censura vociferationes : muliéribus romanis in provinciis statuas poni; nec tantum potuit inhibere quo minus Romæ quoque ponerentur, sicuti Corneliæ Gracchorum matri quæ fuit Africani prioris filia.

(4) Dion XLIX.

guerre avec Porsenna, eut une statue équestre placée sur la voie sacrée (1). Ces objets précieux en si grand nombre réclamaient aussi la surveillance de l'autorité et sans doute les édiles en étaient chargés. Des gardiens spéciaux devinrent même nécessaires car il parait qu'on les mutilait ou qu'on en dérobait des ornements de valeur d'or, d'argent ou d'ivoire ; Juvénal (Sat. XIII. v. 147 et s.) nous montre des voleurs de la cuisse dorée d'Hercule ou du visage de Neptune. Aussi posa-t-on auprès des plus belles des vigiles de nuit, des soldats (2) ; des citoyens même se virent rendus cautions sur leur tête de statues confiées à leur garde (3). Sous l'empire il y eut enfin un *curator statuarum* (4). Des animaux même y furent employés, des chiens et les oies nationales (5).

Une chose étrange dans ce peuple déjà arrivé à une certaine civilisation, fut son système de diviser la journée

(1) Pline, *loc. cit.*: Clœliæ ... statua est equestris.

(2) Tertullien. *Apolog.* XXLX : Jam utique suas primo statuas (Dei) et imagines et ædes tuerentur quæ ut opinor Cæsarum milites excubiis salva præstant. — Arnobius. — *Adv. geut.* VI : Cur Deos sub repagulis, pessulis aliûsque hujus modi rebus custoditis...? ac ne forte fur aliquis aut nocturnus irrepat latro, ædituis mille protegitis, atque excubitoribus mille?

(3) Pline XXXIV. 7, à propos de l'incendie du Capitole dit pour. la garde des statues : capite tutelarios cavere pro eo institui publici fuit.

(4) Cassiodore (*Variar.* VII.13).

(5) Elien VII-18. — Arnobius (*adv. gent*) VI : (à la suite du texte cité supra n. 2, relatif à la garde des statues des dieux) cur canes in capitoliis pascitis ? cur anseribus victum alimoniaque præbetis ?

en heures dont la durée variait avec les saisons et ne concordait avec celle de nos heures qu'aux deux équinoxes (1), telle était la défectuosité de ses moyens matériels de les mesurer que le préteur, quand il avait à faire annoncer les heures, dans l'exercice de ses fonctions, était obligé de s'en remettre à sa propre appréciation, et quand l'heure lui semblait venue de la faire crier par un de ces attachés à la personne des magistrats nommés *accensi*. Il y eut cependant à Rome une grande variété de cadrans solaires, dont le nom général était « *solarium* ». Vitruve (3) nous en donne une longue liste et un grand nombre se trouvaient sur les murs des édifices, ou sur des colonnes dressées sur les places, ou même supportés par les bras d'une statue, souvent d'Atlas tout désigné comme soutien du monde (4) ; ces derniers portaient le nom d' « *Hemicyclium* » ou « *Hemisphærium* » ou « *Scaphium* » à cause de leur forme concave ; sur les murs suivant leur position

(1) Censorinus *Dies natalis*. C. XXIV, nous fait connaître les divisions du jour et de la nuit usitées chez les anciens Romains, fondées sur le lever, le milieu du jour, le coucher du soleil, le nombre de torches brûlées, le chant du coq.

(2) Varron. de l. l. V. 9 : Cosconius in actionibus scribit prætorem accensum solitum tum esse jubere ubi ei videbatur horam esse tertiam inclamare horam esse tertiam, itemque meridiem, et horam nonam.

(3) Vitruve. IX. 8.

(4) On en trouve une reproduction dans l'ouvrage de Symeoni publié à Lyon en 1558 chez de Tournes intitulé : *Illustratione degli epitaffi et medaglie antiche.*

verticale ou horizontale ils se nommaient « *lacunar* » ou
« *plinthium* » ; sur une table plate « *discus* » ; sur des
colonnes « *conus* » dont le nom indique la forme ; « *pele-
cinon* » ce que nous pourrions traduire par queue d'aronde
(en grec πελεκῖνος veut dire en forme de hache) ; ces cadrans
en effet représentaient bien une hache à deux tranchants ;
« *pharetra* », probablement en forme de tronc de cône
allongé, comme un carquois ; « *Arachne* » devait indiquer
une disposition de lignes en forme de toile d'araignée (1).
Censorinus dit qu'il est difficile de fixer la date et le lieu
de la pose du premier cadran solaire ; les uns prétendent
que ce fut au Capitole, les autres près du temple de Diane
sur l'Aventin, d'autres au temple de Quirinus (2) ; c'est
l'avis de Fabius Vestalis chez Pline qui nous donne la date
et le nom du donateur : douze ans avant la guerre avec
Pyrrhus, lors de la dédication du Temple de Quirinus par
L. Papirius Cursor en exécution d'un vœu fait par son
père (3). Mais Varron dit que la pose de la première colonne

(1) Voir Vitruve IX. 8. et 9.

(2) Censorinus (*de die Natali.* XXIII): Quorum (solariorum) anti-
quissimum quod fuerit inventu difficile est: alii enim apud ædem
Quirini primum statutum dicunt, alii in Capitolio, nonnuli ad ædem
Dianæ in Aventino.

(3) Pour la dédication du temple de Quirinus voué par le père, voir
Tite-Live X. 46. — a° 459 V. C. — Pline *hist. nat.* VII. 60: Princeps
romanis solarium horologium statuisse ante duodecim annos quam
cum Pyrrho bellatum est, ad ædem Quirini, L. Papirius Cursor cum
eamdem dedicaret a patre suo votam, a Fabio Vestali traditur. — Sed

avec un cadran solaire fut faite près de la tribune aux
rostres sur le forum, par le consul M. Valerius Messala qui
le rapporta après la prise de Catane en Sicile (477 V. C.).
Le cadran construit pour la latitude de la Sicile ne pouvait donner des indications convenant à Rome et le Censeur Q. Martius Philippus dut en faire poser un autre à
côté bien réglé. C'est à partir de cette époque que le soin
d'assurer l'heure dans les endroits publics entra dans les
attributions des Censeurs. Depuis, en effet, on voit toujours ces magistrats préoccupés d'améliorer les choses, et
comme, malgré la justesse des nouveaux cadrans, les
nuages souvent les rendaient inutiles, le Censeur Scipio
Nasica, collègue de Lanatus, réalisa un véritable progrès
(en 595 V. C.) en consacrant un monument sous lequel se
trouvait une horloge à eau, la première qui indiqua les
heures de jour et de nuit de même durée (1).

neque facti horologii rationem vel artificis significat, nec unde translatum est, aut apud quem scriptum id invenerit. M. Varro primum
statutum in publico secundum rostra in columna tradit bello Punico
primo a M. Valerio Messala cos. Catina capta in Sicilia ; deportatum
inde post triginta annos quam de Papiriano horologio traditur anno
Urbis CCCCLXXVI.

(1) Pline (suite du texte cité à la note précédente): Nec congruebant
ad horas ejus lineæ : paruerunt tamen ei annis undecim donec Q. Martius Philippus.... censor diligentius ordinatum juxtaposuit. Idque
munus inter censoria opera gratissime est acceptum. Etiamnum tamen
nubilo incertæ fuere horæ usque ad proximum lustrum ; tunc Scipio...
primus aqua divisit horas æque noctium ac dierum, idque horologium

sub tecto dicavit anno Urbis DLXXXXV. — Aulu-Gelle (XIV. 7) rapporte que Varron fit pour Pompée un manuel, (εἰσαγωγικὸν) de la procédure en usage au Sénat, dans lequel il disait entre autres choses : Senatus consultum ante exortum aut post occasum Solem factum, ratum non fuisse ; opus etiam censorium fecisse existimatos per quos eo tempore Senatus consultum factum esset.

CHAPITRE II

AQUEDUCS ET ÉGOUTS

§ 1. — AQUEDUCS. — CONSTRUCTION ET FONCTIONNEMENT

Denys d'Halicarnasse (III, 67) dit qu'il n'admire rien plus que trois choses chez les Romains, les routes, les égouts et les aqueducs. Si l'on est d'accord pour faire remonter à Tarquin la création du premier égout, grande est la diversité des opinions sur le premier aqueduc. L'auteur spécial en la matière, Frontin (*de aquæd*, 4) affirme que jusqu'en l'an 441 de Rome, on n'y but d'autre eau que celle du Tibre, des puits et des fontaines, toutes consacrées.

Pline, le naturaliste, prétend que Ancus Martius aurait commencé l'adduction à Rome de l'eau qui alimenta plus tard l'aqueduc Marcien (1). Denys (*loc. cit.*) semble dire que déjà il en existait sous Tarquin, et le juriscon-

---

(1) Pline, H. N., XXXI, 3 : Vocabatur hæc (Martia aqua) quondam Aufeia, fons antem ipse Piconia... Primus eam in urbem ducere auspicatus est Ancus Martius unus ex regibus — Cette tradition a dû naître de la similitude des noms, son constructeur s'appelant Martius Rex.

sulte Paul parle d'une action accordée par la loi des douze
tables au propriétaire qui aurait éprouvé un dommage
causé par un aqueduc (1); or, la loi des decemvirs est de
l'an 304. Ces textes, sauf celui de Paul, qu'il faudrait
peut-être entendre autrement que d'un aqueduc fait de
main d'hommes, paraissent quelque peu légendaires.
Quoi qu'il en soit, il n'y eut à Rome, sous la république,
que quatre aqueducs :

1° L'aqueduc Appien, commencé en 442, V. C., par
Appius Claudius, dans sa censure, où il eut pour collègue
Caius Plautius. Appius fit seul l'aqueduc, dit Tite-
Live (2), son collègue ayant donné sa démission parce
qu'il réprouvait le recrutement fait par Appius du Sénat.
Mais il ne faut voir là qu'un de ces récits communs aux
annalistes quand il s'agit des Claudii, et il est vraisemblable que le lustre ayant été accompli par les deux censeurs, l'un se vit proroger ses pouvoirs d'une façon anor-
male pour achever le travail. Cet aqueduc amenait des
eaux du territoire de Lucullum et avait une longueur de

(1) D. XLIII, 8, 1. 5 : Si per publicum locum rivus aquæ ductus
privato nocebit erit actio privato ex lege XII tabularum uti noxa
domino caveatur.

(2) IX, 29 : Censura clara eo anno Appii Claudii et C. Plautii fuit ;
memoriæ tamen felicioris ad posteros nomen Appii quod viam munivit et aquam in Urbem duxit ; eaque unus perfecit quia ob infamem
atque invidiosam senatus lectionem verecundia victus collega magistratu se abdicaverat. Appius jam inde antiquitus insitam pertinaciam
familiæ gerendo solus censuram obtinuit.

11.190 pas (environ 16 kilomètres), dont 11.130 sous terre (1).

2° L'aqueduc de l'Anio, qu'on appela le vieux, quand il y en eut un second du même nom. Il fut commencé en 485 par M'. Curius Dentatus, censeur, collègue de L. Papirius Cursor, qui employa pour payer les entrepreneurs le prix de la vente du butin fait sur Pyrrhus. Deux ans après, un senatus-consulte nomma deux délégués (*duumviri aquæ perducendæ*) qui furent Dentatus et Fulvius Flaccus : le dernier procéda seul, son collègue étant mort. L'aqueduc commençait au-dessus de Tibur et sa longueur était d'environ 43.000 pas (64 kilomètres), dont 42.778 sous terre (2).

3° L'aqueduc Marcien. En 608, les deux aqueducs précédents ayant subi des avaries de toutes sortes, le Sénat chargea le préteur des pérégrins Q. Marcius Rex, de procéder aux réparations, et en même temps, comme l'augmentation de la population exigeait une plus grande quantité d'eau, on lui donna la mission d'amener de nouvelles eaux à Rome; on mit à sa disposition 804.000 sesterces (environ 177.000 francs) et pour l'imprévu des travaux à exécuter, on prorogea ses pouvoirs d'un an. Puis, il arriva qu'en consultant les livres Sibyllins, pour

(1) Frontin, *de aquæd*, 5.
(2) Frontin, *de aquæd*, 6.

une raison quelconque, on y trouva fort opportunément pour ceux à qui déplaisait la prorogation des pouvoirs de Marcius, que l'on avait fait fausse route, et que c'était l'eau de l'Anio qu'il fallait amener au Capitole. M. Æmilius Lepidus, le grand pontife, au nom du collège, en référa au Sénat; ce parti eut gain de cause d'abord, et on suspendit le mandat; mais le crédit de Marcius finit par triompher, et ce n'est que quatre ans après le commencement des travaux que Marcius acheva l'aqueduc de son nom. Il commençait à la hauteur du 36me milliaire de la voie Valérienne (5^k,275 de la porte de Rome), à 3.000 à droite en venant de Rome. Sa longueur était de 61.700 pas 1/2 (90 kilomètres), dont 54.247 1/2 sous terre (1).

4° L'aqueduc de Tepula, construit en 627, par les censeurs Cn. Servilius, Cæpio et Cassius Longinus, venait du territoire de Lucullum, il était de très petite importance n'ayant qu'un parcours en pente naturelle jusqu'à Rome. Agrippa, en 719, dériva ses eaux dans un autre aqueduc dont l'eau s'appelait l'eau Julia, mais il eut soin, dans la distribution, de faire en sorte que le nom de Tepula subsistât (2).

Les procédés d'adduction de l'eau variaient suivant la nature du sol à traverser et suivant les obstacles à fran-

(1) Frontin, *de aquæd*, 7.
(2) *Id.*, 8.

chir : les premiers constructeurs cherchaient, parait-il, faute de connaissances acquises à user surtout de conduites souterraines ; ce mode offrait certains avantages contre le gel et contre la malveillance ; mais, d'autre part, il rendait la surveillance difficile et avait l'inconvénient d'entrainer une baisse progressive du niveau de l'eau jusqu'à l'arrivée à la ville à un tel point que tous les quartiers ne pouvaient avoir d'eau ; il en était ainsi pour les aqueducs Appien et de l'Anio vieux ; l'*aqua Tepula* avait le niveau le plus élevé (1). Certains aqueducs nécessitaient des travaux d'art fort importants et pour traverser de profondes vallées, la canalisation passait sur des arches d'une grande hauteur, quelquefois sur trois rangs d'arches superposées (2). Dans les endroits où une distribution était nécessaire, on plaçait des réservoirs sur des tourelles nommées *castella* (3). La plupart étaient d'une construction fort simple en briques, mais dans la ville on les décorait de colonnes, de statues et de bas-reliefs mis en couleurs, représentant quelquefois un épisode de la construction (4). Certains réservoirs d'un autre genre se

---

(1) Frontin, *de aqued.* 18.

(2) *Id.*, 15, *in fine.*

(3) *Id.*, 25, *in fine.* Festus, epitome, v° s. : Dividicula antiqui dicebant quæ nunc sunt castella ex quibus a rivo communi aquam quisque in suum fundum ducit.

(4) Frontin. *De aq.*, 10 : Ædicula fonti apposita hanc originem (Virginis aquæ) pictura ostendit.

plaçaient soit au commencement, soit à la fin d'un aqueduc ;
on les appelait « *piscina limaria* » et ils étaient destinés
à épurer les eaux limoneuses, telles, par exemple, celles
de l'Anio (1).

A l'origine l'eau ne servait absolument qu'aux usages
publics et celle même qui débordait des réservoirs ou qui
s'échappait des fuites, qu'on appelait *caduca* (2), était employée pour le nettoyage des égouts (3) ; le surplus était
accordé aux foulons et aux établissements de bains, Frontin déplore aussi de voir l'eau si claire du Marcien servir
à des usages sordides que sa pudeur se refuse à nommer ;
il s'agit probablement de la purge des latrines (4). Parmi
les usages publics, l'eau était employée à arroser le grand
cirque pendant les jeux ; l'ordre pouvait en être donné
aussi bien par les édiles, et c'est ce qui en fait, arrivait
le plus souvent, que par les Censeurs (5). Des concessions
aussi étaient faites à certains personnages de marque, sous la

(1) *Id.*, 15.

(2) 110 et 94 : Apud antiquos omnis aqua in usus publicos erogabatur
et cautum ita fuit « ne quis privatus aliam ducat quamque ex lacu hu-
mum accedit » hæc enim sunt verba legis, id est quæ ʾx lacu ab unda-
vit, eam nos caducam vocamus.

(3) *Id.*, 111 (mandatum principis) : necesse est ex castellis aliquam
partem aquæ affluere cum hoc pertineat non solum ad Urbis nostræ
salubritatem, sed etiam ad utilitatem cloacarum abluendarum.

(4) *Id.*, 91, *in fine* : Marciam ipsam splendore et rigore gratissimam
balineis et fullonibus et relatu quoque fœdis ministeriis deprehendimus
servientem.

(5) Frontin, 97.

condition du consentement des autres, dit Frontin (1). Quels étaient ces autres, est une question à laquelle M. Mommsen (2) répond par une hypothèse très ingénieuse et très vraisemblable : un texte de Festus fort mutilé (3) rapporte une loi proposée par un certain Ser. Sulpicius inconnu, ordonnant aux habitants des « *montes* » et des « *pagi* » (districts de la ville sur lesquels nous sommes peu renseignés), de procéder à la répartition de l'eau *(lex rivalicia)*. Ils formaient entre eux des communautés dont les membres étaient probablement ceux dont le consentement était requis. Ces concessions avaient un caractère strictement personnel et ne passaient à aucun des ayants-cause de leurs titulaires, sauf un cas réservé par un Senatus-Consulte, en vertu duquel les maitres des bains publics conservaient la concession faite à leur établissement et la transmettaient valablement aussi longtemps que la destination des lieux restait la même (4).

. Chaque titulaire de concession devait avoir un compteur nommé *calix* qui servait à contrôler la quantité de l'eau

---

(1) Frontin. *De aq.* 94 *in fine* : Aliquid (caducæ aquæ) et in domos principum civitatis dabatur concedentibus reliquis.

(2) *Droit publ. Rom*, VI. p. 129, nº 1.

(3) Sifus [usurpatum est pro tub] is ipsis id quod Græ [ce dicitur σίφων. In le]ge rivalicia sic est [quæ lata fuit, rogant]e populum Ser. Sulpicio... [Mon]tani paganive si[fis aquam dividunto] donec eam inter se [diviserunt prætor]is judicatio esto.

(4) Frontin. *De aq.* 107 et 108

distribuée qui était strictement déterminée. C'était un tube
de cuivre de dimensions précises et portant un timbre
de jauge *(calix signatus)* (1). Le défaut de timbre était
imputable au propriétaire, ou à son fermier, l'inexactitude
au profit du concessionnaire indiquait la complicité de
l'employé des eaux (2). Ces jauges étaient branchées sur un
réservoir *(castellum)* et la distribution de l'eau était faite
par des tuyaux de plomb d'une forme complètement différente de celle en usage chez nous. La section de ces
tuyaux était piriforme, ce qui tenait au procédé de fabrication qui consistait dans l'enroulage d'une feuille plate
de plomb de manière qu'un bord rabattit sur l'autre;
en la serrant, la matière était attirée vers le haut et se
déprimait à partir des extrémités du diamètre d'un cercle
déjà formé (3). Pour ceux qui ne peuvent aller visiter
les musées de Rome et de Naples, il est facile de s'en
rendre compte à Paris même. Il en existe plusieurs fragments au musée du Louvre qui tous portent une inscrip-

(1) Frontin. 36 : Est... calix modulus æneus qui rivo vel castello in-
duitur ; huic fistulæ applicantur : longitudo ejus habere debet digitos
non minus XII : lumen id est capacitatem quanta imperata fuerit.

(2) Frontin *De aq.* 112.

(3) Frontin *De aq.* 25 : plumbea lamina plana XV digitorum latitudi-
nem habens circumacta in rotundum hunc fistulæ modum efficiat.
Sed hoc incertum est quoniam cum circumagitur, sicut interiore parte
attrahitur, ita per illam quæ foras spectat extenditur. Ce que Frontin
trouve incertain, la suite le fait voir, c'est la capacité ainsi obtenue,
mais il ne discute pas le procédé de fabrication.

tion (1) Des fouilles faites à Lanuvium sur l'emplacement de la villa de l'empereur Antonin le Pieux ont mis à jour une partie d'un tuyau qui a démontré qu'il n'y avait aucune exagération poétique dans la description que fait Stace des bains d'Etruscus :

> *Nusquam Temesea notabis*
> *Æra sed argento felix propellitur unda*
> *Argentoque cadit, lobrisque nitentibus instat.*

il était d'argent pur (2).

Le prix de ces concessions entrait dans le trésor comme

(1) Une entre autres : PELLISEVERIDIADVMENIANICAESPRINCIV, c'est-à-dire en toutes lettres et en ajoutant un O et en transformant la seconde des L en I. Opelii Severi Diadumeniani Cæsaris principis juventutis. Elle concerne le jeune Diadumène (Ælius Lampr. vita. 2 : *puerulus Diadumenus*) associé à l'empire par son père Opilius Macrin. Opelius pour Opilius se trouve dans d'autres inscriptions (Gruter p. 271 n° 5) ainsi que Diadumenianus (*loc. cit.*) Il est d'ailleurs aisé d'expliquer le changement du dernier nom. Lampride (*Vita* 6) nous dit que ce n'était pas comm prénom, mais comme nom que Diadumène avait pris Antoninus. Par une fausse idée de l'usage de rappeler pour les adoptés leur ancien nom gentilice en le modifiant par une terminaison en *anus*, Diadumène a fait de son nom : Antoninus Diadumenianus, pour se donner comme appartenant à la famille d'Antonin. Il savait sans doute que Octavius était devenu Julius Octavianus. Æmilius, le fils de Paul Emile, Cornelius Scipio Æmilianus, etc.; le nom de Severus fait difficulté, car c'est Macrin qui se l'était attribué, ainsi du reste que celui d'Antoninus (*Capitol. vita. 2.*) mais on peut supposer que Diadumène l'avait pris aussi, car il portait ceux de Pius, Marcus, et Verus, et Severus est peut-être une erreur pour Verus. Antoninus devait sûrement dans l'inscription précéder Opelius — *Musée*. Salle des bronzes antiques. *Monuments épigraph. sans n° de catalogue.*

(2) Stace-*Sylves*, I. 5-v-47 et 5. Le fragment trouvé à Lanuvium pèse 40 livres. (*Anth. Rich. Dict. des ant. gr. et rom.* V° *fistula.*)

un revenu, de sorte qu'en fin de compte, disait Frontin, l'emploi de cette eau servait encore l'intérêt public (1). Les Censeurs en fonctions, dans les intervalles les édiles, étaient chargés de l'autorisation (2).

Comme pour toutes les propriétés de l'État, l'entretien des aqueducs était adjugé suivant les formes que nous avons déjà vues à propos des édifices publics, mais en outre une condition remarquable était imposée aux adjudicataires; le nombre de leurs ouvriers travaillant soit hors de la ville, soit à l'intérieur, devait être fixé une fois pour toutes; leur nom, le genre et le lieu de leur travail devait être inscrit sur les registres publics; la réception des travaux appartenait naturellement aux Censeurs. pendant qu'ils étaient en fonctions, aux édiles, et chose dont on ne voit aucune aucune raison, parfois aux questeurs à qui, dit Frontin, ce département fut attribué par un Senatus-Consulte, sous le consulat de Caius Licinius et Q, Fabius (3).

La corruption de l'eau aurait eu les plus graves conséquences, aussi une loi y avait-elle paré en condamnant les coupables à une amende de dix milles sesterces et les édiles curules devaient-ils désigner pour chaque circonscription

(1) Frontin. *De aq.* 94-95.
(2) Frontin. *De aq.* 95.
(3) Frontin. *De aq.* 96.

(vicus) deux habitants, propriétaires d'immeubles, chargés de surveiller les fontaines publiques (1).

Toutes ces précautions n'arrivaient pas à empêcher de nombreuses fraudes qui émanaient des agents mêmes du service des eaux. Ils avaient des préférences pour ceux qui savaient employer des arguments de poids et ils se vengeaient de ceux qui faisaient la sourde oreille, augmentant pour les premiers l'orifice du branchement et le diminuant pour les autres (2), ou encore la jauge étant exacte, ils y adaptaient des tuyaux d'un diamètre plus grand que celui prescrit ce qui permettait à l'eau sous pression de s'y précipiter plus abondamment ; pour réprimer cette dernière fraude, on exigea également le timbrage des tuyaux sur une longueur déterminée à partir du point de départ (3). Lorsqu'une concession était retirée et donnée à une autre personne, au lieu de se servir de l'ancien branchement, ils en pratiquaient un nouveau, et vendaient l'eau qu'ils pouvaient continuer à soutirer par l'ancien (3). Ils tiraient aussi parti de l'eau qui s'échappait des fuites *(puncta)* en y adaptant des tuyaux (4).

Il y avait encore à défendre la canalisation contre les constructions trop rapprochées, contre les racines des ar-

(1) Frontin·*De aq.* 97.
(2) Frontin *De aq.* 105.
(3) Frontin. *De aq.* 112.
(4) Frontin *De aq.* 114.

bres ; des lois fixaient les distances à observer, mais il paraît qu'elles n'étaient pas assez rigoureuses par respect de la propriété puisque sous Auguste de nouvelles dispositions durent y pourvoir (1). Ce respect de la propriété semble avoir été absolu sous la République ; il n'existait certainement pas de disposition légale sur ce point puisque sous Auguste une loi fut rendue pour autoriser les agents à pénétrer contre cette indemnité dans les propriétés privées où des travaux étaient nécessaires (2). On ne peut citer sous la République un seul exemple d'expropriation forcée pour cause d'utilité publique; si sous l'empire, la toute-puissance du prince pouvait déposséder un citoyen, ce n'était qu'une confiscation et non l'application d'un principe de droit et M. Mommsen a raison de déclarer que le droit Romain ignore l'expropriation pour cause d'utilité publique (3). Même à l'époque où les Censeurs eurent un pouvoir arbitraire sur la fortune et sur l'honneur des citoyens, ils ne pouvaient vaincre la résistance d'un propriétaire : ainsi les Censeurs M. Æmilius Lepidus et M. Fulvius après avoir fait séparément d'immenses travaux, voulant, en mettant en commun le surplus de leurs crédits, faire un aqueduc, adjugèrent l'acquisition à faire de l'eau et les travaux de canalisation ; la chose échoua à cause du

(1) Frontin. *De aq.* 127.
(2) Frontin. *De aq.* 125.
(3) *Droit pub. Romain* VI. 155 n. 2.

refus de M. Licinius Crassus de laisser traverser son fonds (1). Si l'on ne relève pas plus souvent des faits de ce genre c'est que telle n'était la marche suivie : le Censeur s'entendait préalablement avec un entrepreneur et lorsque celui-ci avait obtenu à l'amiable tous les consentements voulus, alors seulement il était procédé aux enchères à une adjudication de pure forme ; si l'entrepreneur n'atteignait pas le but, la chose restait ignorée.

Dès les premiers temps de l'Empire, Agrippa, dans sa célèbre édilité, au lieu de suivre l'usage, fit exécuter lui-même par ses esclaves (*familia*) qu'il divisa en catégories répondant aux différents genres d'ouvriers d'immenses travaux. Après sa mort le système subsista et à ce groupe d'esclaves qu'il légua à l'État vint s'adjoindre une véritable armée d'esclaves appartenant à César-Auguste (2). C'est ainsi que Rome fut dotée d'un réseau de quatorze aqueducs dont certains eurent des voûtes de dimensions telles qu'un homme y eût passé à cheval (3) ; ils déversaient dans la ville une telle quantité d'eau que Strabon les compare à autant de fleuves. « Quel est l'homme, s'écrie Pline (4) dans

---

(1) Tite-Live, XL. 51 : habuere et in promiscuo præterea pecuniam ex ea communiter locarunt aquam traducendam, fornicesque faciendos : impedimento operi fuit M. Licinius Crassus qui per fundum suum duci non est passus.

(2) Frontin *De aquæd.* 125.

(3) Procope. (*De ædificiis*).

(4) *Hist. nat.* XXXVI-15 in fine.

l'enthousiasme, qui, voyant ces eaux sortir de terre après avoir traversé monts et franchi vallées, et s'épandre de toutes parts dans les villas, dans les jardins, dans les bains et, en maints endroits, jaillir de fontaines bellement ornées, n'avouera que c'est la merveille la plus grande du monde ?

§ 2. — Égouts

Paul Diacre dans son *epitome de Festus* donne deux étymologies absolument opposées du mot « cloaca » ; il le fait venir d'abord de « *colluere* » laver et ensuite du verbe *cloacare* qui, selon lui, veut dire souiller (1). Il est évident qu'il faut renverser sa dernière proposition et dire que *cloacare* vient de *cloaca* qui vient lui-même de *colluere* ou plutôt du grec κλύζω laver.

Le plus ancien égout de Rome fut celui qu'on désignait sous le nom de *cloaca maxima* ; il fut construit par Tarquin l'ancien pour dessécher les marais du Velabrum (1)

(1) Ce marais devait cependant avoir une certaine profondeur d'eau car Varron (De L. l. V.) fait venir son nom de Velabrum de ce qu'on y allait en bateau à voiles : Palus fuit in minore Velabro a quo quod ibi vehebantur lintribus, velabrum. — Quelques lignes plus loin il rapporte une curieuse tradition sur un lieu voisin de la *cloaca maxima* nommé *Doliola*, où il était défendu de cracher, soit par respect de morts enterrés jadis en ce lieu, soit par la consécration opérée par l'enfouissement d'objets religieux ayant appartenu à Numa Pompilius.

et les terres situées entre le **Palatin** et le **Capitole**, lorsqu'il voulut élever le grand Cirque (*Circus maximus*) et
créer une vaste place pour le *Forum* (1). Ce fut un travail gigantesque qui dura un grand nombre d'années ; il
fut fait au moyen des corvées des plébéiens et il parait
qu'il offrait tant de dangers et les occupait depuis un si
long temps que le roi dut frapper leur imagination, pour
arrêter les suicides innombrables en faisant exposer sur
des croix les cadavres de ceux qui y cherchaient la fin de
leurs peines (2). Cet égoût se composait de canaux souterrains formés par trois arches concentriques ; les pierres,
comme dans les constructions étrusques s'emboîtaient les
les unes aux autres sans être reliées par du ciment. Pline
admirait qu'après huit cent ans ces constructions fussent
encore debout et solides malgré tant de causes de destruction, il ne prévoyait pas que deux mille ans plus tard il en
subsisterait encore une partie considérable. On peut aussi se
rendre compte de l'exactitude de l'assertion du même auteur sur la largeur des voûtes capables d'après lui de donner passage à une voiture fortement chargée de foin (4)
car la bouche qui ouvre sur le Tibre près de l'emplacement
du pont Sublicius se voit encore et son diamètre est de

---

(1) *Denys d Hali.* III. 67.
(2) Pline, *Hist. n.* XXXVI-15.
(3) Pline, *Hist. n.* XXXVI-15.
(4) *Ibid.*

plus de 4 mètres. Chaque pierre a environ 1 mètre sur 1 m. 75. On peut se faire une idée des sommes qu'à coûté cet égout, dit Denys (III. 67) en se reportant au prix payé pour des réparations qu'avaient nécessitées des obstructions et des dégradations provenues de négligence : Caius Aquilius affirme que les censeurs firent des marchés s'élevant à 1.000 talents (soit environ cinq millions et demi de francs). On comprend, devant le risque de réparations aussi onéreuses, que l'entrepreneur de travaux qui en était adjudicataire à l'époque où Scaurus fit transporter une masse énorme de colonnes pour les faire placer dans son théâtre (voir *supra* p. 112) lui ait demandé le versement d'une caution préalable pour le danger éventuel d'un tel poids au-dessus des égouts (*cautio damni infecti*).

Quand la ville prit de l'extension et que les différents monts qui composèrent la ville définitive y entrèrent, il y eut lieu de faire de nouveaux égouts. Ce furent naturellement les censeurs qui passèrent les marchés. Ainsi pour l'Aventin et d'autres lieux qui, en 568 V. C. en étaient encore dénués, les censeurs, M. Porcius Cato et L. Valerius firent construire des égouts avec une allocation spéciale, qui leur servit aussi à faire le curage de ceux qui existaient déjà (2).

(1) Pline, *Hist. n.* XXXVI-2

(2) Tite-Live XXXIX. 44 : Opera... facienda ex decreta in eam rem pecunia lacus sternendos lapide, detergendasque qua opus esset cloacas, in Aventino et in aliis partibus qua nondum erant faciendas locaverunt.

On arriva ainsi à avoir un réseau d'égouts au nombre de sept descendant de chaque colline et se réunissant dans une artère centrale. Comme pour les aqueducs ce fut encore Agrippa qui compléta cette œuvre en faisant passer dans chacun d'eux un courant d'eau très rapide qui emportait toutes les immondices (1).

Suétone (Aug. 37) attribue à Auguste le création des *curatores alvei Tiberis* » qui le furent aussi *cloacarum*, mais c'est une erreur car il résulte d'inscriptions (2) qu'Auguste lui-même avait occupé cette charge. Quoi qu'il en soit ces curateurs remplacèrent les édiles pour la surveil- des égouts.

(1) Pline, *Hist. n.* XXXVI-15 : Is M. Agrippa fecit in ædilitate post consulatum per meatus corrivatis septem omnibus cursu præcipiti, torrentium modo, rapere atque auferre omnia coactis.

(2) Orelli-Henzen 5011. Fabricius (Roma) cite aussi une inscription relevée sur une borne terminale qui constate que cette borne a été posée par des « *curatores riparum et alvei Tiberis ex Senatus Consulto* », tandis que les inscriptions de sous Auguste portent *ex auctoritate imp.*

DEUXIÈME PARTIE

LA POLICE

Le mot police vient du grec πολιτεία, mais sans en avoir
la signification ; il est sans équivalent exact dans les
langues grecque ou latine. La fonction de la police est
dans un sens large le maintien de l'ordre matériel et moral
dans une Société ; cette notion embrasse le champ étendu
où se meuvent les divers organes d'un État ; nous n'y
prendrons que ce qui est de la police urbaine.

CHAPITRE PREMIER

POLICE DE LA RUE

§ 1. — Circulation des voitures.

Comme dans toutes les villes qui ont grandi par des accroissements successifs et sans plan déterminé, les rues de Rome (*vicus, semila, angiportus*) étaient tortueuses et peu larges : cela était dû aussi, comme nous l'avons vu, à propos des corvées primitives, à la précipitation avec laquelle la ville avait été reconstruite après sa destruction par les Gaulois (1). Rien ne fut fait pour modifier cet état de choses et Tite-Live constate qu'à son époque encore les égouts anciens qui primitivement suivaient le sol public se trouvaient sous les maisons particulières et il caractérise l'aspect de Rome en disant qu'elle a l'air d'une ville cons-

(1) Tite-Live V. 55 : (Apres la paix faite avec les Gaulois). Promiscue urbs ædificari cœpta.., Festinatio curam exemit vicos dirigendi, dum omisso sui alienique discrimine in vacuo ædificant. Id. VI 4 : ipsis privatis... festinantibus ad effectum operis, intra... annum nova urbis stetit.

truite après une conquête où les vainqueurs se sont ins-
tallés partout où leur semblait bon, et non d'une ville
dont le sol a fait l'objet d'une distribution (1).

En outre, les constructions parasites dont nous avons
vu la loi ordonner la suppression, reparaissaient sans
cesse avec une vigueur nouvelle, très souvent, même avec
l'autorisation voulue, moyennant un prix ; les maisons
particulières avaient pour la plupart les deux côtés de leur
porte d'entrée occupés par des boutiques dont les auvents
avançaient dans la rue ; le trottoir était envahi par l'étal du
boucher, par les bouteilles du marchand de vin, par le
banc du barbier qui opérait en plein air, enfin le marchand,
dit Martial, avait pris possession de la ville entière, et for-
çait le magistrat même à suivre le milieu boueux de la
rue (2).

(1) Tite-Live. V 55. (Nous reprenons pour la clarté une partie du
texte déjà cité.) Festinatio curam exemit vicos dirigendi, dum omisso sui alienique discrimine in vacuo ædificant : ea est causa ut veteres
cloacæ primo per publicum ductæ, nunc privata passim subeant tecta,
formaque urbis sit occupatæ magis quam divisæ similis.

(2) Martial (V 11. 60) adresse des louanges à Domitien d'avoir rendu
Rome à elle-même :

> Abstulerant totam temerarius institor urbem,
>   Inque suo nullum limine limen erat ;
> Jussisti tenues, Germanice, crescere vicos,
>   Et modo quæ fuerat semita, facta via est ;
> Nulla catenis pila est præcincta lagenis,
>   Nec prætor medio cogitur ire luto.
> Stringitur in densa nec cæca novacula turba,

On conçoit donc aisément ce qui se serait produit si à cet encombrement était venu se joindre un roulement et un croisement de voitures enlevant le dernier passage libre à la circulation des piétons. Aussi la loi *Julia Municipalis* vint-elle très sagement, et probablement la première, régler les heures auxquelles les rues seraient interdites aux voitures qu'elle désigne par le mot *plaustrum* (1). Varron donne comme étymologie de ce mot « palam » parce que cette voiture n'était qu'un plancher porté par des roues où tout ce qui était posé paraissait à la vue (2). C'étaient de grossiers tombereaux avec des roues pleines (*tympana*) sans rais, et entrainant l'essieu dans leurs tours en marchant (3); ils faisaient ainsi beaucoup de

Occupat aut totas nigra popina vias ;
Tonsor, campo, coquus, lanius sua limina servant,
Nunc Roma est, nuper magna taberna fuit.

(1) Lex J. Mun. 1. 66 : Quæ viæ in V. R. sunt erunt intra ea loca ubi continenti habetabetur ne quis in ieis vieis.... plostrum interdiu post solem ortum neve ante horam X diei ducito agito. — Le texte porte plostrum : il semble que telle ait été l'ancienne orthographe. On la trouve en effet dans certaines éditions de Cato *de re rustica*. — Il parait que l'empereur Vespasien prononçait encore comme si le mot eût été écrit par un o. Voir Suétone *Vespasiauus*, 22.

(2) Varron de l. l. V. 140 (IV. 30). Plaustrum ab eo quod.... ex omni parte palam est quæ in eo vehuntur quod perlucent lapides, asseres, tignum.

(3) Probus (ad. v. 163. 1 *Georg.* : *Tardaque Eleusinæ matris volventia plaustra*) : Plaustra sunt vehicula quorum rotæ non sunt radiatæ, sed tympana cohærentia axi et juncta cantho ferreo. Axis autem cum rota volvitur ; nam rotæ circa ejusdem cardinem adhibentur.

bruit(1) et c'est de là que Scaliger propose une étymologie beaucoup plus vraisemblable; *plaustrum a plaudendo*
dit-il, comme *claustrum a claudendo*. Ils servaient aux
gros transports que nous allons voir mentionner par la loi
municipale; mais quand nous les trouverons aussi prévus
pour les Vestales et les prêtres, nous aurons à nous
demander s'ils ne doivent être pris, dans une acception
plus générale, comme véhicules de tous genres.
Nous remarquons, comme nous l'avons déjà fait à propos
de l'étendue de la compétence territoriale des magistrats
à Rome, que la loi supprime ici la zône des mille pas, ce
qui est logique dans la circonstance, puisque, cette zône
ne commençant qu'après la ligne des maisons, il n'y avait
de raison d'empêcher la circulation dans les lieux, où les
habitations devenaient beaucoup plus rares. Le temps fixé
pour l'interdiction est du lever du soleil à la dixième
heure accomplie. D'après la manière de compter les heures
à Rome cela fait une durée variable suivant les saisons,
car la dixième heure ne vaut pas dix de nos heures de
60 minutes après le lever du soleil, mais 10/12mes du temps
écoulé entre le lever et le coucher du soleil; aux équinoxes
cela faisait donc 2 heures avant le coucher, mais en été il
y avait plus et en hiver moins; on peut dire que la dixième

,1) Virgile *Georg.* III V. 556:
   (Boves)   Contenta cervice trahunt stridentia plaustra.

heure était en moyenne 4 heures en hiver et 5 heures en été. La loi énumère ensuite des exemptions à l'interdiction fondées en général sur l'intérêt public ou sacré : 1° ce qu'il y aura lieu d'apporter ou de transporter pour la construction d'un temple, ou pour l'exécution de travaux publics ou pour l'enlèvement des matériaux provenant de démolitions ordonnées par l'autorité. Puis la loi nous annonce une série d'exemptions accordées à certaines personnes pour certaines causes, déterminées les unes et les autres par la loi : En première ligne les Vestales, le roi des sacrifices et les flamines (1); c'est ici le lieu d'examiner si « *plostra* » ne désigne pas les voitures de tous genres.

Il semble bien que la réponse soit affirmative surtout si l'on se reporte aux termes de la loi Oppia ou du moins de la proposition sur laquelle elle fut votée, que nous fait connaitre Tite-Live (2). Cette loi malgré les efforts de Caton avait été abrogée en 559, peu de temps après

---

(1) *Lex Jul. mun.* l. 57 : nisi quod ædium sacrarum deorum immortalium caussa ædificandarum operisve publice faciundei |causa advehi portari oportebit aut quod ex urbe exve ieis loceis earum rerum quæ publice demoliendæ locat ærunt publice | exportarei oportebit et quarum rerum causa plostra h. l. certeis hominibus certeis de causeis agere | ducere licebit. | Quibus diebus virgines vestales, re(gem) sacrorum, flamines plostreis in urbe sacrorum publicorum populi Romani causa vehi oportebit.

(2) XXXIV, 1 : Ne qua mulier... juncto vehiculo in urbe oppidove aut proprius inde mille passus nisi sacrorum publicorum causa veheretur.

qu'elle eût été votée et il n'y avait pas eu de nouvelles dispositions prohibitives du droit qu'un sénatus-consulte de l'année 359 avait accordé aux matrones d'assister aux fêtes religieuses et aux jeux sur un char nommé *pilentum* et de se servir aux jours fériés ou non du *carpentum* (1); Plaute contemporain nous montrent qu'elles en abusèrent immédiatement et emploie précisément le mot « *plaustra* » pour désigner leurs voitures (2) Or il suffit de lire le texte relatif à la loi Oppia que nous venons de citer pour comprendre que la loi Julia ne fait que rétablir ces dispositions; ce texte emploie une expression très générale *junctum vehiculum* qui comprend tous les genres de voiture, le *pilentum* et le *carpentum* accordés par le Sénatus-consulte de 359 aux matrones; dans la langue courante on les désigne sous le nom de *plaustra*; on peut donc rapporter ce même mot aux mêmes choses

(1) Les femmes ayant donné tous leurs bijoux et leur or pour supléer à l'insuffisance du Trésor dans l'accomplissement d'un don voué à Apollon, le Sénat les en récompensa. Tite-Live V. 25 : Grata ea res ut quæ maxime senatui unquam fuit, honoremque ob eam munificentiam ferunt matronis habitum ut pilento ad sacra ludosque, carpentis festo profestoque uterentur. — Festus rapporte la même chose. V° *pilentis.*

(2) Plaute (Aulularia III, 5, v. 24, 28. 51, 52) : Nulla (uxor) ergo dicat : Equidem dotem ad te attuli.... vehicla qui vehar — ut matronarum hic facta permovit probe... — Nunc quoquo venias plus plaustrorum in ædibus videas quam ruri quando ad villam veneris. — L'aululaire est de quelques années postérieure à l'abrogation de la lo Oppia.

dans notre loi municipale et accorder aux vestales et aux prêtres (1) de se rendre aux cérémonies religieuses publiques du peuple Romain dans un chariot couvert (*carpentum*), ou sur un char portant un dais (*pilentum*). Quant aux matrones ce droit leur fut retiré par César (2), la loi Oppia revivait donc. S'il n'y eut jamais de dispositions de ce genre pour les hommes c'est qu'ils n'eurent jamais comme simples particuliers le droit d'aller en voiture dans les rues de Rome, sauf parfois un privilège à une personne déterminée. Aussi L. Metellus ayant perdu la vue en sauvant le palladium du temple de Vesta en flammes obtint d'une loi le droit de se rendre en char au Sénat (3). Dans les jeux Appolinaires le préteur avait droit à la « *biga* » et dans les jeux Romains le consul se rendait au cirque en char.

La loi autorise aussi l'emploi des chariots nécessaires pour le transport de tout ce qui sert à l'ornement du triomphe, et si elle ne parle du quadrige du triomphateur, il y est implicitement compris.

(1) Tacite parlant de l'ambittion d'Agrippine (Ann. XII. 42) Carpento Capitolium ingredi qui mos sacerdotibus et sacris antiquitus concessus venerationem augebat feminæ. Dans ce texte au lieu d'antiquitus proposé par Juste-Lipse les manuscrits portent : Druidibus. Pithou avait corrigé par Virginibus. — Virgile, *Géog.* I, v. 165 : Tardaque Eleusinæ Matris volventia plaustra.

(2) Suétone (Cæsar 45) nous dit que César défendit aux femmes l'usage de la litière ; *a fortiori* celui des voitures devait-il être interdit.

(3) Pline, *Hist. nat.* VII, 45.

Les chariots destinés au transport du matériel des jeux (1).

Enfin en tout temps, les chariots entrés dans la ville pendant les heures permises, c'est-à-dire la nuit, pourront ressortir soit à vide, soit chargés d'immondices, mais dans ces deux cas seulement, même après le lever du soleil jusqu'à la dixième heure (et bien entendu après, puisqu'il n'y a plus de défense) sans distinguer s'ils sont attelés par des bœufs ou des bêtes de trait (2). Bien que la loi ne désigne pas de magistrat pour faire observer ses prescriptions sur tous ces points, on est forcé d'admettre la compétence de l'Edile, car on ne voit pas à qui elle pourrait être en dehors de lui. Il devait prononcer des amendes pour les contraventions ou aussi par voie de confiscation ou prise de gage.

Il importait aussi à la liberté de la circulation de ne rien laisser déposer sur les trottoirs ou dans les rues ; bien que nous n'ayons aucun témoignage direct sur ce point pour les édiles de Rome, on peut néanmoins penser qu'ils ont

---

(1) Lex. Jul. t. 65 : Quoque plaustra triumphi causa quo die quisque triumphabit, ducei oportebit quæque plostra ludorum quei Romæ aut vrbei Romæ publice fient, inve pompam ludeis circiensibus ducei agi opus erit, quominus earum rerum caussa eisque diebus plostra interdiu in urbe ducantur agantur e. h. l. n. r.

(2) Quæ plostra nociu in urbe inducta erunt quominus ea plostra inania aut stercoris exportandei caussa post solem ortum h[oris X diei bubus jumentisve juncta in V. R, etc.

dû faire ce que nous voyons Paul rapporter d'un édile
municipal brisant des lits qui venaient de faire l'objet
d'une vente et qui avaient été abandonnés sur la voie
publique (1). Papinien donne aussi aux mêmes édiles des
conseils pour l'accomplissement de leurs fonctions en ce
qui touche à la circulation ; ils doivent défendre aux ar-
tisans de laisser des objets de leur travail sur la voie publique, exception faite toutefois pour le foulon qui peut
sécher ses étoffes, pour le charron qui peut exposer ses
voitures à la porte, pourvu toutefois qu'ils laissent le passage libre aux voitures (2).

§ 2. — SURVEILLANCE DES RUES

1° Nettoyage. — 2° Hygiène. — 3° Sécurité.
4° Mesures contre les incendies.

1° *Nettoyage.* — Les édiles devaient tenir la main à ce
que les rues fussent maintenues en bon état de propreté.
Ils avaient sous leur direction pour ce soin des magistrats
inférieurs qui apparaissent pour la première fois mention-
nés dans les tables d'Héraclée sous le nom de « *quatuor-*

1) Dig. XVIII, 6, 12.
(2) Dig. XLIII, 10, lex unica

viri viis in urbe purgandis » et de « *duumviri viis extra propius ve urbem Romam passus mille purgandis.* » Les quatre premiers étaient chargés de faire net-
toyer les rues dans la ville et les deux autres en dehors,
dans l'intervalle des mille pas à l'entour (1). Il est probable que ces deux collèges ont été créés par cette loi,
bien que Pomponius (Dig. I. 2. 1. 2 § 30) prétende que
les triumvirs capitaux ont été institutués en même temps
que les quatuorvirs, c'est-à-dire en 464 V. C. (2). Il semble
d'ailleurs qu'il y ait eu des points de rapprochement entre
ces deux magistratures : de nombreuses inscriptions révèlent qu'ils eurent des viateurs communs (3) et l'on pourrait peut-être en tirer quelques conséquences à l'appui de
l'allégation de Pomponius (4).

(1) *Lex. Jul. Mun.* l. 50. Quod minus ædiles et IV virei vieis in urbem purgandeis, II virei vieis extra propius ve urbem Romam passus
M purgandeis, queiquomque erunt, vias publicas purgandas curent
ejus que rei potestatem habeant ita utei legibus pl. ve scitis Sve Co
opertet, opertebit eum h. l. n r.

(2) Tite-Live, — Epitome XI. Triumviri capitales tunc primum sunt
creati.

(3) C. I. L. 1598. — Viat. III vir cap. et IV vir viar. cur. — *Ibid.* 1596 :
Viatores III vir IIII vir. — *Ibid* 466 : Viatores III virales et IIII
virales.

(4) Varron (de l. l. v. 7) mentionne des viocuri : quis enim non
videt unde... viocuri ; et au même livre plus loin (c. 158) après avoir
cité des rues qui prirent leur nom de celui de l'édile constructeur, il
ajoute qu'il en est de même pour le vicus Publilius et le vicus Cosconius : Clivus Publicius ab ædilibus plebei Publiciis qui eum publice
ædificarunt ; Simili de causa Publicus vicus et Cosconius vicus quod ab

Ulpien définit ce qu'il faut entendre par le mot *purgare* c'est ramener la route à son niveau primitif en enlevant ce qu'on a placé dessus. Cette définition est très générale et si elle comprend la mission donnée aux quatuorvirs, elle peut s'appliquer à des travaux de réfection et de démolition hors de leur compétence, et le jurisconsulte lui-même indique ce sens (1).

Sous la direction et la responsabilité des édiles les nouveaux magistrats devaient assurer le nettoyage des rues, veiller à l'écoulement de l'eau pour qu'elle ne séjournât pas en flaques, rendre en un mot la circulation possible (2). La loi *Julia municipalis* se contente de ce seul exemple mais nous pouvons certainement mettre parmi les fonc-

heis viocuris dicuntur ædificati ? — Ces fonctionnaires nommés après les édiles et différant par conséquent d'eux. ne seraient-ils pas les IV viri ? Il faut cependant reconnaître que la leçon « *viocuris* » n'est donnée que par un manuscrit cité par Turnèbe quoiqu'elle ait été adoptée assez généralement ; la plupart des manuscrits portent ab heis vircis.

(1) Dig. XLIII. II-1 § 1 : Purgare refectionis portio est. Purgari autem proprie dicitur ad libramentum proprium redigere, sublato eo quod super eam (viam) esset. Reficit enim et qui aperit et qui purgat et omnes omnino qui in pristinum statum reducunt.

(2) Lex. J. mun. 1. 20 : Quæ viæ in urbem, Romam propius ve V. R. passus M. ubei continente habitabitur sunt, erunt, quoius ante ædificium earum, quæ via erit, is eam viam arbitratu ejus ædilis quoi ea pars h. l. obvenerit tueatur : isque ædilis curato uti quorum ante ædificium erit quamque viam h. l. quemque tueri opportebit et omnes eam viam arbitratu ejus tueantur neve eo loco aqua consistat quominus commode populus ea via utatur.

tions des édiles de Rome celles que Papinien énumère
pour les édiles municipaux, éviter la dégradation des immeubles par des effusions d'eau, faire couvrir les ruis-
seaux, exiger des propriétaires les travaux nécessaires
pour la consolidation de leurs façades et les frapper d'a-
mendes en cas d'inexécution, prohiber les souterrains, les
excavations dans le sol public (1). L'entretien des rues et
le balayage est à la charge des riverains et l'édile est seul
juge de la façon dont ces obligations sont exécutées, mais
le premier soin en incombe aux quatuorvirs à Rome et
aux duumvirs dans la zône des mille pas ; ces magistrats
inférieurs n'auraient pu en cas d'inexécution de la part des
propriétaires faire mettre le nettoyage en adjudication, car
ce pouvoir est exceptionnel chez les édiles pour l'entretien
des rues. Malgré tant d'agents chargés d'assurer la propreté il parait que bien des trottoirs restaient boueux,
Martial s'en plaint pour la pente de Subura :

Alta Suburrani vincenda est semita clivi
Et numquam sicco sordida saxa gradu. (V. 25).

La responsabilité d'ailleurs remontait aux édiles et Vespasien l'apprit à ses dépens dans son édilité, car Caius
César Caligula lui fit couvrir le devant de la toge de boue
pour avoir négligé le nettoyage des rues dont il avait la
surveillance (2).

(1) Dig. XLIII-10. lex un.
(2) Suétone *Vespasianus* V : mox cum ædilem eum Caius Cæsar

2° Hygiène. — L'hygiène se rattache directement au maintien en état de propreté de la rue, aussi ces mêmes quatuorvirs devaient-ils être chargés de prendre les mesures nécessaires à cet égard et d'abord rappeler par un signe matériel leurs prescriptions. Notre « *défense de déposer des ordures* » était faite à Rome sous la forme de deux serpents se faisant face, séparés par un autel consistant en un haut trépied soutenant un vase, avec une inscription au-dessous (1). C'était pour préserver la poésie des atteintes des méchants poètes, comme un mur d'une souillure, que Perse voulait qu'on peignît deux serpents avec cette inscription :

Pinge duos angues : Pueri, sacer est locus, extra
Mejite (2)...

Il paraît que le palais même des empereurs n'était pas respecté, puisque on voit encore dans un couloir des Thermes de Trajan le signe traditionnel accompagné d'une inscription vouant ses contempteurs à la colère des dieux (3). Pour que l'excuse de la nécessité ne fut invoquée

succensens propter curam verrendis viis non adhibitam, luto jussisset oppleri, congesto per milites in pretextæ sinum...

(1) Anthony Rich. (*Dict. des Antiq. gr. et Rom.* v° *Anguis.*) en donne un dessin qu'il a relevé dans un couloir des Thermes de Trajan et l'inscription citée n° 3 est celle qui accompagne les serpents.

(2) Sat. I v. 13.

(3) Cité *de visu* par Anth. Rich. loc. laud. : Jovem et Junonem et XII deos iratos habeat quisquis hic minxerit aut c....

contre ces défenses, les coins des ruelles étaient munis
d'appareils spéciaux (1), et ce fut sans doute leur utilité
manifeste qui inspira à Vespasien l'idée d'en frapper le
contenu d'un impôt (2).

On devait punir aussi le dépôt des ordures ménagères,
des cadavres ou des peaux d'animaux.

3° *Sécurité*. — Les édiles devaient réprimer les rixes (3),
empêcher que les animaux dangereux fussent conservés
dans le voisinage de la voie publique en liberté, ou même
attachés, s'ils ne pouvaient l'être d'une manière suffisante pour prévenir tout dommage. Dans l'énumération sont compris les chiens, les porcs, les sangliers, les
loups, les ours, les panthères, les lions et il semble que ce
fût là tout ce que contenait l'édit des édiles curules, bien
que Paul ajoute « et généralement tout animal nuisible »,
ce qui pourrait n'être qu'une extension postérieure. Le

(1) Macrobe *Saturn.* II. 12 : ad comitium vadunt ne litem suam faciant, dum eant nulla est in angiporto amphora quam non impleant;
quippe qui vesicam plenam vini habeant. — Martial XII. 48. v. 7 et 8 :
Quod sciat infelix damnatæ spongia virgæ | Vel quicumque canis,
junctaque testa viæ.

(2) Suétone : *Vespas.* 23 : Reprehendenti filio Titio quod etiam
urinæ vectigal commentus esset, pecuniam ex prima pensione admo-
vit ad nares, sciscitans num odore offenderentur, et illo negante, at-
qui, inquit e lotio est.

(3) Papinianus. Dig. XLIII-10, l. un. § 5 ; non permittant (ædiles)...
rixari in viis, neque stercora projicere neque morticina, neque pelles
jacere.

jugement de la réparation civile n'appartient pas au préteur mais à l'édile curule et la sanction est pécuniaire, d'une somme fixe dans le cas de mort d'homme, à l'arbitraire du juge dans le cas de blessure, et du double de la valeur en cas de dommage matériel, en quoi il faut comprendre celui éprouvé par les maitres dans la personne des esclaves (1). D'ailleurs la victime du préjudice pouvant s'adresser au préteur par l'action *de pauperie* (2).

Il n'y aurait pas lieu à action édilicienne dans le cas d'un accident causé par le jet d'un objet par la fenêtre d'une maison, car l'acte répréhensible n'a pas eu lieu dans la rue et les édiles n'ont pas accès dans les lieux privés (3).

Pour le maintien de l'ordre, les édiles étaient assistés de magistrats inférieurs, sur qui nous reviendrons avec

(1) Ulpianus Dig. XXI. I. 1. 40 § 1 : ... Aiunt ædiles : « ne quis canem, verrem vel minorem aprum, lupum, ursum, pantheram, leonem », — (Paul l. 41) et generaliter » aliudve quod noceret animal, sive soluta sint, sive alligata ut contineri vinculis quominus damnum inferant, non possint, (Ulpianus. l. 42) qua vulgo iter fiat, ita habuisse velit ut cuiquam nocere. damnumve dare possit : si adversus ea factum erit et homo liber ex ea re perierit [solidi ducenti] : si nocitum homini libero esse dicetur, quanti bonum æquum judici videbitur, condemnetur ; cæterarum rerum quanti damnum datum factumve sit, dupli.

(2) Justinien (IV-9 § 1) dans ses institutes reproduit à peu près textuellement l'édit que nous venons de citer et il ajoute : Præter has autem ædilicias actiones et de pauperie locum habebit. — Les actions peuvent se cumuler jusqu'à due concurrence.

(3) Aulu-Gelle IV. 14.

plus de détails, les « *triumviri capitales* », appelés aussi « *tresviri nocturni* » (1), et par des auxiliaires, les « *quinque viri cis Tiberim* » ou *Cisliberes*. Il est possible, malgré cette dénomination qui semble restreindre leurs fonctions à la partie de la ville en deçà du Tibre, que l'un d'eux, tout en conservant le même nom, ait été chargé de la partie au delà, comme le dit Pomponius. Au début, ils n'eurent pas la qualité de magistrats et peut-être étaient-ils à la nomination des édiles (2). Les magistrats inférieurs que nous venons de nommer étaient spécialement chargés de la garde des rues pendant la nuit, non pas pour le motif donné par Pomponius qu'il ne convient pas à des magistrats comme les édiles de paraitre dans l'exercice de leurs fonctions la nuit, mais simplement parce qu'ils s'agissait d'une besogne qui, en temps normal, ne s'exerçait que sur des sujets peu importants et sur des gens de basse condition, comme les rôdeurs de nuit (3). En temps de trouble, ils agissaient à côté des

---

(1) Paul. Dig., I, 15, l. 1 : ... Triumviri... qui ab eo quod excubias agebant nocturni dicti sunt.

(2) Pomponius, Dig., I, 2, l. 2, § 51 : Quia magistratibus vespertinis temporibus in publicum esse inconveniens erat quinque viri constituti sunt cis Tiberim et ultis Tiberim qui possint pro magistratibus fungi. — *Ibid.*, § 55, *in fine :* Hi quos Cistiberes diximus postea (per) ædiles senatus consulto creabantur. — *Per* ajouté devant *ædiles* est une conjecture.

(3) Plaute *Amphitryo*, I, 1, *Sosia* : Qui me alter est audacior homo aut qui confidentior, | Juventutis mores qui sciam qui hoc noctis solus

édiles, et comme officiers de la police de sûreté, ils faisaient des rondes, dispersaient les attroupements et faisaient des arrestations (1).

4° Mesures contre les incendies. — Les mêmes magistrats, édiles, triumvirs et quinquevirs étaient chargés de prendre des mesures préventives contre l'incendie, les derniers principalement pendant la nuit (2). Ils devaient se rendre sur les lieux aussitôt qu'un incendie s'était déclaré, car leur négligence aurait été punie (3). C'était le consul qui devait prendre en personne la haute direction des opérations (4) et les tribuns de la plèbe devaient y

ambulem ? | Quid faciam nunc si tresviri me in carcerem compegerint. | Inde cras e promtuaria cella depromer ad flagrum.

(1) Tite-Live, XXV, 1 : Ædiles triumvirique capitales... cum emovere eam multitudinem e foro... *Id.*, XXXIX, 14 : Triumviris capitalibus mandatum est ut vigilias disponerent per urbem servarentque ne qui nocturni cœtus fierent. — *Ibid.*, 17 : Multi ea nocte... custodiis circa portas positis fugientes a triumviris comprehensi et reducti sunt.

(2) Tite-Live, XXXIX, 14 : Triumviris capitalibus mandatum est ut vigilias disponerent per urbem... utque ab incendiis caveretur adjutores triumviris quinqueviri uti cis Tiberim suæ quisque regionis ædificiis præessent. — Paul (Dig., I, 15, 1, 1) : Apud vetustiores incendiis arcendis triumviri præerant qui ab eo quod excubias agebant nocturni dicti sunt. Interveniebant nonnunquam ædiles et tribuni plebis.

(3) Valère Maxime, VIII, 1, *Damn.*, 5 : M. Mulvius, Cn. Lollius, L. Sextilius triumviri quod ad incendium in sacra via ortum extinguendum tardius venerant, a tribunis plebis die dicta ad populum damnati sunt.

(4) Cicéron, *in Pisonem* XI (26) : Ecquod in hac urbe majus unquam incendium fuit cui non consul subvenerit ?

assister aussi (1). Jusqu'au jour où Auguste organisa un corps de pompiers de 600 esclaves, remplacé après par un corps de vigiles composés d'hommes libres enrégimentés militairement, le personnel nécessaire fit toujours défaut. Il y fut suppléé de plusieurs manières : Dans l'incendie qui dévora le forum en 542, V. C., pendant la guerre d'Annibal, le temple de Vesta n'échappa en partie aux flammes que par les soins de treize esclaves qui y étaient attachés (2). Les édiles y employèrent même leurs propres esclaves, tel Rufus Egnatius (3). Il est très probable qu'ils eurent même un certain nombre d'esclaves publics à leur disposition, car la loi *Coloniæ genetivæ* en accorde quatre aux édiles (4), et pour ceux de Rome, Varron, dans Aulu-Gelle, constate qu'un particulier ne pouvait plus les faire citer devant le préteur à cause de leur escorte d'esclaves publics (5),

(1) Voir n. 2 p. 163. : Interveniebant... tribuni plebis, dans le texte de Paul.

(2) Tite-Live, XXVI, 27 : Ædes Vestæ vix defensa est tredecim maxime servorum opera.

(3) C. Velleius Paterculus, II, 91 : Rufus Egnatius... collecto in ædilitate favore populi quem extinguendis privata familia incendiis... auxerat. — Paul. Dig., I, 15, 1 : Fuerant et privatæ familiæ quæ incendia vel mercede vel gratia extinguerunt.

(4) *Lex Col. genet.* C. 65 : Ædilibus in eos ædiles singulos... publicos cum cincto limo IIII... habere jus potestasque esto.

(5) Aulu Gelle, XIII, 13 : M. Levinius ædilis curulis a privato ad prætorem in jus est eductus: nunc stipati servis publicis non modo prehendi non possunt, sed etiam ultro submovent populum.

Le jurisconsulte Paul le dit d'ailleurs formellement pour l'époque antérieure à Auguste; on disposait les familles d'esclaves autour de la porte et des murs d'où on les faisait venir en cas de besoin (1).

(1) Dig., I, 15, 1 : Erat autem familia publica circa portam et muros disposita unde si opus esset evocabatur... Deinde Divus Augustus maluit per se huic rei consuli.

CHAPITRE II

1° Lois somptuaires. — 2° Surveillance des lieux publics. — 3° Prostitution. — 4° Surveillance des mœurs privées.

1° *Lois somptuaires.* — Nous étions dans la rue, nous n'en sortirons guère et pour ne pénétrer que dans les maisons ouvertes au public, le domicile privé étant en temps régulier fermé à la police. Cependant, des lois somptuaires lui dévoilèrent certains actes de la vie intérieure. Ces lois eurent à Rome un caractère particulier; à part quelques-unes relatives au luxe propre aux femmes, elles règlent presque exclusivement la question de la table, au point que Caton les appelait des lois alimentaires (1). De même, Tite-Live ne connait d'autre luxe que de table; parlant de l'invasion du luxe à Rome au retour d'Asie de l'année de Manlius, il ne cite que lits d'airain, dessus de table

(1) Macrobe, II, 15 : Cato... sumtuarias leges cibarias appellat.

en étoffes précieuses, tentures, draperies pour les lits, tables de différents genres, joueuses de luth et de harpes, baladins, jouant et dansant devant les convives, recherche de mets plus délicats, et de vils coquins de cuisiniers devenus des artistes. Et tout cela, conclut Tite-Live, était à peine le futur luxe en germe ! (1). En effet, la gourmandise, on peut dire la gloutonnerie romaine, n'atteignit son apogée qu'avec Vitellius. Nous avons vu qu'une première loi somptuaire, probablement un peu après l'époque indiquée par Tive-Live, comme celle du commencement du du luxe, voulut mettre un frein aux prodigalités en obligeant les citoyens à prendre leurs repas aux yeux des passants (2).

C'est sans doute pour tourner la loi qu'ils prenaient leurs repas dans des lieux à l'abri de tous regards qui se trouvaient dans les combles de leurs maisons et que l'on

(1) Tite Live, XXXIX. 6 : Luxuriæ enim peregrinæ origo ab exercitu Asiatico invecta in Urbem est ; ii primum lectos æratos, vestem stragulam pretiosam, plagulas et alia textilia et quæ tum magnificæ supellicilis habebantur, monopodia et abacos Romam advexerunt : tunc psaltriæ, sambuscistriæ que et comivalia ludionum oblectamenta addita epulis : epulæ quoque ipsæ et cuva et sumptu majore apparari cœptæ : tum coquus, vilissimum antiquis mancipium et æstimatione et usu. in pretio esse et quod ministerium fuerat, ars haberi cœpta ; vix tamen illa, quæ tum conspiciebantur, semina erant futuræ luxuriæ.

(2) Macrobe Sat., II. 13 : Instrumenta gulæ .. nimirum causæ fuerunt propter quas tot numero leges de cœnis et sumptibus ad populum ferebantur et imperari cœpit ut patentibus januis pransitaretur et venitaretur, sic oculis civium testibus factis luxuriæ modus fieret.

nommait « *cœnaculum* » et où ils pouvaient impunément se livrer aux délices prohibées (1).

Aulu-Gelle et Macrobe après lui, nous donnent une série de lois somptuaires toutes successivement abrogées pour leur inutilité. La première remonte à la censure de Caton (568 V. C.) ; ce fut un plébiscite voté sur la proposition du tribun de la plèbe, C. Orchius ; il limita simplement le nombre des convives. Puis la loi Fannia (588 V. C.) fixa à dix as le maximum de dépense journalière, sauf exception d'un certain nombre de jours déterminés où le taux montait à cent as, d'où Lucilius, dans une satire, la qualifia de *centussis*. La loi Didia étendit les dispositions de la loi Fannia à l'Italie et frappa les convives des mêmes peines que l'hôte. La loi Licinia régla la nature et la quantité des aliments. Sylla, changeant la

(1) **Varro** *de l. l.* V (IV) 162 : Ubi cœnabant, cœnaculum vocitabant... Posteaquam insuperiore parte cœnitare cœperunt, superioris domus universa, cœnacula dicta ; posteaquam ibi cœnabant plura facere cœperunt, ut in castris ab hieme « hiberna », hibernum domus vocarunt ; contra æstivum. — **Festus.** Ep. Cœnacula dicuntur ad quæ scalis ascenditur.

Tite-Live, XXXIX. 15 : Cœnaculum super ædes datum est, scalis ferentibus... Les Empereurs même perpétuèrent l'usage d'avoir ainsi un réduit secret. Domitien s'était fait faire une petite salle avec un plafond en dôme, que décrit Martial (II. 59) :

> Mica vocor, quid sim cernis : cœnatio parva
> Ex me Cæsareum prospicis ecce tholum.
> Frange toros : pete vina ; rosas cape : tingere nardo
> Ipse jubet mortis te meminisse Deus.

base du système, tarifia le prix des produits les plus recherchés, semblant ainsi donner une prime aux raffinés ; ensuite, la loi Æmilia, et la loi Autia spéciale aux candidats à la magistrature (1). On trouve même une loi somptuaire due à Antoine ; mais le triumvir l'oublia lorsque Cléopâtre but en une gorgée la valeur de dix millions de sesterces (2). Les seules mesures qui purent avoir quelque efficacité furent mises en usage par César ; il s'opposa à la mise en vente des choses prohibées au moyen de gardes spéciaux postés aux marchés qui, confisquant la marchandise, devaient la lui apporter. Il allait même jusqu'à faire enlever des tables les mets déjà servis

(1) Voir Aulu-Gelle, II. 24 et Macrobe, II. 15.

(2) Macrobe, *loc. cit.* : His legibus annumerarem edictum de sumptibus ab Antonio propositum qui postea triumvir fuit, ni indignum crederem. inter cohibentes sumptum Antonio locum facere ; cujus expensæ in cœnam solitæ conferri sola unionis a Cleopatra uxore consumti æstimatione superatæ sunt... Margarita centies sestertium sine contentione (evaluit). Il ajoute qu'on peut se rendre compte de la valeur de cette perle en songeant que sa pareille fut rapportée à Rome après la défaite de Cléopâtre et coupée en deux parties pour être placées sur la statue de Vénus au temple de Panthée ; chaque moitié étonnait par sa splendeur tous les visiteurs comme une chose prodigieuse. — Pline (L. n. IX. 55) rapporte la même chose avec plus de détails et il indique le même prix ; il ajoute que Cléopâtre n'avait rien inventé car la chose avait déjà été faite par Clodius, fils de l'auteur tragique Esope ; simplement pour connaître et faire connaître à ses convives le goût de la perle. Le prix nous est donné par Horace : *Sat.* II. 3. v. 239, | Filius Æsopi detractam ex aure Metellæ | Scilicet ut decies solidum absorberet aceto | Diluit insignem baccam. — C'est un million de sesterces.

sur lesquels la vigilance des gardiens avait été mise en défaut (1).

Nous avons vu les dispositions de la loi Oppia relatives à la prohibition pour les femmes de se servir de voitures dans Rome. Cette loi défendait aussi aux femmes d'avoir sur elles plus d'une moitié d'once d'or et de porter des vêtements de plusieurs couleurs (2). Comme la loi *Julia municipalis* fit revivre la première partie de la loi Oppia atropiée, César dispose aussi que sauf exceptions déterminées, les femmes ne porteraient ni perles ni robes de pourpre (3). Les hommes ne devaient pas non plus paraitre en public autrement qu'avec la toge sans manteau de dessus (4). Enfin, le port, sans la qualité requise, de la bande étroite ou large de pourpre sur la toge (*clavus*), des anneaux d'or, de la bulle pour les enfants devaient, sur la voie publique, comme toutes les autres prohibitions

---

(1) Suetone *Cesar*, 43 : Legem præcipue sumtuariam exercuit, dispositis circa macellum custodibus qui opsonia contra vetitum retinerent, deportarentque ad se. submissis nonnunquam lictoribus atque militibus qui si qua custodes fefellissent, jam adposita e triclinio auferrent.

(2) Tite-Live, XXXIX. 1 : Tulerat (legem) C. Oppius tribunus pl... ne qua mulier plus semunciam auri haberet, neu vestimento versicolori uteretur.

(3) Suetone. *Cesar*, 43 : Lecticarum usum item conchyliatæ vestis et margaritarum nisi certis personnis et ætatibus, perque certos dies ademit.

(4) Suetone. *Auguste*, 40 : Negotium ædilibus dedit ne quem posthac paterentur in foro Circove, nisi positis lacernis togatum consistere.

citées, être réprimées par les édiles. Plus tard, une loi Visellia (de l'an 24 de notre ère), prononça des peines pour ces usurpations qui allaient jusqu'à la privation de la liberté pour les affranchis (1). Le fait de paraitre en public couronné, bien que n'étant pas l'usurpation d'un privilège, était également puni, surtout lorsqu'il se présentait dans des circonstances où il constituait un manque de convenances. C'était cependant un usage très répandu d'assister ainsi à une fête dans une · maison (2). Les

(1) Code IX. 21, Dioclet : Lex Visellia libertinæ conditionis homines persequitur si ea quæ ingenuorum sunt contra honores et dignitates ausi fuerint attentare..., nisi jure aureorum anulorum impetrato... Qui autem libertinus se dicit ingenuum... ex lege Visellia criminaliter poterit perurgeri.

(2) Pline, *h. n.* XXI. 3 : L. Fulvius argentarius bello Punico secundo cum corona rosacea interdiu e pergula sua in forum prorexisse dictus, ex auctoritate senatus in carcerem adductus. — Un autre dont le fait, il est vrai, se compliquait d'un larcin, fut arrêté par les triumvirs : P. Mutianus cum demptam Marsyæ coronam e floribus capiti suo imposuisset atque ob id duci cum in vincula triumviri jussent, appellavit Tribunis plebis ; nec intercessere illi aliter quam Athenis ubi commessabundi juvenes ante meridiem conventur sapientium quoque doctrinæ frequentabant. — Il fallait une circonstance exceptionnelle pour que la chose fut autorisée : un heureux événement, par exemple. Tite-Live, IX. 47 : eodem anno (439 v. c.) coronati primum ob res bello bene gestas, ludos Romanos spectaverunt. — Les exemples cités, même le premier, ne sont pas très concluants, car le fait de paraître couronné n'est pas seul en jeu. Dans le premier cas, on était engagé dans une guerre redoutable, et c'est pour cette raison que le Sénat fit enfermer L. Fulvius, et Pline ajoute qu'il ne le fit relâcher qu'une fois la guerre terminée. Le deuxième cas se présente aussi avec des circonstances aggravantes.

femmes adultères condamnées devaient quitter la *stola*
des matrones et reprendre leur vêtement primitif de jour
et de nuit, la toge des hommes (1) : les courtisanes
aussi (2) et en outre une mitre de couleur (3).

2° *Surveillance des lieux publics.* — A la surveillance
des édiles appartenaient aussi les lieux ouverts au public.

Les plus inportants étaient les établissements de bains
publics. On les appelait « *balinea* » ou « *balnea* », et il
ne faut pas les confondre avec le « *balineum* » ou « *bal-
neum* » qui est un bain particulier. Varron nous donne
de la différence du nombre (et aussi de celle du genre) une
explication qui nous montre que les hommes avaient leurs
bains séparés de ceux des femmes (4), ils furent peut-être

(1) Martial, II. 59 : Coccina famosæ donas et janthina mœchæ, | Vis
dare quæ meruit munera ? Mitte togam, *id.*, VI. 64 : Matrisque
togatæ | Filius. — La toge avait d'ailleurs été le vêtement commun aux
deux sexes. Nonius, v° *Toga* : Toga non solum viri sed etiam feminæ
utebantur. Varro. *De vita pop. Rom. lib.* 1 : Præter ea quoque in lecto
togas ante habebant ; ea enim olim fuit commune vestimentum et
diuturnum et nocturnum, et muliebre et virile.

(2) Horace. *Sat.*, I. 2. v 63 : Quid inter | Est in matrona, ancilla,
petiesve togata ?

(3) Juvenal. *Sat.*, III. v. 66 : Ite quibus grata est picta lupa Barbara
mitra.

(4) *De l. l.* IX 64 : Reprehendant quod dicantur multitudinis nomine
publicæ balineæ non balinea ; contra quod privati dicunt unum balineum, quod plura balineas dicant... Primum balineum novum et græcum introiit in urbem, publicæ ibi concedit ubi bina essent conjuncta
ædificia lavandi causa, unum ubi viri, alterum ubi mulieres lava-
rentur.

réunis plus tard, car Ælius Spartianus attribue la séparation à Hadrien (*vita* 17). Si à l'origine les Romains se contentaient de se laver la figure, les mains et les pieds
chaque jour et le corps tous les huit jours, bien avant la
fin de la république, il n'était personne le plus pauvre
comme le patricien qui ne se rendît chaque jour aux bains
à la huitième heure en été, à la neuvième en hiver ; pour
avertir que le moment était venu, une sonnette retentis-
sait et faisait abandonner toutes les occupations, ou cesser
les exercices corporels aexquels on se livrait généralement
auparavant. (1).

Les alentours des bains étaient envalis par les prostituées de la pire condition, couvertes de fard, laissant après
elles une odeur formée d'un mélange de parfums, de vin
et de médicaments, malgré la chasse que leur donnaient
les édiles (2). Il n'en allait guère mieux à l'intérieur où

(1) Sénèque. *Ep.* 86: Non quotidie lavabatur ; nam ut aiunt qui
priscos mores urbistradiderunt bracchia et crura quotidie abluebant...
ceterum toti nundinis lavabantur — Pline le jeune. Ep.III.1 : Ubi hora
balinei nuntiata est (est autem hieme nona, æstate octava)... — Martial
XIV. 163 Epigramme intitulée par l'auteur (voir *eod lib.* epig. 2) : *Tin-
tinnabulum* : Redde pilam, sonat æs thermarum, ludere pergis ?
Virgine in solo lotus abire domum. *Reddere pilam* c'est cesser de jouer
à la balle. — *Virgo*: c'est l'eau d'un aqueduc à laquelle on avait
donné ce nom parce qu'une vierge l'avait fait trouver. (Voir Frontin
de aq. 10). Mais Martial joue sur les mots.

(2) Sénèque. *De vita beata* VII :.... Invenies... voluptatem latitantem
sæpius ac tenebras captantem madentem, pallidam, fucatam et medi-
camentis pollutam.

s'introduisaient des voleurs spéciaux les *balnearii* dont l'industrie déjà connue du temps de Catulle fait l'objet d'un titre du Digeste de Justinien (1).

Ils s'emparaient des vêtements que dans une pièce réservée nommée *apodytérium* les baigneurs étaient obligés de dépouiller avant de pouvoir pénétrer dans les salles (2). Tout le personnel des bains avaient la plus mauvaise réputation ; le patron qui employait des esclaves loués pour la garde des vêtements était frappé des déchéances du *Lenocinium* (3) ; les employés sont placés par Juvénal au dernier rang des hommes, juste avant les bêtes et Festus en fait les acolytes intéressés des prostituées (4).

---

(1) Catulle XXXIII *ad Vibennios* : O furum optime balneariorum. — *Dig.* XLVII. 17 (*De furibus Balneariis ulpicen* l. I. Après avoir indiqué le mode de procédure, dit que les voleurs nocturnes doivent être con-damnés à une peine ne dépassant pas celle des travaux publics à temps et il ajoute : Idem et in balneariis furibus. Paul l. v. c. *ad tit.* dit qu'un soldat pris dans un tel vol doit recevoir son congé pour cause d'ignominie.

(2) Ciceron. *Pro Cælio* XXVI (62) (In balneis) non invenio quæ latebra togatis hominibus esse possit. Nam si essent in vestibulo balnearum non laterent : sin se in intimum conjicere vellent, nec satis commode calceati et vestiti id facere possent et fortasse non reciperentur.

(3) Ulpianus *Dig.* III. 2 l. 4 § 2. Lenocinium facit qui quæstuaria mancipia habuerit.... Sive.... principaliter hoc negotium gerat, sive alterius negotiationis accessione utatur ; ut puta... balneator fuerit... in balneis ad custodienda vestimenta conducto habent mancipia : hoc genus observantia in officina lenocinii pœna tenebitur.

(4) Juvénal IV. V. 350: ... abstulerim spem | Servorum, veniet con ductus aquarius hic si | Quæritur et desunt homines, mora nulla...

L'administration de l'eau appartenait sous la république certainement aux censeurs à cause de leur compétence en matière d'aqueducs, mais la surveillance matérielle et journalière dans cette partie revenait aux édiles. Sénèque nous montre Caton, Fabius, ou l'un des Scipion venant vérifier eux-mêmes de leur propre main la température de l'eau alors qu'ils étaient édiles (1). Il est vrai qu'à cette époque l'eau qu'on distribuait n'avait pas auparavant reposé, qu'elle se ressentait souvent d'une pluie récente, qu'elle n'atteignait une température bouillante (2). Les choses avaient bien changé. Il fallait aux plébéiens dans leurs bains des murs où les marbres d'Alexandrie se distinguaient des reliefs en marbre de Numidie, le tout entouré de mosaïques imitant la peinture, où l'eau ne devait s'échapper que de robinets d'argent. Tout cela était peu pour les affranchis qui ne voulaient fouler qu'un sol fait de pierres précieuses au milieu d'une infinité de colonnes et de statues, qui ne voulaient prendre de bains que dans une eau

Et il s'agit ensuite d'un âne. — Festus Ep. : Aquarioli dicebantur mulierum impudicarum sordidi adseclæ.

(1) *Epistol* 86. Dii boni quam juvabat illa balnea intrare obscura et gregali tectorio inducta quæ scires Catonem tibi ædilem, aut Fabium Maximum, aut ex Corneliis aliquem manu sua temperasse... Non pacata aqua lavabatur sed sæpe turbida et cum plueret vehementius pæne lutulenta.

(2) Sénèque. *Ep.* 86 : Temperaturam non hanc quæ nuper inventa est similis incendio.

jaillissant avec fracas de gradins en gradins et dans la lumière irrisée de grands vitraux (1).

Les *popinæ* appelait toute l'attention de la police c'étaient des sortes de restaurants où l'on vendait du vin et des victuailles. Plaute dit plaisamment qu'on y trouvait un grand choix d'épitres écrites sur la terre cuite et scellées de poix où les noms apparaissaient en lettres longues d'une coudée, et le vers suivant fait voir qu'il entend par là des tonneaux de vin (2). Le grossissement des objets était, parait-il, le moyen de réclame en usage dans ce commerce ; ils mettaient en montre les produits préférés du public, du foie, des œufs, des vulves de truie et pour faire paraitre plus rebondis les lobes du foie, plus grosses les coquilles des œufs, plus grands les replis de la vulve, ils interposaient entre ces objets et la vue des passants de grosses boules de verre remplies d'eau (3). Malgré la sépa-

(1) Sénèque loc. cit. : Pauper sibi videtur ac sordidus nisi parietes Alexandrina marmora Numidicis crustis distincta sunt, nisi illis undique operosa et in picturæ modum variata circumlitio texitur... nisi aquam argentea epistomia fuderunt. Et adhuc plebeias fistulas loquor : quid cum ad balnea libertinorum pervenero? Quantum statuarum, quantum columnarum... quantum aquarum per gradus cum fragore labentium... nisi gemmas calcare nolimus... ita aptata sunt ut totius diei solem fenestris amplissimis recipiant, nisi et lavantur simul et colorantur.

(2) Plaute. *Pænulus* IV. 2 v. 15 et seq.... | Bibitur, estur quasi in popina, haud secus. | Ibi tu videas literatas fictiles epistolas. | Pice signatas ; nomina insunt cubitum longis literis : | Ita vinariorum habemus nostræ delectum domi. — Martial I. 42 V. 9 et 10 : fumantia qui tomacla raucus — circumfert tepidis cocus popinis.

(3) Macrobe. *Saturn.* VII. 14 : Quod genus apud popinatores plera-

ration si tranchée des classes, à côté du plus bas peuple,
d'esclaves fugitifs et de filles, là s'asseyaient des gens
nobles ou patriciens. Plus d'une fois l'édile dut détourner
les yeux d'un personnage à la tête enveloppée du pan du
manteau, pour ne pas reconnaitre quelqu'un de considérable; L. Calpurnius Pison par exemple dans une gargotte
(*gurgustium*) à la sortie de laquelle Cicéron le rencontrait
exhalant l'odeur du lieu (1). Cicéron va jusqu'à dire que
c'est dans une de ces maisons borgnes (*tenebricosa popina*) qu'il vivait en compagnie d'une danseuse à la tête
rasée, lorsqu'on fut le chercher pour le faire consul (2).

Les *cauponæ* avaient certains points de rapports avec
les *popinæ* en ce qu'on y servait aussi à boire et à manger,
mais elles offraient en outre le logement. C'étaient d'assez
pauvres logis, car il n'était pas d'usage aux étrangers

---

que scitamentorum cernimus proposita, ampliora specie quam corpore ;
quippe videmus in doliolis vitreis aquæ plenis et ova globis majoribus,
et jecuscula fibris tumidioribus et vulvas spiris ingentibus.

(1) Cicéron. *In Pis.* VI. (15) meministine cœnum cum ad te......
venissem, nescio quo e gurgustio te prodire involuto capite, soleatum?
et cum isto ore fœtido teterrimam nobis popinam inhalasses, excusa-
tione te uti valetudinis, quod diceres, vinolentis te quibusdam medi-
caminibus solere curari?

(2) *Ibid.* VIII (18): Tu ex tenebricosa popina consul extractus cum
illa saltatrice tonsa ! — Julius Capitolinus (*vita Veri* IV) raconte qu'étant
empereur Vérus courait les marchands de vin, la tête couverte d'un
capuchon de voyage, s'y battait, cassait les verres et jetait de grosses
pièces pour les payer. Suétone rapporte des choses semblables de
Caligula et de Néron.

d'honnête condition de s'y rendre, leurs relations person-
nelles ou une recommandation leur assurait l'hospitalité
chez un habitant de la ville. A Rome c'étaient plutôt des
débits de boissons, car Martial raille un de leurs tenan-
ciers sur ce que le temps pluvieux a tellement mis d'eau
dans la vendange qu'il ne pourra lui-même l'y mettre :

> *Continuis vexata madet vindemia nimbis*
> *Non potes, ut cupias, vendere, caupo, merum !*
> (I. 57)

Le « *ganeum* » ou *ganea* était aussi une auberge, mais
de la plus basse espèce. C'était un lieu de débauches de
toutes sortes, et fréquenté surtout par des jeunes gens.
Ainsi lorsque Cn. Fulvius, le consul qui perdit son armée
en Apulie, fut mis en accusation, l'accusateur lui dit qu'il
irait terminer sa vieillesse où il avait passé sa jeunesse,
dans les « *ganea* » (1). Demea le père de Ctésiphon se
lamente des mauvaises connaissances de son fils et craint
qu'on ne l'ait mené dans un « *ganeum* » (2). Du reste
toutes ces auberges servaient le plus souvent de lieu de
rendez-vous (3) et des filles y étaient logées par l'aubergiste
qui en tirait profit (4). C'est dans les réduits secrets de ces

(1) Tite-Live XXVI, 2 : Eum in ganea lustrisque ubi juventam egerit,
senectutem acturum.

(2) Térence *Adelphi*, III, 5.

(3) Ulpianus *Dig*. XXIII, 2, 1. 43 pr. : Palam quæstum facere dicemus
non tantum eam quæ in lupanario se prostituit, verum etiam si qua ut
adsolet in taberna cauponia .. pudori suo non parcit.

(4) *Ibid*. § 9 : Si qua cauponam exercens in ea corpora quæstuaria

tavernes qu'on jouait aux dés, et que l'on se faisait prendre
par l'édile :

> *... Blando male proditus fritillo*
> *Arcana modo raptus e popina*
> *Ædilem rogat udus aleator.*
> (Martial V. 85 v. 5 et s.)

Une loi en effet défendait de mettre de l'argent dans les
jeux sauf certaines exceptions qu'on peut lire encore dans
l'article 1966 de notre Code civil copié textuellement de
la loi 2. 51. du titre *de aleatoribus* au Digeste.

Cette prohibition existait déjà du temps de Plaute. car
il y fait allusion dans un passage où il joue sur le double
sens du mot « *talus*» qui désigne l'osselet du pied et par
métonymie le talon et même le pied, et qui conserve encore son nom lorsque par des points marqués il est devenu
un dé à jouer (1).

habeat ut multæ adsolent sub prœtextu instrumenti cauponii prosti-
tutas mulieras habere, dicere hanc... lenæ appellatione contineri. —
Nous citons pour mémoire le passage de Pétrone qui fait partie des
prétendus manuscrits de Belgrade publiés par Nodet ; il est apocryphe :
C. 15... ad sciendum quid esset descendi accepique prætoris lictorem qui pro officio curabat exterorum nomina inscribi in publicis
codicibus duos vidisse advenas domum ingredi quorum nomina nondum in acta retulerat, et idcirco de illorum patria et occupatioue
inquirere. — Ce n'est pas même vraisemblable, ce n'est pas là l'emploi
d'un licteur. Il est possible cependant que les étraugers aient dû
donner des renseignements sur eux à un officier compétent.

(1) Plaute. — Miles gloriosus II, 2 : Nisi, hercle defregeritis talos pos-
hac quemque iu tegulis | Videritis alienum, ego vostra faciam latera
lorea. | Mihi quidem jam arbitri vicini sunt meæ quid fiat domi ; | Ita

Un maitre ordonne à ses esclaves de briser les pieds =
les dés *(talos)* aux curieux qui sous un prétexte viennent
sur son toit pour regarder ce qui se passe chez lui par
l'*impluvium*, de façon que ces curieux seront forcés
d'obéir à la loi sur les pieds = les dés (*lex talaria*) puisque
dans leur réunion, chez eux à table, ils seront sans pieds
= sans dés (*sine talis*). Il semble résulter de là que la
loi atteignait même ceux convaincus d'avoir joué dans une
maison privée.

Mais la prohibition était suspendue chaque année pendant les fêtes de Saturne (*Saturnalia*) où se faisait un
bouleversement général, les esclaves ne servant plus leurs
maîtres et dinant à leur table. Les Saturnales ne duraient
d'abord qu'un jour, le quatorzième des calendes de janvier (19 décembre), puis le remaniement du calendrier sous
César y fit joindre deux jours ; un édit d'Auguste consacra
ce *tridum* qui allait du seizième au quatorzième jour des
calendes (17 au 19 décembre) et dans la pratique à cause
des sigillaires qui suivaient immédiatement pendant quatre
jours, les fêtes duraient sept jours (1). C'est à cet usage
que font allusion ces vers de Martial :

> *Paulum seposita severitate*
> *Dum blanda vagus alea December*

per impluvium, intro spectant.... | Atque adeo ut ne legi fraudem
fecerint talariæ accuratote ut siue talis domi agitent convivium.

(1) Macrobe (Sat. I. 7.) cite des vers de L. Accius relatifs aux Sa-
turnales : Maxima pars Graium Saturno et maxima Athenæ, | Con-

Incertis sonat hinc et hinc fritillis
Et ludit Popa nequiore talo (2).

et alors impunément l'esclave nargue l'édile en agitant les
dés dans son cornet :

Nec timet ædilem moto spectare fritillo
Cum videat gelidos tam propre verna lacus.
(*Id.* XIV, 1)

3° *Prostitution.* — Les prostituées étaient sous la surveillance des édiles, et qu'elles vécussent isolées ou dans
des lieux de débauche elles devaient faciliter la surveillance
à laquelle elles étaient soumises en faisant une déclaration
devant l'édile de leur quartier. Il est incroyable qu'il ait
fallu une loi pour empêcher les femmes de l'aristocratie

ficiunt sacra quæ Cronia esse iterantur ab illis | Eumque diem cele-
brant, per agros urbesque fere omnes | Exercent epulis læti, fa-
mulosque procurant | Quisque suo nostrique itidem et mos traditus
illinc | Iste ut cum dominis famulis epulentur ibidem. — Macrobe.
Sat. I. 10 : Apud majores nostros Saturnalia die uno finiebantur qui
erat ad XIV Kal. Januarias ; sed postquam C. Cæsar huic mensi duos
addidit dies, XVI cœpta celebrari... deinde ex edicto Augusti quo
trium dierum ferias Saturnalibus addixit ; a sexto decimo igitur cepta
in quartum decimum desinum, quo solo fieri ante consueverant, sed
Sigillariorum adjecta celebritas in septem dies discursum publicum
et lætitiam religionis extendit.

(2) IV, 14, v. 6 et s. — *Popa* doit s'entendre ici, croyons-nous, de
la cabaretière qui joue du talon (*talus* a comme on sait le sens de dé
et de talon). Le comparatif *nequior* l'indique assez. D'autres entendent
d'un victimaire. Une autre leçon donne « *rota* » ce qui voudrait dire
l'entourage. Ce sens enlèverait tout sel au passage.

d'user de cette faculté : elles bravaient cette honte pour se livrer impunément à l'adultère ; ainsi fit Vistilie, de famille prétorienne qui se vit appliquer la loi par une condamnation à la relégation dans une ile (1). Pour cette catégorie de filles inscrites, le pouvoir de la police n'allait pas jusqu'à forcer la porte de leur domicile il s'arrêtait dans la rue et dans les lieux publics d'où nous les avons vu chasser ; nous avons un exemple d'une courtisane qui pour repousser un édile voulant pénétrer chez elle contre son gré lui lança une pierre et qui, citée par le peuple sur la poursuite de l'édile, obtint l'intercession des tribuns de la plèbe qui empêcha l'édile de porter son accusation devant le peuple (2).

(1) Tacite. *Annal.* II, 85.: Eodem anno gravibus Senatus decretis libido feminarum coercita, cautumque ne quæstum corporis faceret cui avus aut pater, aut maritus eques Romanus fuisset: nam Vistilia prætoria familia genita licentiam stupri apud ædiles vulgaverat; more inter veteres recepto qui satis pœnarum adversum impudicas in ipsa professione flagitii crederent; exactum et a Titidio Labeone Vistiliæ marito cur in uxore delicti manifesta ultionem legis omisset ? Atque illo prætendente sexaginta dies ad consultandum datos necdum præterisse, satis visum de Vistilia statuere eaque in insulam Seriphon abdita est.

(2) Aulu Gelle IV, 14: A. Hostilius Mancinus ædilis curulis fuit; is Manuliæ meretrici diem ad populum dixit quod de ambulacro (sive: tabulato) ejus noctu lapide ictus esset; vulnusque ex eo lapide ostendebat. Manulia ad tribunos plebis provocavit: apud eos dixit comessatorem Mancinum ad ædes suas venisse; eum sibi recipisse non fuisse in æde sua sed cum vi irrumperet lapidibus depulsum. Tribuni decreverunt ædilem ex eo loco jure dejectum quod eum venire cum coronario non decuisset: propterea ne cum populo ædilis ageret.

4° Surveillance des mœurs privées. — M. Mommsen (1) voit une connexité entre les fonctions administratives des édiles dans la surveillance des lieux de débauche, et leur droit d'intenter des accusations contre les hommes ou les femmes coupables de *stuprum*. S'il entend cette connexité en faisant dériver la surveillance du droit d'accusation antérieur nous partageons entièrement cette façon de voir, et nous rattacherons même ce droit d'accusation à une première cause, celle de l'ingérence religieuse des édiles dans les cérémonies du mariage, car c'est à leur foyer que les torches qu'on portait devant les jeunes mariées devaient être allumées (Plutarque. *Questions Romaines*).

Une difficulté se présente d'abord relativement au mode d'exercice de l'accusation contre les femmes. Il est généralement admis, que, sauf dans des cas extraordinaires intéressant la sûreté de l'Etat, comme celui de la conjuration des Bacchanales, les femmes n'ayant pas le droit de provocation ne sont pas justiciables de l'assemblée du peuple, mais seulement du tribunal domestique (2). Or toutes les condamnations qu'obtinrent les édiles furent prononcées

(1) *Droit public Romain*. IV p. 188

(2) Tite-Live *Epitome* XLVIII : De veneficiis quæsitum : Publicia et Licinia nobiles feminœ quæ viros suos consulares necasse insimuabantur, cognita causa, cum prætori pro se vades dedissent, cognatorum decreto necatæ sunt.

dans les comices; et les conséquences en étaient quelquefois graves, car c'est sans doute pour y échapper que nous voyons après leur condamnation plusieurs femmes partir en exil (1). Sans doute on faisait exception à la règle générale pour ces accusations qui n'entrainaient pas de condamnations capitales, mais de simples amendes.

Tite-Live nous rapporte une condamnation à l'amende de quelques matrones sur la poursuite de Q. Fabius Gurges, sans nous faire savoir en quelle qualité (2). Ce ne peut-être évidemment que comme édile curule puisqu'il était d'une famille patricienne. Il employa le produit à faire construire le temple de Venus près du grand cirque. Parmi les hommes nous pouvons citer une poursuite pour stupre commis sur une mère de famille contre M. Flavius mais elle aboutit à un acquittement (3).

Avec la corruption des mœurs, des crimes nouveaux demandèrent de nouvelles lois et de là, comme dit Cicéron (*Philip.* III. 6), les lois *Voconia*, les lois *Scatinia* (*hinc*

---

(1) Tite-Live XXV-2 : L. Villius Tappulus et M. Fundanius Fundulus ædiles plebei aliquot matronas apud populum stupri accusarunt : quasdam ex eis damnatas in exilium egerunt.

(2) Tite-Live X-51 : Q. Fabius Gurges, consulis filius, aliquot matronas ad populum stupri damnatas pecunia multavit : ex quo multaticio ære Veneris ædem quæ prope circum est faciendam curavit.

(3) Tite-Live VIII. 22 : Populo visceratio data a M. Flavio in funere matris. Erant qui per speciem honorandæ parentis meritam mercedem populo solutam interpretarentur quod eum die dicta ab ædilibus crimine stupratæ matrisfamilæ absolvisset.

Voconiæ, hinc Scatiniæ leges). La dernière seule intéresse notre sujet, elle fut rendue pour réprimer les vices contre nature ; sur la proposition du tribun de la plèbe C. Scantinius Aricinus et prononçait une amende de dix mille sesterces. Valère Maxime (1) nous cite un cas de son application et par une coïncidence curieuse à l'homonyme de l'auteur de la loi, C. Scantinius Capitolinus ; l'accusation était intentée par M. Claudius Marcellus, édile curule et fondée sur une tentative de corruption de son fils. Scantinius, tribun de la plèbe, d'après Valère Maxime édile plébéien d'après Plutarque (*vie de Marcellus* 2) invoqua le privilège de l'inviolabilité, mais vainement, car le collège entier des tribuns refusa de former une intercession.

§ 2. — Police des Cultes

La religion à Rome intervenait tant dans les actes de la puissance publique que dans ceux de la vie privée, et les

---

(1) V. 1. 7 . M. Claudius Marcellus, ædilis curulis C. Scantinio Capitolino tribuno plebis diem ad populum dixit quod filium suum de stupro appellasset, eoque asseverante se cogi non posse ut adesset quia sacrosanctam potestatem haberet et ob id tribunitium auxilium implorante totum collegium tribunorum negavit se intercedere quominus pudicitiæ quæstio perageretur. Citatus itaque Scantinius reus... damnatus est.

auspices précédaient les assemblées du peuple comme les événements importants de l'existence des citoyens (1). La haute surveillance administrative sur l'auspication et sur le culte en général appartenait au Sénat et l'exécution de certaines mesures à la magistrature (2).

Nous avons vu que la dédication des temples ou des autels appartenait à l'origine aux consuls et que lorsque plus tard il fallut d'autres conditions, les magistrats spéciaux nommés *duo viri ædi dedicandæ* étaient de puissance consulaire. Un dieu dans le droit religieux n'avait une personnalité qu'à la condition d'avoir un monument consacré ; il résulte de ce principe que la dédication d'un nouveau temple à une divinité quelconque de Rome équivalait à l'introduction d'une nouvelle divinité. Nous avons aussi vu (p. 114) qu'en outre d'une loi attribuant la propriété du sol public (3), une loi de l'an 450 exige pour la dédication l'assentiment du Sénat ou de la majorité des tribuns.

L'établissement de jeux ou de cérémonies religieuses

(1) Ciceron. *De divin* : I. 16 (28) : Nihil fere quondam majoris rei, nisi aupiscato, ne privatim quidem gerebatur.

(2) Tertullien *Apolog.* 5 : Ut de origine aliquid rectractemus ejusmodi legum vetus erat decretum ne qui Deus ab imperatore consecraretur nisi a Senatu probatus. *Ibid.* 15 : Ut supra perstriuximius status Dei cujusque in Senatus æstimatione pendebat. Deus non erat quem homoconsultus noluisset et nolendo damnasset.

(3) Ciceron : *Pro domo* XLIX (127) : Video esse legem veterem tribuniciam quæ vetat injussum plebis ædem, terram, aram consecrari.

ne peut avoir lieu, lorsqu'il est à la charge de la ville, que dans les mêmes conditions que l'affectation du sol public. Il peut aussi dans certains cas y avoir lieu à des actes religieux extraordinaires, dans un péril menaçant, dans le cas de prodiges survenus en plusieurs endroits, ou de naissances monstrueuses. On y pourvoyait dans les circonstances les plus graves par l'ouverture des livres Sibyllins qui ne peuvent avoir lieu par les décemvirs spécialement chargés de ce soin que sur un ordre du Sénat (1). Dans des cas spéciaux, comme un vice dans la célébration d'une fête on la recommençait, c'était une *instauratio*, quelquefois volontaire pour flatter le peuple (2); dans les cas de prodiges les consuls font des *feriæ* ou des *supplicationes*. Ce sont ces magistrats qui sont en général char-

(1) Tite-Live XXII. 1 : Decretum ut ea prodigia partim majoribus hostiis, partim lactentibus procurarentur et uti supplicatio ad omnia pulvinaria per triduum haberetur, cetera cum decemviri libros inspexissent ut ita fierent quemadmodum cordi esset divis e carminibus præfarentur. — Cicéron *de div.* II. 54 (112) : Sibyllam... sepositam et conditam habeamus ut... injussu senatus ne legantur quidem libri.

(2) Tite-Live : XXXIII. 25 : Ludi Romani eo anno in Circo scenaque ab ædilibus curulibus.... et magnificentius quam alias facti et lætius propter res bello bene gestas spectati, totique ter instaurati; plebei septies instaurati. Voir Tite-Live : XXV. 2. XXXI.4. XXXII.7. XXXIII.42. Parfois c'était dans un but politique. Cicéron. *Ad Quintum fr.* II ep. 6 : Consul est egregius Lentulus, non impediente collega... Dies comitiales eximit omnes nam etiam Latinæ instaurantur, nec tamen deerant supplicationes. Sic legibus perniciosissimis obsistitur, maxime Catonis.

gés des actes religieux à accomplir au nom du peuple ; de là vient sans doute que c'est dans leur maison que la fête célébrée par les femmes en l'honneur de la divinité au nom qu'il était sacrilège pour un homme de savoir, et qu'on désignait vaguement en l'appelant la Bonne déesse, avait lieu sous la direction de leur femme. Cette fête était faite « *pro populo* » et le sacrifice était accompli par les vestales ; lors de la violation du mystère par Clodius chez César (1), le Sénat en délibéra sur le rapport que lui en fit Q. Cornificius, alors *princeps*, et un Sénatus-Consulte en remit la décision au collège des Pontifes. Ceux-ci dé-

(1) Plutarque dans la vie de Cicéron c. 19 rapporte que Clodius fit pendant ces fêtes un outrage tellement grave à Pompeia la femme de César alors consul, que celui-ci à cause du scandale la répudia. C'est à ce propos que Cicéron dit : *de harusp. resp.* XVII : quod quidem sacrificium nemo ante P. Claudium omni memoria violavit, nemo umquam adiit,... nemo vir adspicere non horruit? quod fit per virgines Vestales, fit pro Populo Romano, fit in ea domo quæ est in imperio, fit incredibili cæremonia ; fit eæ Deæ cujus ne nomen quidem viros scire fas est, quam iste idcirco Bonam ditit. — Si Cicéron dit qu'un homme frissonne de les voir, c'est qu'on prétendait que que cela faisait perdre la vue. Voir Tibulle I. 6. v. 22. Cornelius Labeo nous a dévoilé les nombreux noms de cette déesse : Macrobe Saturn, I. 12 : Auctor est Cornelius Labeo... Maiæ ædem Kalendis Maiis dedicatam sub nomine Bonæ Deæ, et eamdem esse Bonam Deam et terram ex ipso ritu occultiore sacrorum doceri posse confirmat ; hanc eamdem Bonam Deam, Fannamque et Opem et Fatuam, pontificum libris indigitari... quam Varro Fauni filiam esse tradit adeo pudicam ut extra γυναικωνῖτιν numquam sit egressa, nec nomen ejus in publico fuerit auditum ; nec virum unquam viderit nec a viro visa sit, propter quod nec vir templum ejus ingreditur.

clarèrent qu'il y avait sacrilège et en exécution d'un Sénatus Consulte les Consuls portèrent devant le peuple une proposition de loi organisant une commission de juges. Cette loi ne passa pas, mais une autre et les juges nommés acquittèrent Clodius (1).

Les *feriæ* et les *supplicationes* sont très fréquentes ; les *feriæ* étaient spécialement affectées à l'expiation des pluies de pierres et duraient neuf jours (2) ; pour les tremblements de terre, pendant autant de jours qu'ils s'étaient fait sentir; les *feriæ* n'empêchaient pas les *supplicationes* pour le même fait 3). Dans les *supplicationes* les consuls

(1) Cicéron. *Ad Atticum.* I. 13 : Credo enim te audisse cum apud Cæsarem pro populo fieret, venisse eo muliebri vestitu virum ; idque sacrificium cum virgines instaurassent, mentionem a Q. Cornificio in Senatu factam (is fuit princeps) poste arcm ex Senatus consulto ad pontifices relatam, idque ab his nefas esse decretum ; deinde ex Senatus Consulto consules rogationem promulgasse ; uxori Cæsarem nuntium remisisse. Pour le jugement de Clodius voir lettre 15.

(2) Tite-Live I. 31 : Nuntiatum... est in monte Albano lapidibus pluisse. *Romanis*... ab eodem prodigio novemdiale Sacrum publice susceptum est..... Mansit certe solemne ut quandoque id prodigium nuntiaretur feriæ per novem dies agerentur — Le même fait se renouvela sur le mont Albain. (XXV. 7) et il fut fait de même.

(3) Aulu-Gelle II. 28 : Veteres Romani... ubi terram movisse senserant, nuntiatumve erat; ferias ejus rei causa edicto imperabant. — Tite-Live XXXV. 40 : Terra dies duo de quadraginta movit, per totidem dies feriæ in sollicitudine ac metu fuere : in triduum ejus rei causa supplicatio habita est. En 561 il y avait eu tant de féries pour les tremblements de terre que les affaires en avaient été arrêtées et qu'on fut obligé de défendre d'annoncer aucun nouveau tremblement (Tite-Live XXXIV-55). Suétone *Claudius* 22 : Observavit sedulo ut quoties terra in urbe movisset, ferias advocata concione prœtor indiceret.

étaient assistés par les édiles qu'on voit toujours intervenir dans les cérémonies religieuses : ils faisaient autour des *pulvinaria* des dieux des effusions d'eau parfumée de myrrhe (1) ; dans les sacrifices c'était à eux qu'appartenait le choix entre trois victimes de celle qu'il leur plaisait de sacrifier (2). Si les signes de la colère des Dieux se manifestent dans la ville même, c'est aussi ces magistrats qui recherchent les causes pour y apporter un remède. Ainsi le temple de Junon Reine sur l'Aventin fut atteint par la foudre au moment où dans le temple de Jupiter Stator des jeunes filles apprenaient un poème composé par Livius Andronicus destiné à être chanté par elles dans une cérémonie expiatoire d'un autre prodige. Les aruspices consultés répondirent que c'était affaire aux matrones, et qu'un don apaiserait la déesse. Ce fut un édit des édiles curules qui les convoqua au Capitole dans la zône du dixième milliaire autour de Rome ; la citation n'était probablement qu'une invitation, car sans aucun doute, leur compétence n'eut jamais telle étendue (3). C'est encore

(1) **Festus** : Murrata potione usos antiquos indicio est quod etiam nunc ædiles per supplicationes dis addunt ad pulvinaria et quod XII Tabulis cavetur ne mortuo indatur, ut ait Varro in Antiquitatum lib. I°.

(2) Optatam hostiam, alii optimam, appellant eam quam ædilis tribus constitutis hostiis optat quam immolari velit.

(3) **Tite-Live XXVII-37**. A propos de la naissance d'un enfant monstrueux : Decrevere item pontifices ut virgines ter novenæ per urbem euntes carmen canerent. Deum in Jovis Statoris æde discerent

sous une forme enjouée un témoignage de cette attribution, que l'épigramme de Martial (XI-103) où pour retenir
la langue d'une femme belle comme une statue, mais per-
dant tout charme à la moindre parole, il la menace de l'é-
dile qui verra certainement un prodige dans une statue
parlante :

Audiat ædiles ne te videalque caveto :
Portentum est quoties cœpit imago loqui.

En leur qualité de gardiens des temples les édiles sur-
veillent les cérémonies qui y sont faites et doivent veiller
qu'aucun culte étranger ne s'introduise. Dès l'an 326, Tite-
Live rapporte que, des rites inconnus s'accomplissant
dans les circonscriptions religieuses (*vicus*) et dans leurs
chapelles, les édiles furent chargés de rétablir partout le
culte national (1). En 542 il n'était pas question de leur

conditum ab Livio poeta carmen, tacta de cœlo ædes in Aventino Junonis Reginæ, prodigiumque id ad matronas pertinere aruspices cum
respondissent, donoque divam placandam esse, ædilium curulium
edicto in capitolium convocatæ quibus in urbe romana, intraque X
lapidem ab urbe domicilia essent, ipsæ inter se quinque et viginti
delegerunt ad quas ex dotibus stipem conferrent.

(1) Tite-Live IV-30. Nec corpora modo affecta tabo sed animos
quoque multiplex religio et pleraque externa invasit, novos ritus
sacrificandi vaticinando inferentibus in domos quibus quæstui sunt,
capti superstitione animi; donec publicus jam pudor ad primores
civitatis pervenit, cernentes in omnibus vicis sacellisque peregrina
atque insolita piacula pacis deum exposcendæ. Datum inde negotium ædilibus ut animadverterent ne qui nisi Romani dii, neu quo
alio more quam patrio colerentur.

donner une mission, mais ils furent vivement blâmés comme les triumvirs capitaux, par le Sénat, pour avoir laissé des troupes de femmes et de devins étrangers procéder à des sacrifices suivant des rites nouveaux en plein Capitole. Mais le mal était déjà si enraciné que vains furent les efforts de ces magistrats pour dissiper les attroupements du forum et qu'ils faillirent même subir la violence de la foule. Le Sénat comme c'était son devoir prit la chose en main et en remit l'exécution à un magistrat d'ordre plus élevé, au préteur urbain, qui fixa un délai dans lequel tous les écrits relatifs aux cérémonies et aux rites de la nouvelle religion devaient lui être apportés, et interdit à qui que ce fût de faire des sacrifices suivant les nouvelles formes dans les lieux publics ou sacrés (1).

(1) Tite-Live XXV. 1 : Tanta religio, et ea magna ex parte externa, civitatem incessit ut aut homines aut dii repente alii viderentur facti; nec jam in secreto modo atque intra parietes abolebantur Romani ritus, sed in publico etiam ac foro Capitolioque mulierum turba erat, nec sacrificantium nec precantium deos patrio more : sacrificuli ac vates ceperant hominum mentes... Primo secretæ bonorum indignationes exaudiebantur, deinde ad Patres etiam et ad publicam querimoniam excessit res. Incusati graviter ab Senatu ædiles triumvirique capitales quod non prohiberent, cum emovere eam multitudinem e foro ac disjicere apparatus sacrorum conati essent, haud procul abfuit quin violarentur. Ubi potentius jam esse id malum apparuit quam ut minores per magistratus sedaretur, M. Attilio prætori urbis negotium ab senatu datum est ut his religionibus populum liberaret, is et in concione Senatus Consultum recitavit et edixit ut quicumque libros vaticinos precationesve, aut artem sacrificandi conscriptam haberet, eos libros omnes litterasque ad se ante Kalendas Apriles

De même lorsqu'éclata la célèbre conjuration des Bacchanales, des mesures extraordinaires furent prises non
seulement pour Rome mais pour l'Italie, les Consuls reçurent des pouvoirs hors de leurs attributions pour procéder à une instruction criminelle. Puis le Sénat édicta non
seulement pour Rome, mais pour toutes les colonies d'Italie une défense de fêter les Bacchanales autrement qu'en
cas de nécessité et en s'adressant à Rome au préteur urbain qui en référerait au Sénat. Celui-ci statuerait avec une
présence de cent membres au moins; défense aussi de faire
des cérémonies en des endroits clos, sans satisfaire aux
mêmes conditions, et le nombre des assistants ne devait pas
dépasser cinq en tout, deux hommes et trois femmes. Le
texte de ce senatus-consulte fut envoyé avec une lettre si-
gnée des consuls enjoignant aux autorités locales de faire
afficher ces dispositions et de les faire exécuter. Ce senatus-consulte est de l'an 568 V. C. et une table de bronze
a été découverte en 1640 à Tirolio dans l'ancien Brutium
le contenant avec la lettre des consuls (1). Nous avons vu

deferret, neu quis in publico sacrove loco, novo aut externo ritu sa-
crificaret.

(1) Tite-Live XXXIX. Le Consul Sp. Portumius Albinus a reçu les
révélations du jeune Æbutius et de sa maîtresse, l'affranchie Hispala,
il garde celle-ci dans les combles de sa maison et place Æbutius chez
un de ses clients: Ita cum indices ambo in potestate essent, rem ad
Senatum Postumius defert. — *Ibid* 14 : censuit Senatus gratias consuli agendas..... Quæstionem deinde de Bacchanalibus sacrisque noc-

(p. 46) quelles missions furent données aux magistrats inférieurs : les édiles curules chargés de l'instruction criminelle contre les prêtres, les plébéiens, d'empêcher les
réuuions dans les lieux clos, attribution tout à rait hors des
leurs. Les triummvirs et les quinquevirs devaient redou-
bler de vigilance dans leurs fonctions.

turnis extra ordinem consulibus mandant... sacerdotes eorum sacrorum, seu viri seu feminæ essent, non Romæ modo, sed per omnia fora
et conciliabula conquiri ut in potestate consulum essent : edici præterea
in urbe Roma et per totam Italiam edicta mitti « ne quis qui Bacchis
initiatus esset coisse aut convenisse causa sacrorum velit neu quid talis
rei divinæ fecisse. Ante omnia ut quæstio de his habeatur qui coierint conjuraverintve quo stuprum flagitiumve inferretur. Hæc Senatus decrevit. Consules ædilibus curulibus etc. (Voir p. 46 n° 1) — *Ibid.*
18 : Datum deinde consulibus negotium est ut omnia Bacchanalia
Romæ primum, deinde per totam Italiam diruerent... In reliquum
deinde senatus-consulte cautum est, ne qua Bacchanalia Romæ, neve
in Italia essent ; si quis tale sacrum solemne et necessarium duceret,
nec sine religione et piaculo se id omittere posse, apud prætorem urbanum profiteretur prætor senatum consuleret, si ei permissum esset, cum
in Senatu centum non minus essent, ita id sacrum faceret dum ne
plus quinque sacrificio interessent, neu qua pecunia communis, neu
quis magister sacrorum aut sacerdos esset. — Pour compléter le récit si exact de Tite-Live et pour donner une idée du latin du Senatus-Consulte, nous en citons quelques passages : 1° Après la première
disposition permettant sous certaines conditions de célébrer les Bacchanales : Bacas vir ne quis adiesse velit ceivis Romanus neve nomi-
nus Latini neve socium quisquam nisei prætorem urbanum adiesent,
isque de senatuos sententiad, dum ne minus senatoribus C adessent
quom ea res consoleretur jousiset.... Sacra in oquoltod ne quisquam
fecisse velet neve in poplicod, neve in preivatod neve extrad urbem sacra
quisquam fecisse velet nisi prætorem etc.... Homines plous V. oinvor-
sei virei atque mulieres sacra ne quisquam fecisse velet, neve interi-
bei virei plous duobus, mulieribus plous tribus arfuisse velent nisi etc.

Les dépenses du Culte n'incombaient pas à ses prêtres, mais à l'État, et c'était le Sénat qu les approuvait (1).

§ 3. — SURVEILLANCE DES FUNÉRAILLES

Deux causes donnaient la surveillance des enterrements aux édiles, l'encombrement des rues, et les atteintes aux lois somptuaires ou plutôt aux dispositions des lois des XII tables que faisaient revivre l'édit de *funeribus* des édiles curules.

En ce qui concerne la circulation, il ne semble pas que l'édit s'en soit occupé ; le peu de textes que nous avons sur ce sujet ne mentionnent jamais que des applications de la seconde cause. Cependant il est hors de doute que dans les familles ayant le jus *imaginum* des chars figuraient dans les cortèges (2) et la loi municipale postérieure au témoignage que nous possédons de ce fait n'apporte aucune exception pour les enterrements à ses dispositions sur la circulation dans les rues de Rome. L'édit stutuait-il sur ce cas *juris civilis supplendi causa* ou

(1) Tertullien. *Apolog.* 13 : Publicos (deos) æque publico jure fœdatis quos in hastario vectigales habetis. Si Capitolium si olitorium forum petitus sub eadem voce præconis sub eadem hasta, sub eadem annoatione Questovis, divinitas addicta conducitur.

(2) Polybe VI 51 ἐὰν δὲ καὶ περιπεπτωκὼς... αὐτοὶ μὲν οὖν ἐφ' ἁρμάτων οὗτοι πορεύονται.

simplement l'ancien usage avait-il prévalu ? C'est ce que nous ne pouvons savoir. L'existence de l'édit a été sans raison mise en doute au siècle dernier (1). Les textes sont concluants : Cicéron propose un Sénatus-Consulte où une disposition invite les édiles curules à ne pas appliquer leur édit aux fénérailles de Servius Sulpicius, Rufus (2). Ovide énumérant les causes de la célèbre retraite à Tibur des joueurs de flûte (3) rappelle la partie de l'édit qui sans doute remettant en vigueur une prohibition de la loi des XII tables avait réduit à dix le nombre des joueurs de flûte aux enterrements (4) :

> *Adde quod ædilis, pompam qui funeris irent*
> *Artifices solos jusserat esse decem.* (Fast. VI. v. 665).

Enfin une inscription rappelle encore une des disposi-

---

(1) Bouchard : *Mémoires de l'Acad. des Inscript. et Belles Lettres.* t. XLII. Paris 1786.

(2) Cicéron *Philipp.* IX. 7 (17) : Senatum censere atque e republica existimare ædiles curules edictum quod de funeribus habeant, Ser. Sulpicii, Q. F. Lemonia. Rufi funeri remittere.

(3) Tite-Live (IX. 3o) A° 443, ne donne d'autre raison de leur départ que la prohibition des censeurs Appius Claudius et C. Plautius : Tibicines quia !prohibiti a proximis censoribus erant in æde Jovis vesci quod traditum antiquitus erat, ægre passi, Tibur uno agmine abierunt.

(4) Cicéron de legibus II. 25 (5y) : Cetera in XII minuendi sumptus lamentationesque funeris translata de Solonis fore legibus... Extenuato igitur sumptu, tribus riciniis et vinculis purpuræ et decem tibicinibus tollit etiam lamentationem...

tions de la loi des XII tables (1) figurant dans l'édit funé-
raire. (Orelli 48 : C. I. L. VI. 1375) :

M. VALERIVS MESSALA CORVINVS | P. RVTILIVS LVPVS L.
IVNIVS SILANVS | L. PONTIVS MELA. D. MARIVS | NIGER HEREDES C.
CESTI ET | L. CESTIVS QVA EX PARTE AD | EVM FRATRIS HEREDITAS
| M. AGGRIPPAE MVNERE PER| VENIT EX EA PECVNIA QVAM |
PRO SVIS PARTIBVS RECEPER(E) | EX VENDITIONE ATALLICOR(VM)
| QVAE EIS PER EDICTVM | AEDILIS IN SEPVLCRVM C. CESTI | EX
TESTAMENTO EJUS INFERRE | NON LICVIT.

Les héritiers testamentaires de C. Cestius et son frère
L. Cestius à qui le crédit de M. Agrippa, avait fait attribuer une partie de l'hérédité (peut-être à la suite d'une
querela inofficiosi testamenti pour la part léguée à
quelque affranchi ou à une personne peu honorable)
avaient voulu, pour exécuter le testament, mettre dans
son tombeau ses riches étoffes brochées d'or (2) ; mais ils
s'étaient heurtés à l'édit reproduisant sans doute la prohibition de placer de l'or dans les tombes, et chacun pour
sa part, de l'argent provenu de la vente faite par eux de
ces étoffes, ils avaient fait élever le monument sur lequel
cette inscription fut gravée (3). Mais toutes ces défenses,

---

(1) Cicéron *De leg.* II. 24 (60) : Qua in lege cum esset : neve aurum
addito, quam humane excipit altera lex : Quoi auro dentes vincti
(*sive* : juncti) escunt ast im cum illo sepelire urereve, se fraude esto.

(2) Pline, *Hist. nat.* VIII. 48 : Aurum intexere in... Asia invenit
Attalus rex, unde nomen Attalicis.

(3) Gruter (I p. 185) donne le dessin de ce tombeau avec les inscriptions sur deux faces : au couchant : C. Cestius. L. F. Pob. Epulo.

comme toutes celles qui visaient le luxe, furent vaines à Rome, où le luxe triompha définitivement dans les mœurs. D'ailleurs il était impossible ici de détruire une coutume qui chez les patriciens remontait aux origines de Rome, celle de faire figurer aux funérailles les ancêtres illustres en figures de cire ; et cette coutume était même devenue un privilège pour la *nobilitas* recrutée dans les familles dont les membres avaient occupé des magistratures curules, le *jus imaginum*.

Une pompe funèbre était pour la plèbe de Rome un spectacle et d'ailleurs s'annonçait de même (1), car c'est certainement une formule que prononce le parasite Phormio. (V. 8. v. 37.)

Exsequias hremeti quibus est commodum ire, hem tempus est ! (2)

Pr. tr. pl. VII vir epulonum. Au Levant : opus absolutum ex testamento diebus CCCXXX, arbitratu Ponti. P. F. Cla. Melæ heredis et Pothi. L. — Il dit qu'elle est encastrée dans un mur près de la porte de Saint-Paul. D'après le dessin c'est une vaste pyramide quadrangulaire, dont la hauteur comparée à celle des personnages représentés au pied, paraît être quatre fois plus grande.

(1) Suétone. *Claudius* XXI : Vox præconis... invitantis more solenni ad ludos.

(2) Cfr. Sil. Italic. XV. v. 595 et s. : Hannibal fait les funérailles de Marcellus avec toute la pompe usuelle, et mettant lui-même la torche au bûcher, il dit s'adressant aux siens : « Vos ite superbæ | Exsequias animæ et cinerem donate supremo | muneris officio. »

L'expression « *ire exsequias* » est technique — on dit de même et l'expression est restée dans la langue « *ire infilias* ». — C'est de cette annonce que parle aussi Cicéron *De leg.* II. 24 (61) : Reliqua sunt in more : funus ut indicatur.

En tête marchaient les joueurs de flûte, dix au plus, puis des pleureuses *(præficæ)* (1) et des bouffons (2). Puis venait le comédien chargé de jouer le rôle du défunt en imitant son allure et sa façon de parler. l'archimime (3), qui précédait immédiatement le cercueil. Alors se plaçait la partie vraiment originale du cortège composée de l'image du défunt suivie de la suite plus ou moins longue suivant la famille plus ou moins ancienne, des images des ancêtres. Laissons parler, pour être bien renseignés, le plus exact des historiens, Polybe écrivant à Rome ce qu'il a sous les yeux :

Après la mort de chaque illustre Romain, on fait en cire une reproduction la plus ressemblante qui se puisse du défunt et après les cérémonies terminées on enferme

(1) Nonius Marcellus. v. s. Præficæ dicebantur apud veteres quæ adhiberi selent funeri mercede conductu ut et flerent et fortia facta laudarent, Lucilius XXII *(Satyr)* Mercede quæ. | Conductæ flentalieno in funere præficæ | Multo et capillos scindunt et clamant magis. Plautus, Frivola : Superaboque omnes argutando præficas. — Varron de l. l. VII-65 : Præfica ut Aurelius scribit mulier ab luctu quæ conduceretur quæ ante domum mortui laudes ejus caneret..... Claudius scribit dicta quæ præficeretur ancillis quemadmodum lamentaretur præfica est dicta. Nonius Marcel. *Ibid* : Varro *de Vita pop. Rom. IV.* Deinde naeniam cantari solitam ad tibias et fides eorum qui ludis troicis cursitassent. Hæc mulier vocitata olim præfica usque ad bellum Punicum.

(2) Denys d'Halic. VII. 72.

(3) Suetone *Vespasien* 19 : in funere Favor archimimus personam ejus ferens, imitansque ut est mos facta ac dicta viri...

le masque dans un coffret de bois de la forme d'un petit temple et on le place dans l'endroit de la maison le plus ouvert au monde, l'*atrium*. Dans les solennités publiques ils ouvrent les coffrets et exposent les images. Que l'un des membres de la famille vienne à mourir, ils posent alors les masques sur des mannequins qu'ils drapent des vêtements de la dignité la plus haute qu'il occupa, avec l'appareil d'appariteurs correspondant. Arrivé au forum on s'arrête aux rostres, on dispose en ordre, à leur rang, sur leurs chaises curules, les images (1), et le fils, s'il est possible, ou le plus proche parent fait l'éloge du défunt (*laudatio funebris*) (2).

Le cortège se reformait ensuite et sortait de la ville pour procéder à l'ensevelissement ou à l'incinération, car depuis la loi des douze tables, l'intérieur de la ville était interdit (3).

C'était au temple de Libitina, une des personnifications de Vénus ou de Proserpine, que les entrepreneurs de pompes funèbres avaient leur matériel qu'ils vendaient

(1) Nous avons été obligé pour l'ordre logique d'interverser le texte de Polybe. C'est le chapitre 51 du livre 6...

(2) Polybe VI, 51 : λέγει... τὰς ἀρετὰς καὶ τὰς ἐπιτετευγμένας ἐν τῷ ζῆν πράξεις ὅταν συμβαίνει τους πολλους ἀναμιμνησκομενους καὶ λαμβάνοντας ὑπὸ τὴν ὄψιν τα γεγενοτα μὴ μόνον τους κεκοινωνηκότας τῶν ἐργων ἀλλὰ καὶ τους ἐκτὸς ἐπὶ τοσουτων γίνεσθαι συμπαθεις ὥστε μὴ τῶν κινδυνευόντων ἰδιον, ἀλλὰ κοινον του δήμου φαινεσθαι τὸ συμπτωμα.

(3) Plutarque. *Quest. Rom.* 23.

ou qu'ils louaient selon la nature des choses. Les entrepreneurs avaient pris leur nom de leur métier, car ils s'ap-
pelaient *libitinarii* comme le commerce lui-même *libitina* (1). Quand l'Etat prenait à sa charge les funérailles
d'un citoyen pour les services rendus il ne pouvait disposer
du matériel, il était obligé de traiter par voie d'enchères
avec les *libitinarii* ; dans un cas ceux-ci par patriotisme
se rendirent adjudicataires *nummo uno* (2).

La surveillance des sépultures était la suite naturelle de
la police des funérailles qui appartenait aux édiles. Elle
lui revenait aussi au point de vue de la suppression des
constructions faites contre la loi. Quel qu'en soit le motif,
hygiène, ou plutôt religion, il était défendu d'une façon
assez générale d'enterrer les morts dans les villes. La loi
d'Urso, par exemple, émet plusieurs de ces prohibitions
et charge les édiles de les faire observer dans la ville
et dans un certain périmètre ; l'amende contre le coupable
et la destruction du monument sont les moyens de

---

(1) Tite-Live. XL, 19. — Pestilentia.. in urbe tanta erat ut Libitina
nunc vic suffirent. t. XLI, 21.

(2) Valère Maxime. V, 2, 10 : Sit aliquis in summo splendore etiam
sordidis gratis locus Cornuto prætore funus Hirtii et Paunæ jussu
senatus locan ; qui tum Libitinam exercebant cum verum suarum
usum, tum ministerium sum gratuitum policiti sunt quia hi pro republica dimicantes occiderant perseveranti que prostitutione extuderint
ut exequiarum apparatus sestertio nummo ipsis præbentibus addice-
retur.

répression (1). Toutes ces dispositions étaient certainement empruntées à la loi Romaine. D'ailleurs des inscriptions mentionnent l'assentiment à obtenir des édiles de placer les corps dans des monuments préparés pour les recevoir (2). Les mêmes pouvoirs appartenaient aux tribuns de la plèbe et nous voyons par des inscriptions aussi qu'ils autorisaient le transport des corps (3).

(1) *Lex Coloniæ Juliæ Genetivæ*. C. 75: Ne quis intra fines oppidi coloniæve qua aratro circumductum erit hominem mortuom inferto neve ibi humato neve urito neve hominis mortui monimentum ædificato. Si quis adversus ea fecerit is c(olonis) c(oloniæ) G. Jul. HS ɔɔ d(are) d(amnas) esto... It que quot inædificatum erit IIvir ædilisve dimoliendum curanto. — Puis apparaît la religion : dans l'enceinte, si un homme a été enterré on fait des expiations ; Si adversus ea mortuus inlatus, positusve erit, expianto uti opoterbit. C. 74. Ne quis ustrinam novam, ubi homo mortuus combustus non erit propius oppidum passus D facito, qui adversus ea fecerit HS etc.

(2) C.I.L. VI. 12589: ...... eorum in hoc monumento sive | Sepulc. corp. per æ dil. inferri licebit.

(3) CIL. VI. 20.865 — Gruter 662, n. 8 : ...... | iisdem corporibus tralatis perm. trib. pl......

CHAPITRE TROISIÈME

SURVEILLANCE DU COMMERCE PUBLIC

§ 1. — Vérification des poids et mesures.

Les édiles, à Rome, avaient la vérification des poids et
des mesures employés par les marchands sur le marché
et dans leurs boutiques: si nous n'en avons de témoignage
que pour les édiles municipaux (1), il ne peut cependant en
avoir été autrement à Rome où les édiles avaient la garde
des modèles officiels qui se trouvaient au Capitole (2), consacrés, dit Priscien (*De ponderibus* v. 62-63.). à Jupiter
pour qu'on ne fausse pas leurs dimensions :

> *Amphora sit cujus formam ne violare liceret*
> *Sacravere Jovi Tarpeio in monte Quirites.*

(1) Perse. Sat. I v. 129 : | Italo quod honore supinus | Fregerit
heminas Areti ædilis iniquas.

Juvenal. Sat. X. v. 100 : | An Fidenarum Gabiorumque esse potestas
| Et de mensura jus dicere vasa minora | Frangere pannosus vacuis
ædilibus. Ulubris ?

(2) Voir M Mommsen (*Droit pub. Romain* IV, p. 194, n. 1).

Gruter (1) donne le dessin du congiaire de Farnèse, un vase de cuivre sur lequel est gravé en lettres d'argent incrustées l'inscription suivante :

IMP. CAESARE | VESPAS VI COS | T. CAES. AVG. F. IIII
MENSVRÆ | EXACTÆ IN | CAPITOLIO.

et en plus grosses lettres dessous P. X. Il ajoute qu'on ne croit pas qu'il soit authentique et c'est l'opinion admise. Toutefois l'inscription a pu être copiée d'un original. L'année où Vespasien fut consul pour la sixième fois avec son fils Titus, consul pour la quatrième, est l'an 75 de Jésus-Christ. Gruter (2) cite une inscription d'une once d'argent portant : *Exact, in C. St* qu'il faut probablement lire : *Exacta in Capitolina statera*, et il donne la représentation d'une once lui appartenant où il existe la même inscription moins la lettre finale *t*. Les étalons des mesures de capacité et de poids se trouvaient donc au Capitole. Quant aux mesures de longueurs, nous avons moins de renseignements à leur sujet dans cet ordre d'idées, car leur emploi sur les marchés des victuailles et des bestiaux était sans doute moins fréquent, mais il est possible que la longueur étalon se soit aussi déposée dans le même temple, Virgile et Frontin attribuant à Jupiter la délimitation des champs (3).

(1) P. 225, n° 5.
(2) P. 222, n° 8.
(5) Virgile. *Géorg.* I v. 125 : Ante Jovem nulli subigebant arva coloni |

Les édiles détruisaient les fausses mesures qu'ils saisissaient, en les brisant, ce qui était facile, puisqu'elles étaient généralement, pour la capacité, de terre cuite, et pour le poids, de marbre (1).

§ 2. — SURVEILLANCE DES MARCHÉS.

Le mot « *Forum* », dit Varron, désigne l'endroit où les plaideurs viennent vider leurs différends, et celui où les marchands apportent tout ce qui se vend ; de là viennent les noms donnés aux emplacements du deuxième genre pour indiquer leur destination spéciale (2) ; parmi ceux-ci, il cite le « *forum boarium* », le plus important à raison de la nature des transactions qui s'y faisaient et qui furent l'objet d'une réglementation particulière par les édiles curules que nous verrons plus loin ; ensuite, le « *forum olitorium»* où se vendaient toutes sortes de légumes et

---

ne signare quidem aut partiri limite campum | fas erat. Frontin. *De re agraria*. C. I *in fine* : Ante Jovem limites non parebant qui dividerent agros.

(1) Voir les textes de Perse et de Juvenal cités p. 205, n. 1. — Ulpien. Dig. : XIX-2-13 § 8. Si quis mensuras conduxerit easque magistratus frangi jusserit, si quidem iniquæ fuerunt...

(2) Varron. *De ling. lat.* V (IV) 146 : Quo conferrent suas controversias, et quæ vendere vellent et quo quæque ferrent, forum appellarunt ; ubi quid generatim additum, ab eo cognomen, ut boarium forum, forum olitorium, hoc erat antiquum Macellum ubi olerum copia.

où s'élevait la colonne « *lactaria* » au pied de laquelle on apportait les enfants pour leur donner du lait (1). C'était, ajoute Varron, l'antique *Macellum*. Il semble qu'il y ait eu une différence entre les deux mots *forum* et *macellum*, le premier étant un lieu découvert où, aux jours du marché, les gens de la campagne venaient étaler leurs marchandises, tandis que le *macellum* eût été une enceinte de bâtiments avec des boutiques. Varron, en effet, après avoir énuméré encore le *forum Piscarium* et le *forum Cupedinis*, dit que toutes ces victuailles se vendaient plus tard en un seul endroit appelé « *Macellum* » où des bâtiments avaient été construits par les censeurs Æmilius et Fulvius (2). Plus tard, on ajouta l'épithète de « *Magnum* » pour le distinguer du « *Livianum* ». C'est dans ce « *Macellum magnum* », entouré de colonnes de deux étages, que se dressait un dôme en l'honneur de Jupiter (3). On y vendait primitivement des

(1) Festus, v. 3 : Lactaria columna in foro olitorio dicta quod ubi infantes lacte alendos deferebant.

(2) Varron. *De l. l.* V. (IV) 147. (Suite du texte cité p. 207, n. 2) : Secundum Tiberim ad Junium forum piscarium vocant ; ideo ait Plautus, « apud piscarium ubi variæ res ». Ad corneta forum cupedinis a Cupedio ; quod multi forum cupidinis a cupiditate. Hæc omnia postquam contracta in unum locum quæ ad victum pertinebant et ædificatus locus ; appellatum Macellum...

(3) Varron. *Bimargus apud Nonium* : Sulcus quidquid in longitudine aculeatum est dici potest veterum auctoritate doctorum. — Varro Bimargus : Et pater divum trisulcum fulmen igni fervido mittat in tholum Macelli.

choses cuites (1) et l'on y louait des cuisiniers,lorsqu'on avait un repas à donner, parce que, dit Pline, on n'avait pas alors de cuisiniers parmi ses esclaves (2) et c'est là que nous voyons l' « *Avare* » de Plaute trouver trop cher pour les noces de sa fille, les poissons, le mouton, le bœuf, le veau et le porc, tandis que le généreux Mégadore fait venir un diner avec des cuisiniers dont il a loué les services (3). Dans les cabarets et les auberges, on vendait aussi des choses cuites à emporter (4).

Mais plus tard, on trouve la vente des mets cuits et des pâtisseries défendue dans les lieux publics. Peut-être César fut-il l'auteur de cette prohibition, car Suétone le montre appliquant rigoureusement les dispositions des lois somptuaires et posant des gardes au marché pour

(1) Festus *Ep.* : Macellum dictum a Macello quidem qui exercebat in urbe latrocinia ; quod damnato censores Æmilius et Fulvius statuerunt, ut in domo ejus opsonia venderentur. *Opsonia* ou *obsoniu* désigne toujours, en dehors du pain, des aliments cuits.

(2) Pline, *H. n.* XVIII-II : Nec cocos vero habebant in servitiis, eosque ex macello conducebant.

(3) Plaute. *Aulularia*, II. 8 : Euclio. — Volui animum tandem confirmare hodie meum | ut bene me haberem filiai nuptiis : | venio ad macellum, rogito piscis, indicant | caros ; agninam caram, caram bubulam, vitulinam, cetum, porcinam, cara omnia. — *Ibid.*, II. s. 6 : Quid vis ? — Hos ut accipias cocos | , tibicinamque obsoniumque in nuptias | Megadorus jussit Euclioni hæc mittere. — *Ibid.*, III, 3 : Euclion au cusinier : Intro abi ; opera huc conducta est vostra, non oratio.

(4) Martial I-42, v. 9 : Fumantia qui tomacla raucos | circumfert tepidis cocus popinis.

confisquer ces mets cuits mis en vente contre la loi (1).
Tibère attribua au Sénat le soin de régler chaque année
cette question pour les marchés (2), et Claude, sans
raison, punit un sénateur de la relégation pour avoir
frappé d'amende pendant son édilité les propres colons de
ses domaines qui avaient vendu des mets cuits ; c'est à
partir de ce moment que, par décision de cet empereur,
les édiles perdirent cette attribution qu'ils avaient depuis
fort longtemps ; car du temps de Plaute déjà, ils jetaient
les marchandises prohibées et même les autres (3). On ne
voit pas clairement le motif de cette disposition dans une

(1) Suétone. *Julius Cesar*, 43 : Legem præcipue sumptuariam
exercuit, dispositis circa macellum qui opsonia contra vetitum retinerent, deportarentque ad se.

(2) Suétone. *Tiberius*, 54 : Censuit annonam Macelli Senatus arbitratu quotannis temperandam, dato ædilibus negotio popinas ganeas-
que usqueo inhibendi ut ne opera quidem pistoria proponi venalia
sinerent.

(3) Suétone. *Claudius*, 38 : Senatorem... relegavit... quod hic in
ædilitate inquilinos prædiorum suorum contra vetitum cocta vendentes
multasset, villicumque intervenientem flagellasset; qua de causa etiam
coercitionem popinarum ædilibus ademit. — Plaute. *Rudens*, II. 5.
v. 42 : Neptunus ita solet ; quamvis fastidiosus [ædilis est si quæ
improbæ sunt merces jactat omnia. — Nous pensons que ce texte peut
parfaitement s'appliquer aux édiles Romains malgré qu'en ait
M. Mommsen qui (man. IV, p. 195, n. 1 *in fine*) le « rapporte en première ligne aux agoranomes helléniques. La scène du Rudens est bien
loin de la Grèce, à Cyrène, en Afrique et il ne s'agit là que d'une
comparaison où les institutions grecques n'ont rien à voir, mais qui,
au contraire, doit, pour être entendue des spectateurs romains,
s'appliquer à des choses connues d'eux.

loi somptuaire, car, certainement, ce qu'on trouvait tout cuit au marché ne pouvait être que fort simple et il faut chercher ailleurs la raison : Métellus, dans la guerre de Jugurtha, édicta que personne ne vendit dans le camp du pain ou tout autre aliment cuit, enlevant ainsi ses plus puissants moyens à la mollesse, dit Salluste (1). Dans une pensée analogue n'a-t-on pas cherché à éloigner les gens des cabarets et de tous ces lieux d'oisiveté et de débauche, en les obligeant à rentrer chez eux s'ils voulaient manger des aliments cuits ?

Enfin la surveillance des édiles portait aussi sur les choses permises mises en vente, pour en vérifier la qualité et ré- primer les fraudes. C'est ainsi que Plaute qualifie d'édic- tions édiliciennes les menaces que profère un parasite contre les marchands de poisson qui vendent de la marchandise avariée qui empuantit le marché, contre les bouchers qui vendent comme reproductrices des brebis bréhaignes, qui, se chargeant pour un prix d'abattre des agneaux, rendent au lieu de leur chair la viande d'animaux d'un âge double, et qui appellent mouton un vieux bélier à chair coriace (2).

---

(1) Bell. Jugurth., 45 : Edicto primo adjumenta ignaviæ sustulisse (Metellum) ne quisquam in castris panem aut quem alium cibum coc- tum venderet.

(2) Plaute : Capteivei IV. 2 v. 54 et seq. : Tum piscatores qui præ- bent populo piscis fœtidos, | ..... | quorum odos subbasilicanos om- nis abigit in forum, | eis ego ora verberabo sirpiculis piscariis. | ... | Tum lanii autem qui concinnant liberis orbas oves, | qui locant cædun-

Le *forum boarium*, comme nous l'avons dit, appela surtout l'attention de l'édile par l'importance des transactions qui s'y faisaient. Pour indiquer sa destination on y avait placé le simulacre d'un bœuf en airain provenant de l'île d'Egine, en face du Pirée, célèbre pour son art de fondre le métal (2).

dos agnos et duplam agninam danuut | qui petroni nomen induut verveci sectario, | eum ego si in via petronem publica conspexero | et petronem et dominum reddam mortales miserrumos. — Hegio qui l'entend dit en *a parte* : Eugepæ! edictiones ædilitias hic quidem habet. Pas plus que M. Mommsen (Man. IV. 204 n. 5) nous ne conclurons de la première « ed.ction » que l'édile ait eu le droit de prendre des mesures contre les mauvaises odeurs, mais seulement de punir le fait de mettre en vente de la marchandise pourrie. Il faut remarquer que les châtiments annoncés sont corporels ; nous verrons plus loin que ce genre de peine aboli et prohibé, n'a survécu dans certains cas qu'au profit des édiles. Le vers relatif aux bouchers qui « *locunt cædundos agnos* » etc. est généralement regardé comme obscur par les interprètes qui vont chercher très loin un sens faux, et qu'aucune construction grammaticale n'autorise. Saumaise, par exemple entend que les bouchers vendent deux fois plus d'agneaux que de moutons. Leur erreur vient de ce qu'ils comprennent mal l'expression « *locare cædundos agnos* ». Dans la langue stricte du droit il faudrait puisqu'il s'agit d'un louage *operis* la terminologie inverse de celle du louage de choses, et ici Plaute aurait dû dire *conducere*, puisque dans ce cas le propriétaire de l'objet est regardé comme *locator*. Ce qui prouve que Plaute s'exprime autrement, c'est que dans la contre-partie, lorsqu'il s'agit du propriétaire, qui loue les services du boucher il emploie *conducere* : Aulul. III. 6, v. 51. Mégadore annonce à Euclion qu'il a acheté un agneau pour le repas de noces et celui-ci lui faisant observer qu'il ne l'a pas vu. il lui répond : *Cædundum illum ego conduxi*. Dans ce dernier passage le doute n'est pas possible.

(2) Pline *H. n.*XXIII. c. 2 *in fine*: Antiquissima æris gloria Deliaca

Si le nom de ce marché ne rappelait que l'un des différents genres de bestiaux qui s'y vendaient, c'est que le
bœuf était singulièrement en honneur dans les origines de
Rome. Il faisait la richesse de l'Italie où il abondait tellement que d'après l'historien Timæus et l'érudit Varron, le
nom même de ce pays était celui de l'animal dit dans la
vieille langue grecque ἰταλός (1) ; il était la victime majeure,
le signe de l'agriculture et le métal avec une empreinte
qui formait la monnaie primitive portait son effigie (2) ;
c'est qu'en effet à l'origine il fut la « *res mancipi* » par
excellence et sur ce marché où peut être longtemps les
« *res mancipi* » furent seules vendues, comme tendrait à
le faire supposer l'édit des édiles curules (3), il en était
aussi le symbole. En ce qui concerne les esclaves sur la
foi d'un texte de Senèque mal interprété on a voulu

fuit.... Proxima laus Ægenetico fuit ; insula ipsa est nec gignens sed
officinarum temperatura nobilitata. Bos æreus inde captus in foro
boario est Romæ : hic est exemplar æginetici æris.

(1) Aulu-Gelle XI-I : Timæus in historiis quas oratione græca de
rebus populi romani composuit, et M. Varro in antiquitatibus rerum
humanarum terram Italiam de græco vocabulo appellatam scripserunt
quoniam boves Græca veteri lingua ἰταλοί vocitati sunt, quorum in
Italia magna copia fuerit, buceraque in ea terra gigni pascique solita
sint compluria.

(2) Pline *H. n.* XVIII. 3 : Servius Rex ovium boumque effigie primus
æs signavit.

(3) Aulu-Gelle IV. 2 : In edicto Ædilium curulium, qua parte de
mancipiis vendundis cautum est.... Ulpianis *Dig.* XXI 1. 181. Aiunt
Ædiles : Qui mancipia vendunt....

M. Dezobry entre autres) soutenir que ce n'était pas au *forum boarium* que leur marché se tenait, mais dans les boutiques avoisinant le temple de Castor; sans doute il se faisait là un trafic des esclaves de la pire espèce (1), mais ce n'étaient que des ventes isolées, fréquentes probablement, mais certainement il était matériellement impossible que la multitude de ces esclaves, envoyés après les victoires des Romains en Asie et en Afrique pour être vendus, pût tenir dans des espaces aussi restreints; d'ailleurs où et comment eût-on pu élever ces échafauds avec des plates-formes où l'on exposait à l'appréciation du public, derrière les barreaux des grilles, les esclaves aux pieds blanchis (2); et ces machines tournantes qui les montrait sous toutes les faces (3) tandis que d'autres avaient un voile qui ne se soulevait que pour certains amateurs? Ils étaient si nombreux que dans le marché il y avait des enclos comme pour le suffrage (4).

(1) Sénèque *De Const. sap.* 13 : Num moleste feram si mihi non reddiderit nomen aliquis ex his qui ad Castoris negotiantur, nequam mancipia ementes vendentesque quorum tabernæ pessimorum servorum turba refertæ sunt? — Plaute. *Curculio* IV. I. v. 20 Pone ædem Castoris ibi sunt subito quibus credas male.

(2) Tibulle. II. 4 v. 61 : Nota loquor : | regnum ipse tenet quem sæpe coegit | Barbara gypsatos ferre catasta pedes. | Perse VI. v. 77 : | Vende animam lucro, mercare atque execute solers | Omne latus mundi ne sit præstantior alter, | Cappadocas rigida pingues plausisse catasta. | Martial : IX. 30 v. 5 : Non illam mille catastæ vincebant.

(3) Stace. Sylv. II. IV. 72 : Non te barbariæ versabat turbo catastæ.

(4) Martial IX. 60 : | Inseptis Mamurra diu multumque vagatus, |

§. — Edit des Ediles Curules

Dans cette matière le droit des édiles curules ne se limita pas à une simple surveillance, mais dans les contestations qui s'élevèrent sur le marché entre vendeurs et acheteurs, ils intervinrent non seulement pour empêcher letrouble de l'ordre public, mais pour juger le différend et furent ainsi amenés à s'occuper de ces contrats d'où naissait une action civile qui selon la procédure formulaire donnait lieu à un « *judicium inter privatos* », procès organisé par le magistrat et jugé par un juge ou des récupérateurs. C'était au préteur qu'ordinairement cette organisation revenait, ici les édiles curules créèrent peut-être les actions relatives aux vices, car leur existence n'est pas certaine à cette époque dans le droit civil (1) et ils délivrè-

Hic ubi Romæ suas aurea vexat opes, | Inspexit molles pueros, oculisque comedit, | Non hos quos primæ prostituere casæ, | sed quos arcanæ servant tabulata catastæ, | Et quos non populus, nec mea turba videt.

(1) Cicéron. *De officiis* III-16 (65) : Cum ex XII tabulis satis esset præstari quæ essent lingua nuncupata, quæ quis inficiatus esset dupl; pœnam subiret, a jureconsultis etiam reticentiæ pœna est constituta — *ibid* 17 (71) Nec vero in prædiis solum jus civile, ductum a natura, malitiam fraudemque vindicat, sed etiam in mancipiorum venditione venditoris fraus omnis excluditur : qui enim scire |debuit de sanitate. de fuga, de furtis præstat edicto ædilium.

rent la formule : ils devinrent magistrats judiciaires tout en restant en collège, tandis que chaque préteur avait une compétence spéciale, sans collègue. Toutefois les édiles n'en eurent pas davantage l'*imperium* et n'ayant que le *potestas*, ils ne purent émettre d'interdits, ni envoyer en possession, mais seulement procéder par la voie de délivrance d'actions. Bien que la question ait été controversée et qu'on ait soutenu que par suite du rapprochement des deux édilités les pouvoirs devinrent égaux (1), le « *jus edi cendi* » n'a jamais existé pour les édiles plébéiens et un texte de Pomponius qu'on pourrait alléguer à l'appui se détruit lui-même pour en dire trop, car il attribue aussi ce droit aux édiles *ceriales* (2); tous les textes relatifs à l'édit ajoutent invariablement la mention d'édiles curules. L'origine de l'édit remonte certainement à ce droit de réprimer les fraudes des marchés auquel nous avons vu une allusion dans les édictions du parasite de Plaute. Puis c'était surtout dans les ventes d'esclaves que le besoin de la protection de l'acheteur était le plus impérieux contre ces roués marchands, véritables maquignons (*mangones*) qui, connaissant à fond les vices de leur marchandise, savaient habilement les dissimuler. C'était des objets d'un grand prix et si l'acheteur, comme cela se voyait souvent, avait

(1) Daremberg et Saglio *Dict. des antiq. grecq. et Rom.* v° Ædiles.
(2) Dig. I. 2 2§ 54 : Sex ædiles in civitate jura reddebant.

été trompé, il se trouvait sans recours contre ces gens étrangers pour la plupart et vite disparus après l'écoulement de leurs esclaves vicieux. Ainsi intervinrent les prescriptions de l'édit dont nous ne dirons que quelques mots, le fond appartenant au droit civil. Tel que nous le connaissons, l'édit des édiles curules est conçu sur un plan parallèle à celui du préteur, les édictions suivies des formules d'actions; il est très probable qu'il fut codifié par Julien comme l'édit prétorien (1) et sans se confondre avec lui, car Gaïus après la réforme dit que le *jus edicendi* existe au profit des magistats Romains et que le plus grand exemple en est dans les édits du préteur urbain, du préteur pérégrin et des édiles curules (2).

Voici dans quel ordre les différents objets dont il s'occupe sont disposés :

Le premier chef concerne la vente des esclaves (*De mancipiis vendundis*).

---

(1) Justinien Præfationes. I De concept. Dig. *const. omnem* § 4, où il explique les remaniements qu'il a faits dans l'ordre des dispositions de l'édit et *ibid* II *de confirm. Dig. Const. tanta* § 18 : ipse Julianus legum et edicti perpetui subtilissimus conditor...... et Divus Hadrianus in compositione edicti et S. C. quod eam secutum est hoc apertissime definivit ut si quid in edicto positum non inveniturhoc ad ejus regulas, ejusque conjecturas et imitationes possit nova instruere auctoritas.

(2) Comm. I § 6 Edicta sunt præcepta eorum qui jus edicendi habent. Jus edicendi habent magistratus populi Romani sed amplissimum jus est in edictis duorum prætorum, urbani et peregini.... item in ædictis ædilium curulium.

Il ordonne aux vendeurs de déclarer à haute voix au moment de la vente les vices et les causes d'éviction, maladies, défauts naturels, état de fuite et noxalité. Cette déclaration à haute voix était d'introduction plus récente car Aulu-Gelle nous dit que précisément dans cette partie de l'édit, il était prescrit que pour chaque esclave il y eût un écriteau où l'on pût lire ce que l'édit du digeste ordonne de déclarer (1).

Cependant le vendeur pouvait s'affranchir de la garantie en le coiffant d'un bonnet phrygien *(pileum)* signe de la liberté (2).

Le second chef vise les bêtes de somme. Une déclaration sur les vices et les maladies doit aussi être faite à haute voix et les ornements mis au cheval pour attirer l'attention des acheteurs doivent être livrés avec lui sous peine de l'action redhibitoire pour les ornements non fournis dans les soixante jours.

Nous avons vu le troisième chef à propos des mesures

(1) Aulu-Gelle IV 2 : In edicto ædilium curulium qua parte de mancipiis vendundis cautum est scriptum sic fuit : Titulus servorum singulorum ut scriptus sit curato, ita ut intelligirecte possit quid morb vitiique cuique sit ; quis fugitivus errovesit, noxave solutus non sit.

(2) Aulu-Gelle VII. 4 : Pileatos servos venum solitos ire quorum nomine venditor nihil præstaret, Cœlius Sabinus juris peritus scriptum reliquit. Cujus rei causam esse, aut quod ejusmodi conditionis mancipia insignia esse in vendendo deberentur emptores errare et capi non possent.

de sécurité dans les rues, il est relatif aux animaux dangereux et est étranger par conséquent à notre sujet actuel.

Le quatrième revient aux ventes et traite de la *stipulatio duplæ* pour l'éviction, si toutefois on admet que cette stipulation existât dant l'édit (1).

Les sanctions données à ces obligations par l'édit des édiles curules sont: 1° l'action rédhibitoire tendant à la résolution de la vente, c'est-à-dire à la remise des choses en l'état primitif; elle a lieu, lorsque la déclaration n'a pas été faite, ou lorsque des vices importants ont été découverts dans un délai de 6 mois utiles du jour de la vente. Elle est encore donnée dans le cas où le vendeur refuse la promesse de garantie, mais dans un délai de deux mois seulement.

2° *L'actio æstimatoria* a des effets moins graves, ne tendant qu'à une diminution de prix dans un délai d'un an utile de la découverte des vices.

Enfin les auteurs sont très partagés sur l'existence d'autres actions édilitiennes ; les partisans de cette hypothèse citent un texte de Gaïus où l'acheteur, dans le cas où le vendeur n'a pas fait la promesse de garantie, a l'option de l'action rédihitoire dans les deux mois, ou de l'action qu'ils nomment *« quanti intersit »*, termes em-

---

(1) Voir le texte de l'édit restitué par M. Lenel dans la deuxième édition des *fontes juris* de Bruns (Quinta editio Théodori Mommsen. Fribourg en Brisgau 1887.)

pruntés à ce texte, dans les 6 mois et qui dans ces conditions n'est plus qu'*æstimatoria* (1).

La juridiction des édiles curules s'etendit-elle plus tard
aux actes commerciaux conclus hors du marché ? C'est
une question sur laquelle le défaut de renseignements ne
permet pas de se prononcer. La prescription que nous avons
vu rapporter par Aulu-Gelle de mettre un écriteau à chaque esclave ne convenant qu'aux ventes sur le marché
semble un argument pour la négative.

(1) Gaius. *Dig.* XXI. 1.28 : Si venditor de his quæ edicto ædilium
continentur non caveat, pollicentur adversus eum ad redhibendum judicium intra duos menses, vel quanti emptoris intersit, intra sex menses.

CHAPITRE QUATRIÈME

Le rôle du Sénat intervenant dans les circonstances extraordinaires où la sécurité de l'État est en jeu, est celui d'un conseil suprême des magistrats, dont l'avis à la fin de la République, sous la forme du Senatus-Consulte était devenu pour eux obligatoire. Mais comme ce résultat ne fut obtenu qu'au prix d'une longue lutte on ne peut poser une règle précise des cas d'application de ce pouvoir. Il faut procéder par des exemples et voir comment les questions les plus importantes furent résolues par le concours nécessaire du magistrat et du Sénat.

— *Conspirations menaçant la Constitution de l'État.* — Lorsque fut dévoilée la conjuration de Catilina, bien qu'il n'appartînt pas au Sénat d'enlever le droit de provocation dans les cas où il existait, Cicéron se crut suffisamment autorisé par un Senatus-Consulte qu'il sollicita, pour faire mettre immédiatement à mort les conjurés Lentulus, Cethegus et autres (1). Si, après son consulat

(1) Salluste. *Bell. Cat.* 55 : Potsquam.... Senatus in Catonis senten-

les tribuns de la plèbe Q. Metellus, Nepos et Bestia, lui reprochant d'avoir exécuté « *injussu populi* » des citoyens, voulurent l'empêcher de parler au peuple et ne lui permirent que de prêter le serment d'usage qu'il n'avait rien commis contre les lois : Cicéron jura qu'il avait sauvé la république et son serment fut confirmé par l'assemblée du peuple qui lui décerna le nom de sauveur et de père de la patrie (1).

tiam discessit, consul optumum factu ratum noctem quæ instabat antecapere ne quid eo spatio novaretur triumviros quæ supplicium postulabat parare jubet; ipse, præsidiis dispositis, Lentulum, in carcerem deducit, idem fit ceteris per prætores. Est in carcere locus quod Tullianum appellatur...., In eum locum postquam demissus Lentulus, vindices rerum capitalium quibus præceptum erat laqueo guleam frangere... De Cethego, Statilio, Gabinio, Cepario codem modo supplicium sumtum.

(1) Ciceron. ad famil. V. 2 : Ille (Q. Metellus Nepos).... pridie Kalend. Januarias, qua injuria nemo umquam in aliquo magistratu improbissimus civis affectus est, ea me consulem affecit, cum rempublicam conservassem, atque abeuntem magistratu concionis habendæ potestate privavit; cujus injuria mihi tamen honori summo fuit : nam cum ille, nisi ut jurarem permitteret, magna voce juravi verissimum, pulcherrimumque jusjurandum, quod .populus idem magna voce me vere jurasse juravit. — Juvenal : Roma parentem | Roma patrem patriæ Ciceronem libera dixit (Sat. VIII. V. 245). Pline. *H. n.* VII. 30 : M. Tulli... tuum Catilina fugit ingenium... Salve primus omnium parens patriæ appellate! — Aulu-Gelle (XVIII. 7) dit que Cicéron avait fait sur le discours de Metellus un livre intitulé : *Contra concionem Metelli.* Et Cicéron dans une lettre à Atticus (I. 15 *in fine*) dit qu'il lui envoie le livre fait sur ce discours de Metellus, avec quelques augmentations : In illam orationem Metellinam addidi quædam ; liber tibi mittetur.

Associations religieuses illicites. — Nous avons déjà mentionné le Senatus-Consulte des Bacchanales (p. 194-195, et le texte de Tite-Live cité p. 194 n. 1), le Consul réfère de sa découverte au Sénat et celui-ci délibère et attribue des pouvoirs criminels extraordinaires aux consuls. Nous avons vu aussi qu'en 326 le Sénat avait chargé les édiles d'empêcher l'invasion des cultes étrangers, et qu'en 542, le préteur à son tour avait reçu une mission du Sénat dans des circonstances analogues (p. 192 et 193).

Répétition d'un même crime résultant d'une entente secrète. — Tite-Live fait le récit suivant, qu'il ne donne pas comme d'une authencité absolue, dans le vif désir qu'il a qu'il soit controuvé. En 423 les premiers d'entre les citoyens périssaient tous d'une façon analogue ; une esclave dévoila à Fabius Maximus alors édile curule que les matrones se réunissaient pour distiller les poisons qui étaient la cause de ces morts. L'édile en informa les consuls qui en référèrent au Sénat. Les Consuls chargés par le Sénat procédèrent à la première instruction de ce genre et cent soixante-dix matrones furent condamnées (1). En

(1) Tite-Live VIII, 18 : illud pervelim (nec omnes auctores sunt) proditum falso esse, venenis absumptis quorum mors infamem annum pestilentia fecerit. Cum primores civitatis similibus morbis, eodemque ferme omnes eventu morerentur, ancilla quædam ad Q. Fabium Maximum ædilem curulem, indicaturam se causam publicæ pesti professa est si ab eo fides sibi data esset haud futurum noxæ indicium. Fabius confestim rem ad consules consules, ad Senatum referunt

574 de nouveaux bruits d'empoisonnement commencèrent à courir et deux préteurs, l'un dans la ville et un rayon s'étendant à l'entour au dixième mille, et l'autre en dehors dans les colonies furent chargés de l'instruction (1).

Incendies allumés par la malveillance. — En 544 le feu prit en plusieurs endroits touchant au forum, le feu gagna les maisons particulières, la prison des Lautumies, le forum Piscatorium et l'Atrium royal et brûla jour et nuit. La malveillance était évidente pour le nombre et la diversité des endroits où le feu s'était développé tout d'un coup. Le Consul, sur l'invitation du Sénat, déclara devant le peuple assemblé que quiconque ferait connaitre les coupables, homme libre recevrait une récompense et esclave la liberté. Un esclave de la famille Calaria de Capoue désigna ses maitres et d'autres jeunes nobles vengeurs de leurs parents mis à mort par Q. Fulvius (2).

consensuque ordinis fides indici data. Tum patefactum muliebri fraude civitatem premi, matronasque ea venena coquere ;.. Coquentes quasdam medicamenta et recondita alia invenerunt. Quibus in forum delatis et ad viginti matronis apud quas deprehensa erant per viatorem accitis... Comprehensæ.. magnum numerum matronarum indicaverunt ex quibus ad centum septuaginta damnatæ ; neque de veneficiis ante eam diem Romæ quæsitum est.

(1) Tite-Live : XI. 57: Fraudis... humanæ insinueverat suspicio animis et veneficii quæstio ex. S. C. quod in urbe propiusve urbem millibus passuum esset commissum C. Claudio prœtori ; ultra decimum lapidem per fora conciliabulaque C. Macnio.

(2) Tite-Live XXVI, 27 ; Nocte quæ pridie Quinquatrus fuit, pluribus simul locis circa forum incendium ortum. Eodem tempore septem

Attaques et meurtres à main armée. — Ainsi dans la rencontre sur la voie appienne des partisans de Clodius et de ceux de Milon où le premier fut tué, Pompée, fait consul par l'interroi porta en vertu d'un sénatus-consulte une loi *de vi* visant nominalement le meurtre de Clodius, l'incendie de la curie et l'assaut donné à la maison de M. Lepidus, l'interroi (2).

Usurpation de la qualité de citoyen. — Des légats de villes latines étaient venus exposer leurs doléances sur le dépeuplement de leurs cités au Sénat et ils en attribuaient

tabernæ... arsere: comprehensa postea privata ædificia cum prehensa Lautumiæ forumque piscatorium et atrium regium ; nocte ac die continuatum incendium fuit. Nec ulli dubium erat humana id fraude factum esse quod pluribus locis simul et iis diversis ignes coorti essent. Itaque consul ex auctoritate senatus pro concione edixit qui quorum opera id conflatum incendium profiteretur prœmium fore, libero pecuniam, servo libertate ; Campanorum Calaviorum servus indicavit dominos et quinque præterea juvenes nobiles Campanos quorum parentes a Q. Fulvio securi percussi erant, id incendium fecisse.

(2) Ciceron. *Pro Milone.* V, (13). Hanc vero quæstionem, etsi non est iniqua numquam tamen senatus constituendum putent erant enim leges erant quæstiones vel de cæde vel de vi, nectantum mærorem ac luctum senatui mors P. Clodii afferebatur nova quæstio constitueretur. Cur igitur incendium curiœ, oppugnationem ædium M. Lepidi, cædem hanc ipsam contra rempublicam senatus factum esse decrevit? Quie nulla vis umquam et in libera civitate suscepta inter cives non contra rempublicam. *Ibid.* VI (14). Itaque ego ipse decrevi cum cædem in Appia factam esse constaret, non eum qui sedefendisset contra rempublicam fecisse... (15) at enim Cn. Pompeius rogatione sua et de re et de causa judicavit tulit enim de cæde quæ in Appia facta esset in qua P. Clodius occisus fuit. Quid ergo tulit? nempe ut quæreretur

la cause à l'immigration de leurs concitoyens à Rome où
ils acquéraient la cité en fraude des dispositions du traité ;
ils demandaient donc la répression de ces contraventions ;
l'injonction aux émigrés de retourner dans leur patrie, et
la nullité dans l'avenir des acquisitions de la cité dans ces
conditions. En 577, le Sénat leur accorda ce qu'ils dési-
raient en rendant un senatus-consulte en vertu duquel le
consul C. Claudius porta la loi *de sociis* et fit un édit enjoignant à tous les latins recensés par les censeurs M. Claudius et T. Quintius de retourner chacun dans leur cité
d'origine avant une date déterminée. Les contrevenants
seraient soumis à une instruction faite par un préteur,
avait en outre décidé le Sénat (1).

*Expulsion en masse des étrangers, ou d'une catégorie
de gens.* — Les Volsques à l'instigation d'Attius Tullus,

(1) Tite-Live, XLI, 8: Moverunt senatum legationes socium nominis
Latini.... Summa querelarum erat cives suos Romæ censos plerosque
Romam commigrasse. Genera autem fraudis duo mutandæ viritim
civitatis inducta erant. Lex sociis ac nominis Latini qui stirpem ex sese
domi relinquerent dabat ut cives Romani fierent; ea lege male utendo,
alii sociis alii populo Romano injuriam faciebant.... Hæc ne postea
fierent petebant legati et ut redire in civitates juberent socios.. Si quis
ita civis Romanus factus esset, civis ne esset. Hæc impetrata ab senatu. — *Ibid.* 9. Legem.... de Sociis. C. Claudius tulit senatus consulto et edixit qui socii ac nominis Latini, ipsi majoresve eorum,
M. Claudio T. Quinctio censoribus postque ea apud socios nominis
latini censi essent ut omnes in suam quisque civitatem ante kal. novembres redirent. Quæstio qui ita non redissent L. Mummio prætori
decreta est.

l'un des leurs fixé à Rome, avaient accouru en grand nombre aux jeux donnés en 263. Puis Attius avait fait entrevoir au consul le danger de cette affluence ; le consul en référa au Sénat ; un senatus-consulte ordonna l'expulsion des Volsques et des hérauts mirent tout de suite la chose à exécution (1).

Sous le consulat de C. Fannius Strabo et de M. Valerius Messala, en 593, M. Pomponius, préteur, présidant une séance du Sénat, mit en discussion la question des philosophes et des rhéteurs ; il en résulta un sénatus-consulte aux termes duquel M. Pomponius, préteur, devait agir aux mieux des intérêts publics et suivant sa conscience pour en débarrasser Rome (2). L'exécution fut sans doute réglée par un édit du préteur.

Mais dans le cas où les mesures sont à prendre contre des personnes isolées, le soin en incombe aux magistrats,

----

(1) Tite-Live. II, 37 : Ad... ludos, auctore Attio Tullo, vis magna Volscorum venit. Priusquam committerentur ludi, Tullus... ad consules venit... arbitris remotis. Invitus inquit,...... de meis civibus loquor.. Magna hic nunc Volscorum multitudo est ; ludi sunt, spectaculo intenta civitas erit... horret animus ne quid inconsulte ac temere fiat... Consules cum ad patres rem.. detulissent... facto.... senatus consulto ut urbem excederent Volsci ; præcones dimittuntur qui omnes eos proficisci ante noctem juberent.

(2) Suétone. *De cl. rhétor.* 1 : C. Fannio Strabone, M. Valerio Messala coss., M. Pomponius prætor senatum consuluit; quod verba facta sunt de philosophis et de rhetoribus ; de ea re ita censuerunt : ut M. Pomponius prætor animadverteret, curaretque uti ei e republica fideque sua videretur uti Romæ ne essent.

avant tous, aux consuls. L'interdiction de l'eau et du feu résulte-t-elle d'une condamnation encourue, un édit du consul la prononcera (1). Les tribuns ont des droits pareils; ils interdisent le séjour de Rome à tout condamné capital (2). Le consul peut prononcer l'interdiction de séjour contre un étranger (3), interdire le port des armes dans la ville (4), empêcher des manifestations politiques (5).

Enfin contre la magistrature supérieure elle-même, les tribuns ont souvent été appelés par le Sénat pour la réduire en cas d'insoumission (6). Ils sont les protecteurs

(1) Appien. *bell. civ.* 3 r. Métellus refusant de ratifier par le serment comme devait le faire tout sénateur de la loi agraire relative aux terres des Gaulois, un plébiscite fut rendu prononçant contre lui l'exil : ψήφισμά τε φυγῆς ἐπίγραφον αὐτῷ καὶ τοὺς ὑπάτους ἐπικηρύξαι προστιθέναι μηδένα Μετέλλῳ κοινωνεῖν πυρὸς ἤ, ὕδατος ἤ στέγης.

(2) Cicéron. *Verr.* II. 41 (100) : Me ipsum apud hoc collegium tribunorum plebis cum eorum omnium edicto non liceret Romæ quemquam esse qui rei capitalis condamnatus esset, egisse causam Sthenii.

(3) Cicéron. *Pro Sext.* XIII (30). Nihil acerbius socii et Latini ferre soliti sunt quam se id quod perraro accidit ex urbe exire a consulibus juberi.

(4) Pline. *Hist, nat.* XXXIV, 14. — Magni Pompei in tertio consulatu extat edictum in tumultu necis Clodianæ prohibentis ullum telum esse in urbe.

(5) Cicéron. *Pro Plancio* XXXV (87) : Aderat mecum senatus et quidem veste mutata.. Sed recordare qui tum fuerint consulum nomine hostes qui soli in hac urbe senatum senatus parere non siverint edictoque suo non luctum patribus conscriptis sed luctus indicia ademerint. De même: *Pro Sext.* XIV, (52) et *in Pisonem* VIII (17).

(6) Tite-Live. IV, 26 : Cum nec in auctoritate senatus consules essent. Q. Servilius Priscus... Vos, inquit, tribuni plebis, quoniam ad extrema ventum est, senatus appellat ut in tanto discrimine reipublicæ dictatorem dicere consules pro potestate vestra cogatis. Qua voce audita...

universels contre les injustices et contre les violences, ils interviennent même dans la protection des pupilles (¹).

§ 2. — POLICE JUDICIAIRE.

1° Poursuites pénales. — 2° Exécution.

Le rôle de la police judiciaire est d'intervenir au nom de l'intérêt public contre quiconque viole les institutions existantes : les lois dans un sens large comprenant tout ce qui a une force obligatoire, et l'autorité des magistrats dans leurs fonctions. Elle est exercée à Rome par les magistrats qui ont le droit de coercition. Dans notre organisation moderne la recherche de l'infraction, du crime, dans le sens général du mot, est séparée de la punition et si les organes de l'une et de l'autre appartiennent au même corps les personnes diffèrent et en principe, sinon en fait, quiconque a connu de l'instruction doit s'abstenir de participer au jugement. Le système Romain ne fait que, pour une part cette distinction ; la coercition s'étend jusqu'à la prononciation de la peine dans les cas non soumis

tribuni... secedunt proque collegio pronuntiant : « Placere consules senatui dicto audientes esse ; si adversus consensum amplissimi ordinis ultra tenderent in vincula se duci eos jussuros. » Consules ab tribunis quam ab senatu vinci maluerunt.

(1) Ulpian. XI, 18 et *Dig.* III, I, 5, Gaïus, I, § 185.

à la provocation, et la justice n'a dans son domaine que
les condamnations où le dernier mot appartient au
peuple ; et encore cette distinction n'est-elle pas aussi
nette qu'elle le semble ainsi énoncée, car le droit à la provocation ne dépend pas absolument dans tous les cas de la
nature de l'acte commis, mais de la procédure suivie ou du
sexe de son auteur. La coercition est la répression de la
désobéissance à l'ordre du magistrat agissant dans les
limites de sa compétence et contre elle, il n'y a que l'appel
à la *par majorve potestas* (1).

1° *Répression pénale*. — Nous avons vu dans l'histoire de l'édilité qu'à partir de l'an 300 V. C. les magistrats inférieurs eurent la coercition, et que l'on ne pouvait comprendre parmi ceux-ci que les édiles plébéiens,
puisque les questeurs ne l'ont jamais eue (2). Mais une
différence subsista toujours entre le droit de coercition,
du magistrat curule supérieur et le droit du magistrat inférieur ou plébéien ; le premier eut seul le « *jus vocationis* », c'est-à-dire le droit de faire comparaitre devant soi
en employant un intermédiaire, un citoyen, tandis qu'en
principe le tribun ou l'édile doivent agir directement par

---

(1) Cicéron *de Leg.* III, 5, (6). Justa imperia sunto, iisque cives
modeste, ac sine recusatione parento ; magistratus nec obædientem
et noxium civem multa, vinculis, verberibusve coerceto, ni par majorve potestas, populusve prohibessit, ad quos provocatio esto.

(2) Voir p. 18 et n° 1.

eux-mêmes (1); un tempérament cependant fut admis à la rigueur primitive et il suffit de la présence du magistrat pour qu'il fit exécuter par un préposé l'ordre donné (2); en fait les tribuns arrivèrent à exercer le droit de citation (3). Il en est de même du droit d'appréhender au corps (*prensio*) et d'emprisonner (*abductio in carcerem*), il n'appartient qu'aux magistrats supérieurs parmi lesquels les tribuns à qui on le reconnait même contre les autres magistrats supérieurs ; mais ils semblent toujours s'en être tenus à la menace jusqu'au septième siècle de Rome où à la faveur des troubles ils en abusèrent (4). Les

(1) Aulu-Gelle XIII 12 : In magistratu, inquit (Varro), habent alii vocationem, alii prehensionem, alii neutrum ; vocationem, ut consules et ceteri qui habent imperium; prehensionem, ut Tribuni plebis et alii qui habent viatorem ; neque vocationem neque prehensionem, ut quæstores et ceteri qui neque lictorem habent neque viatorem : qui vocationem habent iidem prehendere tenere, abducere possunt, et hæc omnia sive adsunt quos vocant, sive acciri jusserunt.

(2) Aulu-Gelle, *ibid supra* : Cum moribus majorum tribuni plebis prehensionem haberent, vocationem non haberent, posse igitur eos venire et prehendi... jubere sed vocandi absentem jus non habere.

(5) Suite du texte cité n. (2) : Tribuni plebis vocationem habent nullam ; neque minus multi imperiti perinde atque haberent ea sunt usi.

(4) Suite du texte de la note précédente : Nam quidam non modo privatum sed etiam Consules in rostra vocari jusserunt. — Tite-Live II. 56 : Ardens... ira tribunus viatorem mittit ad consulem, consul lictorem ad tribunum. — A propos des tribuns militaires qui avaient la puissance consulaire : Tite-Live V. 9 : Tribuni plebis... feroces repente minari tribunis militum, nisi in auctoritate senatus essent, se in vincula eos duci jussuros esse. — Ces textes se rapportent aux années

édiles curules même ne l'eurent pas, non plus que le
« *jus vocationis* » qui, du reste, est lié à la *prensio* (1).
Si l'arrestation préventive n'existait pas en principe, du
moins en fait, arbitrairement ou non, les magistrats supérieurs y recouraient fréquemment puisque l'usage qui s'é-
tablit de bonne heure de donner des cautions de la comparution ne dépendait que de la volonté du magistrat; il
pouvait s'y refuser et s'il consentait, il en fixait les conditions (2). La provocation ne s'appliquait pas à l'emprisonnement; il n'y avait que l'intercession.

285 et 355. — Sous l'an 605, Tite-live, *Ep.* XLVIII: Licinius Lucullus,
A. Postumius Albinus coss. cum delectum severe agerent... ab tribunis plebis qui pro amicis suis vacationem impetrare non poterant
in carcerem conjecti sunt. *Id. Ep.* LV; Tribuni plebis quia non impe-
trarent ut sibi denos quos vellent milites eximere liceret, consules
in carcerem duci jusserunt. Cicéron cependant après avoir rappelé
ce dernier fait d'emprisonnement, ajoute: quod ante factum non erat.
Deleg. 3. 9. Les exemples deviennent ensuite très nombreux.

(1) Aulu-Gelle XIII 15. Varron à propos des magistrats qui n'ont ni
la vocatio ni la prensio, cite le cas d'un édile curule appelé par un
particulier devant le préteur. — Sous le rapport de ces deux droits
entre eux, voir le texte cité n. (2) *in fine.*

(2) Tite-Live III. 15. Il s'agit du patricien Cæso Quinctius accusé
par un tribun : Tribunus supplicium negat sumpturum se de indem-
nato ; servaturum tamen in vinclis esse ad judicii diem ut... de eo
supplicii sumendi copia populo Romano fiat. (C'est la détention préventive.) Appellati tribuni... in vincula conjici vetant, sisti reum,
pecuniamque nisi sistatur populo promitti placere pronuntiat (arbitrairement certains tribuns s'opposent à la détention et imposent une
caution). — Summam pecuniæ quantam æquum esset promitti ve-
niebat in dubium ; id ad Senatum rejicitur... vades dare placuit :
unum vadem tribus millibus æris obligarunt; quot darentur permis-

La prononciation d'une amende est le moyen le plus
employé par les magistrats dans l'exercice de leur droit de
coercition, et ce droit appartient aussi bien aux édiles
plébéiens et curules qu'aux magistrats supérieurs ; bien
plus il semble que pour toutes les infractions contre lesquelles les lois prononcent de fortes amendes soumises à
la provocation, comme nous allons le voir, ce fut aux
quatre édiles qu'il appartint de les prononcer et de défendre leur sentence devant le peuple. La chose est remarquable, car les édiles sont toujours restés étrangers à la
justice criminelle donnant lieu à la provocation, tandis qu'au
contraire les tribuns étaient compétents pour accuser les
auteurs d'offenses à l'État ou aux lois. Il n'y a pas beaucoup d'exemples que les consuls aient jamais prononcé
d'amende. Un cas cependant est cité par Tite-Live où un
consul déclara qu'il infligeait une amende à un préteur qui

snm tribunis est ; decem finierunt ; tot vadibus accusator vadatus
est reum. (En réalité ce sont les magistrats qui déterminent le montant, car le Sénat n'a fourni qu'une base de calcul.) Hic primus vades
publicos dedit (an. 293 v. c.) — *Idem* XXV. 4. Papirius est sous le
coup d'une accusation capitale, pour avoir ravalé la dignité des tribuns
comme s'ils eussent été de simples particuliers (*tribunos in ordinem
coegisse*) et de différents autres méfaits : Carvilii tribuni plebis... rei
capitalis diem Postumio dixerunt, ac ni vades daret, prehendi a viatore
atque in carcerem duci jusserunt. — A propos des tribuns, l'auteur
continue en nous montrant les tribuns permettant ou non de donner
des cautions au gré de leur caprice : Singulis... rei capitalis diem
dicere et vades poscere cœperunt primo non dantes, deinde etiam
eos qui dare possent in carcerem conjiciebantur.

lui avait fait injure (1). La magistrature supérieure, consulaire et prétorienne n'eut pas l'instruction des crimes, il y eut des magistrats spéciaux, les questeurs permanents et des magistrats nommés pour une affaire, des *duumviri* ; puis à partir du septième siècle des sections permanentes (*quæstiones perpetuæ*) furent instituées, où les présidents procédaient à l'instruction de crimes déterminés pour chacun. Les renseignements nous font défaut sur presque tous les points, cependant il semble que ces *judices quæstionum* aient été des sortes de promagistrats pris parmi les *ædilicii* sortant de charge, comme pour les provinces on nommait les anciens consuls et les anciens préteurs (2).

Dès avant les douze tables, en 302, les Consuls T. Menenius Lanatus et P. Sestius Capitolinus avaient porté une loi fixant un maximum aux amendes, et la dénomination de cette amende maximum semble indiquer qu'à cette époque il ne pouvait exister d'amendes d'un taux supérieur elle était dite *maxima* ou *suprema* et était

---

(1) Tite-Live XLII 9 : Consul (M. Popilius Lænas)... Romam rediit, senatuque ex templo ad ædem Bellonævocato, multis verbis invectus est in prætorem (A. Atilium) : « qui cum ob rem bello bene gestam uti diis... honos haberetur referre ad Senatum debuisset, adversus se pro hostibus S. C. fecisset, quo victoriam suam ad Ligures transferunt dedique ies prope consulem prætor juberet. Itaque multam ei se dicere ».

(2) V. *Droit publ. Rom.* IV p. 297 et p. 294, n. 2.

limitée à deux brebis et trente bœufs : nul ne pouvait être
frappé de plus d'une amende de cette importance dans la
même journée (1). Deux ans avant cette loi (2), les Consuls
Sp. Tarpeius et A. Aterius, en avaient fait rendre une
fixant en argent monnayé la valeur des brebis et des bœufs
pour remédier à l'inconvénient qu'avait révélé l'exécution
des amendes en nature, les bêtes livrées étaient la plupart
du temps de valeurs inégales et par suite les condamnations à une amende d'un même nombre de têtes de bé-

(1) Festus v. s : Peculatus furtum publicum dici cæptus est a pecore
quia ab eo initium ejus fraudis esse cæpit, siquidem ante æs aut argen-
tum signatum ob delicta pœna gravissima erat duarum ovium et triginta bovum ; ea(m) lege(m) sanxerunt T. Menenius Lanatus et P. Sestius Capitolinus coss. quæ pecudes, postquam ære signato uti cœpit
Pupulus Romanus, Tarpeia lege cautum est ut bos centussibus, ovis
decussibus æstimaretur. — Id. v° s. : Maximam multam dixerunt trium
millium et viginti assium quia non licebat quondam pluribus triginta
bobus et duabus ovibus quemquam multari, æstimabaturque bos centussibus ovis decussibus. — Aulu-Gelle. XI. I : Timæus in historiis......
et M. Varro in antiquitatibus rerum humanarum.... scripserunt........
multam.... quæ appellatur suprema institutam in singularos dies, duarum ovium, triginta bovum.... Suprema multa est ejus numeri cujus
diximus, ultra quem multam dicere in dies singulos jus non est, et
propterea suprema appellatur, id est summa et maxima.

(2) Tite-Live. III. 51 (500 v. c.) ut magistratu abiere (Q. Romilius
C. Veturius coss). Sp. Tarpeio, A. Aterio coss, dies dicta est. Ibid.
52. (501. v. c.) Quietior insequens (annus) P. Curiatio et Sex. Quinti-
lio coss... Inde coss. C. Menenius, P. Sestius Capitolinus — Sigonius :
An. 299 : Sp. Tarpeius M. F. M. N. Montanca. A. Aterius Fontinalis.
— A° 201 : P. Sestius Q. F. Vibi N. Capitolinus. T. Menenius Q. F.
Agripp. N. Lavatus. De même les fastes Capitolins, mais seulement
pour les consuls premiers nommés dans chaque année. Les autres
manquent.

tail frappaient inégalement : la brebis fut évaluée à 10 as
et le bœuf à 100, d'où le maximum équivalut à 3020 as (1)
De cette transformation de la nature de l'amende on avait
conclu qu'il y avait incompatibilité à placer la loi du maximum avant la loi qui évaluait la valeur des bestiaux en
argent : la chose est cependant facilement explicable :
Aulu-Gelle qui donne le nom d'Aternia à la loi monétaire,
ce qui avec le nom de Tarpeia employé par Festus nous
donne le nom complet, nous dit que de son temps encore
les magistrats devaient énoncer leurs condamnations à des
amendes pécuniaires en se servant des termes primitifs des
noms de bestiaux et que Varron donne la formule d'une
condamnation à l'amende minimum qui était d'une brebis,
où l'on remarque que le mot *ovis* est mis avec le genre
masculin archaïque, forme, parait-il, de rigueur (2) ; si les
magistrats tant de siècles après employaient encore le
même langage qu'à l'origine, n'est-il pas tout à fait naturel

(1) Aulu-Gelle XI. 1 (loc. citato) Sed cum ejusmodi multa pecoris
armentique a magistratibus dicta erat, adigebantur boves ovesque alias
pretii parvi, alias majoris eaque res faciebat inæqualem multæ punitio-
nem. Idcirco postea lege Aterina constituti sunt in oves singulas æris
deni in boves æris centeni ; minima autem multa est ovis unius.

(2) *Ibid,* Quando igitur nunc quoque e magistratibus populi Romani
more majorum multa dicitur vel minima vel suprema observari solet
ut oves genere virili appellentur. Atque ita M. Varro verba hæc legitima quibus minima multa diceretur concepit. « M. Terentio quando
citatus neque respondit neque excusatus est, ego ei unum ovem multam dico » Ac nisi eo genere diceretur negaverunt justam videri
multam.

que les consuls aient fixé le maximum de l'amende de la façon dont la condamnation devait être rédigée?

Les amendes ont souvent été employées par les édiles dans leurs attributions de police comme nous l'avons vu dans la surveillance des marchés, des mœurs et des jeux, et il nous reste à examiner les cas où le montant de l'amende dépassait le maximum légal et où la condamnation était par suite soumise à la provocation. Si comme nous l'a fait supposer la dénomination de ce maximum il ne pouvait jamais être dépassé, il était sans doute intervenu une nouvelle loi, mais nous n'en avons aucune trace.

Il y avait deux manières de procéder, ou bien l'édile prononçait directement une amende supérieure au taux légal et s'exposait à un appel devant le peuple, où il venait défendre sa condamnation ; ou bien il portait tout de suite la cause devant le peuple par la procédure appelée *irrogatio multæ* (1). Dans ce cas, la procédure débute par l'*anquisito*. Comme nous le montre Varron, le magistrat convoque l'assemblée du peuple (2) et enjoint

(1) Cicéron. *De leg.*, III. 3 (6) : Cum magistratus judicassit irrogassitve per populum, multæ, pœnæ certatio esto.

(2) Varro. *De ling. lat.*, VI (V) 90 : Circum aras mitti solitum cum iuliceret (prætor) populum in eum locum unde vocare posset ad conventionem vocantis, non solum ad consulis et censoris, sed etiam quæstoris, ut commentarium indicat vetus anquisitionis. M. Sergi Mani filii quæstoris qui capitis accusavit Trogum.

à l'accusé d'y comparaitre, c'est la *diei dictio* (1). A cette assemblée, il indique le montant de l'amende qu'il veut prononcer et pour quel fait (2) et l'affaire est remise au surlendemain au moins (*diem prodicere*), ou à un jour plus éloigné (3), puis trois séances toujours séparées par un jour d'intervalle se passaient en débats contradictoires (*certatio multæ*). Ensuite on renvoie à la quatrième audience, qui ne pouvait avoir lieu qu'après un *trinundinum*, délai de trois fois huit jours. L'accusation était soutenue, la défense présentée et le jugement rendu (4).

« *Les procès des édiles*, dit M. Mommsem (5) *concernent exclusivement des crimes et des délits qui ne se lient à aucune magistrature ou à aucun mandat public* ». Puis il donne la raison pour laquelle on ne voit

(1) Tite-Live, XXXVII. 58 : P. Sempronius Graechus et C. Sempronius Rutilus, tribuni plebis ei (M'. Acilio Glabrioni) diem dixerunt quod pecuniæ regiæ prædæque aliquantum... neque in triumpho tulisset neque in ærarium retulisset.

(2) Suite du texte précédent : Centum millium multa irrogata erat ; bis de ea certatum, tertio cum de petitione destitisset reus, nec populus de multa suffragium ferre voluit et tribuni eo negotio destiterunt.

(3) Cicéron. *Pro domo*, XVII (45) : Cum tam moderata judicia populi sint a majoribus constituta... ne nisi prodicta die quis accusetur.

(4) Suite du texte de la note précédente : Ut ter ante magistratus accuset (cfr n. 2 le texte de Tite-Live) intermissa die quam multam irrogat aut judicet ; quarta sit accusatio trinum nundinum prodicta die qua die judicium sit futurum ; tum multa etiam ad placandum atque ad misericordiam reis concessa sunt.

(5) *Droit publ. Rom.*, IV, pp. 188 et 189.

les poursuites de cette nature faites seulement par les édiles : il suppose que les lois pénales invitaient tout magistrat ayant le droit d'amende à agir et que les édiles étant les moins élevés de ces magistrats, auront dû leurs attributions spéciales en cette matière à l'abandon que leur en faisait les magistrats supérieurs occupés à des choses plus importantes ; il faut se rappeler aussi que les édiles, à l'origine, auxiliaires des tribuns, avaient été plus tard adjoints aux consuls, après la création de l'édilité curule. Quant à l'emploi que les édiles donnaient à ces amendes, nous verrons qu'en ayant la disposition, les édiles curules faisaient des constructions et des embellissements dans la ville, tandis que les édiles plébéiens faisaient surtout des jeux.

Nous allons, par des exemples, voir dans quel cas intervenaient les édiles :

Atteintes portées publiquement à la majesté du peuple Romain (1). C'est encore une anecdote à propos

---

(1) Aulu-Gelle, X. 6 : Non in facta modo, sed in voces etiam petulantiores publice vindicatum est ; ita enim debere esse visa est Romanæ disciplinæ dignitas inviolabilis. Appii namque illius Cæci filia a ludis... exiens, turba undique confluentis populi jactata est atque inde egressa, cum se male habitam diceret : « Quid enim in me tunc factum esset, inquit, quantoque arctius, pressiusque conflictata essem, si P. Claudius frater meus navali prælio classem navium cum ingenti civium numero non perdidisset, certe quidem majore nunc copia populi oppressa intercedissem. Sed utinam, inquit, reviviscat frater, aliamque classem in Siciliam ducat at que istam multitudinem per-

de l'arrogance traditionnelle des Claudii (1). Claudia, digne sœur de Pulcher, doublement impudente, osa rappeler sa défaite navale après le jet des poulets sacrés à la mer (2) et souhaiter que son frère fût encore là, pour qu'un second désastre éclaircit les rangs de la foule qui la bousculait. Ces paroles ne furent pas perdues pour les édiles de la plèbe C. Fundanius et Ti. Sempronius qui prononcèrent une amende de 25.000 as pour crime de lèse-majesté (3) qu'ils défendirent devant le peuple avec succès.

Violences commises par un particulier dans un lieu public : P. Clodius, édile curule en 698, à la suite de rixes sur le forum entre ses partisans et ceux de Milon, accusa celui-ci de violence publique (4).

---

ditum eat quæ me male nunc miseram convexavit ! » Ob hæc mulieris verba tam improba ac tam incivilia ; C. Fundanius et T. Sempronius ædiles plebei multam dixerunt ae æris gravis XXV millia. Is factum esse dicit Capito Atteius in commentario de judiciis publicis, bello Punico primo, Fabio Licinio et T. Acilio Crasso, coss.

(1) Suétone. *Tiberius*, 2 : Multa multorum Claudiorum egregia merita, multa etiam secius admissa in rempublicam extant.

(2) *Ibid.*, Claudius Pulcher... Non pascentibus in auspicando pullis... mari demersis quasi ut biberent quando esse nollent prælium navale iniit : superatusque...

(3) Suétone. *Tiberius*, 2 : Extant et feminarum exempla diversa æque : siquidem gentis ejusdem... Claudia fuit... quæ novo more judicium majestatis apud populum, mulier subiit.

(4) Cicéron *Pro Sext.* 44 (95) : Quid ego de ædile ipso loquar qui etiam diem dixit et accusavit de vi Milonem. Ciceron nous donne les

Sortilèges agricoles. — En cette matière, c'est en
vertu d'une ou plutôt de deux dispositions des XII tables
que les édiles agissaient. L'une, autant qu'un fragment et le
texte de Pline qui le cite peuvent le laisser supposer, concerne d'une façon générale les fruits de la terre et prononce
semble-t-il, d'après la forme de la phrase une sanction contre celui qui par une formule magique les aura obtenus
avec plus d'abondance (1): l'autre parait décider d'un cas
particulier, où par un sortilège on fait passer du champ
voisin la moisson dans le sien. Tel, Mœris qui connait les
herbes du Pont a fait paraitre ce prodige aux yeux d'Al-
phésibée (2). Apulée accusé de pratiquer la magie, insinue
que son accusateur Sicinius Æmilianus dépouille ainsi ses

détails du procès jusqu'à la deuxième remise de l'affaire dans une lettre qu'il écrit à son frère Quintus. *Ep. ad Q. fratrem* II. 5.

(1) Pline *Hist. nat.* XXVIII. 2 : Ex homine remediorum primum maxime quæstionis et simper incertæ est, valeant ne aliquid verba et in-
cantamenta carminum. (Puis il donne des exemples de prodiges.) Hæc
satis sint exemplis ut appareat ostentorum vires et in nostra potestate
esse ac prout quæque accepta sunt, ita valere : in augurum certe disciplina constat...., Quo munere divinæ indulgentiæ majus nullum est:
quin etiam, et legum ipsarum in duodecim tabulis verba sunt : qui
fruges excantasset.... — Sénèque. *Natur. quæst.* IV. 7 : apud nos in
duodecim tabulis cavetur ne quis alienos fructus excantassit.

(2) Vergilius, *Ecl.* VIII. V 95 : Has herbas atque hæc Ponto mihi
lecta venena | Ipse dedit Mœris.... | His ego sæpe lupum fieri et se
condere silvis | Atque satas alio vidi traducere messes. — Sur ce
dernier vers Servius cite les mots du XII tables : « Neve alienam
egetum pellexeris. »

voisins (1). Pline nous montre fondée sur le même fait une
accusation portée devant le peuple par l'édile curule Sp. Albinus contre un cultivateur C. Furius Crésinus. L'honnête
paysan arrive au forum et place devant ses juges des arguments victorieux : sa fille, forte, bien soignée et bien vêtue,
des bœufs reluisant de graisse et ses instruments aratoi-
res (2).

L'Usure. — Déjà nous avons constaté quelle devait être
son extension par l'importance des constructions faites par
les frères Ogulnius, édiles curules, avec le produit des
amendes de cette source. Nous pourrions citer de nombreux
exemples du même genre (3). Le lieu où s'abouchaient les

(1) Apol. 1ᵉ 47 : Tu (Licini Æmiliane) an abeas ad agrum·colendum,
an ipse mutuarius operas cum vicinis tuis cambias ?

(2) *Hist. nat.* XVIII. 6 : C. Furius Cresinus... Cum in parvo admodum
agello largiores multo fructus perciperat quam ex amplissimis, vicini-
tas in invidia magna erat ceu fruges alienas pelliceret veneficiis. Quamobrem a Sp. Albino curuli die dicta, metuens damnationem, cum in-
suffragium tribus oporteret ire, instrumentum rusticum omne in forum
attulit et abduxit filiam validam, atque ut ait Piso, bene curatam ac
vestitam, ferramenta egregia facta, graves ligones, vomeres pondero-
sos, boves saturos. Postea dixit : « veneficia mea, Quirites, hæc sunt !
nec possum vobis ostendere..... lucubrationes vigiliasque et sudores »
Omnium sententiis itaque absolutus est.

(3) Tite Live liv° 110. VII 28 : Judicia eo anno populi tristia in fœneratores facta quibus ab ædilibus dicta dies esset traduntur. Id. XXV
41. Judicia in fœneratores eo anno (562) multa severe sint facta, accu-
santibus privatos ædilibus M. Tuccio et P. Junio Bruto : de multa
damnatorum quadrigæ inauratæ in Capitolio positæ in cella Jovis supra fastigium ædiculæ et XII clypea inaurata.

prêteurs et les emprunteurs, nous dit Plaute, était aux Vieilles Curies (1). Le même auteur nous montre les affranchis fsisant principalement ce métier, et lorsqu'un abus avait donné lieu à une citation soit devant le peuple, soit devant le magistrat, le patron par le fait même cité aussi, pour présenter la défense de son client. Il nous donne un exemple du second cas : le patron va devant l'édile et plaide la mauvaise cause du client en cherchant par d'aussi mauvaises raison à obtenir le meilleur résultat possible, mais ses efforts sont rendus infructueux par les agissements maladroits de son client (2).

Contraventions à la du règle maximum établi par la loi Licinia pour l'occupation des terres publiques. — Ce maximum était de 500 arpents par citoyen (3) et l'auteur

(1) Curculio IV 1 v 19 : Sub Veteribus ibi sunt qui dant quisque accipiunt fœnori.

(2) Menæchmei IV 2 v. 14 et s. : litium | Pleni (clientes) rapaces viri fraudulenti | qui aut fœuore aut perjuriis habent rem, | meus est in querelis | Juris ubi dicitur dies, simul patronis dicitur : | quique qui pro illis loquantur male quæ fecerint | aut ad populum aut in jure apud judicem res est. | Sicut me hodie uimis sollicitum cliens | quidam habuit | ... Apud ædilis pro ejus factis plurimisque | Pessumisque dixi causam. | Conditiones tetuli tortas confragosas | Aut plus aut minus quam opus erat, multo controversiam | dixeram uti sponsio fierat. Quid ille ? Quid ? Præ
dem dedit, | nec magis manufesto unquam hominem ullum teueri vidi ego | Omnibus malefactis testes tres aderaut acerrumi.

(3) Tite-Live VI. 55 ; tribuni C. Licinius et L. Sextius promulgavere leges... unam de ære alieno... alteram de modo agrorum ue quis plus quingenta jugera possideret.

de la loi lui-même fut puni d'une amende de 10.000 as
pour avoir tenté de la tourner (1). Jamais loi ne fut plus
fréquemment violée : en 456, presque tous les possesseurs
avaient dépassé la mesure et la plupart d'entre eux furent
condamnés sur la poursuite des édiles (2).

Pâturage sur les terres publiques. — D'après Ovide,
les frères L. et M. Publicius, édiles plébéiens auraient les
premiers sévi contre les possesseurs de troupeaux qui les
menaient paitre sur les terres publiques (3). Cependant
Tite-Live, sous l'an 461, rapporte des condamnations de ce
genre obtenues par les édiles curules, et encore antérieu-
rement, en 458, par les édiles plébéiens (4). Les amendes
ainsi prononcées atteignaient des chiffres très élevés, car
en 558, les édiles plébéiens sur un grand nombre de poursuites n'ayant obtenu que trois condamnations, en tirèrent

(1) Tite-Live VII. 16 : Eodem anno (398 V. C.) C. Licinius Stolo a
M. Popillio Lænate sua lege decem millibus æris est damnatus quod
mille jugerum agri cum filio possideret, emancipandoque filium frau-
dem legi fecisset.

(2) Tite-Live X. 13 : Eo anno plerisque dies dicta ab ædilibus quia
plus quam quod lege finitum erat qui possiderent, nec quisquam ferme
est purgatus.

(3) Ovide *Fast.* V. v. 285 : | Venerat in morem populi depascere
saltus, | Idque diu licuit, pœnaque uulla fuit, | Vindice servabat uullo
suâ publica vulgus... | Plebis ad ædiles delata licentia talis | Publicios...
| Rem populus recipit, multam subiere nocentes.

(4) Tite-Live X. 47 : Eodem anno ab ædilibus curulibus.... damnatis aliquot pecuariis via a Martis silice ad Bovillas perstrata est pecuariis damnatis, ludi facti, pateræque aureæ ad Cereris positæ.

cependant une somme suffisante pour l'érection d'un temple et la réalisation des jeux (1).

En considérant la nature de ces actions édilitiennes on peut trouver peut-être un peu trop absolue l'opinion de M. Mommsen que nous avons rapportée en commençant leur étude (2) ; en tenant compte seulement du fond et en faisant abstraction des conditions extrinsèques de compétence pour le chiffre élevé de l'amende, et pour l'accomplissement des faits au delà du ressort, on peut rattacher chacun de ces genres de poursuite à une attribution normale de l'édilité.

Ainsi pour le « *stuprum* » que nous n'avons pas rappelé ici, l'ayant déjà mentionné dans la police des mœurs, M. Mommsen lui-même a signalé sa connexité avec la surveillance des lieux de débauche et nous l'avons aussi rapproché du rôle religieux de l'édile dans le mariage. Les mesures contre l'accaparement et la chéreté de vivres trouveront leur place et leur raison d'être confiées aux édiles dans le soin de l'annone. Puis les cas qui viennent d'être examinés, les actions contre les sortilèges

(1) Tite-Live XXXIII. 42 : ædiles plebis... multos pecuarios ad populi judicium adduxerunt, tres ex his condemnati sunt ; ex eorum multatitia pecunia ædem in insula Fanni fecerunt, ludi plebeii per biduum instaurati et epulum fuit ludorum causa. — Voir aussi Tite-Live XXXV. 10 : Ædilitas insignis eo anno (561) fuit M. Æmilii Lepidi et L. Æmilii Pauli : multos pecuarios damnarunt.

(2) P. 238, les dernières lignes.

agricoles, compétence territoriale à part, rentrent dans la
procuratio portentorum, et nous avons vu dans cette
matière, que les femmes convoquées par les édiles sur la
réponse des aruspices à propos des prodiges qui s'étaient
produits furent appelées dans un rayon assez étendu autour
de Rome. La répression de l'usure n'est-elle pas dans la
surveillance du commerce public, quand prêteurs et emprunteurs s'abouchent en plein forum près des Vieilles-
Curies ? Les usurpations commises sur le sol public, hors de
Rome il est vrai, ne sont elles pas soumises à la *procuratio
locorum publicorum?* Pour le cas de Claudia, l'action
appartenait non seulement aux autorités établies, mais
au premier venu, c'était une action publique ; d'ailleurs
c'est le seul exemple d'une poursuite de ce genre par les
édiles.

Parmi les autres moyens de coercition on peut citer la
saisie de gage (1), les pouvoirs des édiles en ces matières

(1) Frontin (*de ag.* 129), cite la loi Quinctia qui autorise le magistrat à frapper d'amende les contrevenants : Prætori eo nomine
cogendi coercendi multæ dicendæ sive pignoris capiendi jus potestasque esto. — Cicéron. *De orat.*, III, I (4) : Cum homini et vehementi
et diserto Philippo quasi quasdam verborum faces admovisset (Crassus), non tulit ille... pignoribus ablatis Crassum instituit coercere.
Crassus dit alors au consul Philippe : Me his pignoribus existimas
posse teneri ? Non tibi illa sunt cædenda si Crassum vis coercere.
Cædere, c'est détruire, car la saisie sous la république n'aboutissait
pas à la vente. Au théâtre, on enlevait leur toge aux monteurs de
cabale : Plaute : *Amphitryo* : prol. v. 64 : Jussit Jupiter | ut conquis-

varièrent suivant leur qualité, comme pour les amendes :
ils furent restreints sous Néron et un taux fut fixé pour
les édiles curules et un autre pour les édiles plébéiens (1).

Tous les auteurs font remonter à la loi *Valeria* qui
suivit la chute des rois, en 245, l'interdiction de fustiger
un citoyen romain, en même temps que celle de le mettre
à mort pour le magistrat soumis à la provocation : seulement cette loi aurait été sans sanction (*minus quam
perfecta*) et ce vice n'aurait disparu que par l'effet d'une
loi *Porcia*, due peut-être à Caton l'Ancien, suivie de deux
autres du même nom (2). M. Mommsen croit, en s'appuyant
sur un texte de Tite-Live (3), que ce n'est au contraire

tores singuli in subsellia | eant per totam caveam spectatoribus | si cui
favitores delegatos viderint | ut his in cavea pignus capiantur togæ.

(1) Tacite. *Ann.*, XIII, 28. Cohibita artius et ædilium potestas, sta-
tutumque quantum curules quantum plebei pignoris caperent vel
pœnæ inrogarent.

(2) Cicéron. *De rep.*, II, 31. Publicola... legem ad populum tulit...
ne quis magistratus civem Romanam adversus provocationem necaret
neque verberaret. — De même, Val. Maxim. VI, 1, 1. Tite-Live, II, 8.
Ante omnes de provocatione adversus magistratus ad populum...
gratæ in vulgus leges fuere (*Ann.*, 245. — Cicéron, *loc. cit.* Neque
vero leges Porciæ quæ tres sunt trium Porciorum, ut scitis quicquam
præter sanctionem attulerunt novi. — Tite-Live, X, 9. Porcia tamen
lex sola pro tergo civium lata videtur ; quod gravi pœna si quis ver-
berasset necassetve civem Romanum sanxit.

(3) Tite-Live, X, 9 (suite du texte précédent). Valeria lex cum eum
qui provocasset virgis cædi securique necari vetuisset, si quis adversus
ea fecisset, nihil ultra quam improbe factum adjecit. — *Ibid.*, *supra*.
Eodem anno M. Valerius consul de provocatione legem tulit diligen-

que la loi de 454, proposée par le consul M. Valerius
Corvus, en 454, qui aurait prononcé une improbation
pour les magistrats usant de la correction corporelle. Il
est certain qu'à partir de ces lois *Porcia* les peines corporelles furent exclues de la coercition du magistrat à
Rome. Des exceptions furent cependant maintenues à
l'égard de gens exerçant des professions décriées et principalement des comédiens, au profit des édiles qui
semblent avoir eu spécialement le droit d'infliger des
corrections corporelles (1). Les textes que nous avons à ce
sujet établissent bien le droit, mais ne déterminent pas
ceux sur qui il porte ; ceux que nous avons pour l'époque
de l'empire, s'ils s'appliquent soit à des édiles municipaux,
soit au successeur des édiles, le préfet de la ville, n'en
sont pas moins conçus dans le même ordre d'idées, et
réservent aussi les cas où sont autorisés les châtiments
corporels au même genre de magistrat : une loi du *Digeste*
constate que les édiles municipaux fustigent les marchands (2). L'affiche (*programma*) trouvée au pied du

tius sanctum, tertio ea tum post reges exactos lata est semper a
familia eadem. — Mommsen. *Droit publ. rom.*, I, p. 179 et n. 1.

(1) Suétone. *Auguste*, 45. Coercitionem in histriones magistratibus
in omni tempore et loco lege vetere permissam ademit præterquam
ludos et scenam.

(2) Callistratus. *Dig.*, L. 2, 12. Eos qui utensilia negotiantur et vendunt licet ab ædilibus cæduntur, non oportet quasi viles personas
negligi.

Janicule d'un édit du préfet de la ville contient des dispositions destinées à prévenir les fraudes des meuniers, et
prononce pour un certain genre de contraventions. outre
la peine de l'amende, le supplice des verges : si le meu·
nier chargé de moudre du blé prétend prélever en outre
du salaire tarifé à trois sesterces par mesure. une certaine
quantité de farine, il sera condamné à l'amende et fustigé :
libre à lui cependant d'accepter ce que le client voudra
libéralement lui offrir de plein gré (3). Sans doute, les
lois à propos desquelles Caton l'Ancien disait *pro scapulis*
prononçaient des peines de même genre dans des cas

(3) Gruter, p. 1114, n. 6. — C. L. L., VI, 1711. Claudius Julius
Eclesius Dynamius V. C. inl. urbis praef. p. amore patriæ conpulsi
ne quid diligentiæ deesse videatur studio nostro adici vovimus ut
omnium molendinariorum fraudes amputentur quas subinde venera-
bili populo atque universitati fieri suggerentibus nobis agnovimus et
ideo stateras fieri præcipimus quas in Janiculo constituti nostra
præcepit auctoritas unde hoc programmate universitatem nosse
decernimus frumenta quum ad hæc loca conterenda detulerint con-
sueta fraudibus licentia possit amoveri : primo pensare non differant
deinde postquam fregerint propter fidem integræ observationis adhi-
bitis iisdem ponderibus agnoscant nihil sibi abstulisse licentiam frau-
datorum accipere autem secundum constitutum brevem molendina-
rios tam in Janiculo quam per diversa præcipimus per modium unum
nummos III ita quod si quis eorum inlicita præsumptione farinam cre-
diderit postulandam deprehensus et multæ subjaceat et fustuario
supplicio se noverit esse subdendum ; illud autem humanitas nostra
propter corporatorum levamen adicitat si qui voluntate propria non
compulsus sed donandi animo farinam offerre voluerit habeat qui
accipit liberam facultatem.

analogues (1), et c'est en les appliquant que le pouvoir des édiles en cette matière était passé en proverbe au temps de Plaute, contemporain de Caton (2).

En outre des amendes arbitraires des magistrats soumises ou non à la « *provocatio ad populum* » suivant la distinction que nous avons vue, plusieurs textes donnent une formule d'amende non arbitraire, mais dont le montant néanmoins n'est pas déterminé par une somme en chiffres : ce qui est fixe c'est une quotité, la somme seule est variable. On comprendra cette définition en sachant qu'il s'agit pour cette somme du patrimoine de celui qui a encouru la peine. En examinant en pure théorie quel peut être le fondement d'un pareil système, il semble qu'il résulte d'une idée d'équité, de frapper avec une égale sévérité quiconque a commis la faute, résultat qui ne sera pas obtenu si la même peine frappe deux hommes de fortune différente : pour l'un ce sera une blessure profonde, pour l'autre à peine une égratignure. Dans quel cas sera-t-il donc le plus facilement applicable ? N'est-ce dans ceux où

(1) Festus, v° s. : Pro scapulis cum dicit Cato significat pro injuria verberum ; nam complures leges erant in cives rogatæ quibus sanciebatur pœna verberum, his significat prohibuisse multos suos civis in ea oratione quæ est contra M. Cœlium : Si em percussi sæpe incolumis abii, præterea pro republica, pro scapulis, atque ærario multum Populus Romanus profuit.

(2) Plaute. *Trinumus*, IV, 2, v. 147 : Vapulabis meo arbitratu et novorum ædilium.

ce n'est pas un individu qui est lésé par le délit, mais une collectivité? Le dommage est forcément moins sensible et le sentiment de vengeance n'existe que bien peu. Mommsen doit donc être dans le vrai lorsque il attribue ce genre d'amende aux atteintes portées à la chose publique dans ses intérêts matériels (1). La procédure même n'a plus les formes de la voie criminelle, elle se rapproche de la procédure civile. Elle devait consister à constater si les conditions nécessaires pour que le fait tombât sous l'application de la loi étaient réalisées, et une fois cette constatation faite, la question à résoudre était l'évaluation du patrimoine du coupable. Sans doute celui-ci devait lui-même faire la déclaration de la valeur qu'il attribuait à son patrimoine et les juges appréciaient. C'est ce qui nous semble résulter d'un passage de Fronton. Dans une lettre où il répond à l'empereur Antonin (Marc Aurèle) qui lui a reproché de l'aimer moins que lorsqu'il était un enfant, il se plaint en plaisantant que son auguste élève le frappe d'une amende qui porte sur l'ensemble de désirs et de vœux qu'il a réalisé, et se servant sans nul doute de la formule usitée en pareilles circonstances, il déclare ce qu'il entend donner en paiement : pour cette amende, dit-il, je fais abandon de mon affection dont au contraire la somme a été doublée,

---

(1) Voir *Droit public Romain* t. I p. 204 et suivantes § *La Juridiction administrative*.

car, ajoute-t-il l'empereur n'a pas suivi la vieille coutume où l'on demande mille de moins que la moitié (1). Ce procès sentimental transporté dans la pratique en suivant la règle même de l'ancien usage conduit à une amende de la moitié du patrimoins moins mille infligée à un particulier quelconque et à la déclaration que fait celui-ci devant le juge dans les termes suivants : «*in eam multam tantam pecuniam desero* » et la somme doit représenter pour être juste la moitié de son patrimoine moins mille. Caton, chez Aulu-Gelle, nous donne exactement la même formule et il semble que ce soit des exemples de loi prononçant de telles amendes qu'il donne en parlant de la transgression du maximum de la loi Licinia dans la quantité du territoire public que chacun pouvait posséder ou d'un pâturage d'animaux en nombre abusif sur la propriété publique (2). Ces cas rentrent bien dans les delits

---

(1) Fronto *Ad Anton*. I. 5 : Vide, quæso, ne temet ipse defrudes (*sic*) et detrimentum amoris ultro poscas; amplius enim tanto amari te a me velim, credas mihi quanto omnibus in rebus potior est certus præsens fructus quam futuri spes incerta. Ego ne qui indolem ingenii tui in germine etiam tum et in . herba dilexerim, nunc frugem ipsam maturæ virtutis nonne multo multoque amplius diligam ? Tum ego stolidissimus habear agrestium omnium omniumque oratorum (*sic in margine cod*. : *aratorum*) si mihi cariora sint sata messibus. Ego vero quæ optavi quæque vovi compos, optatorum votorumque meorum damnatus atque multatus sum; in eam multam duplicatum amorem tuum desero, non ut antiquitus multas inrogari mos fuit mille minus dimidio.

(2) Aulu-Gelle VII 5 : Quæ lex est tam acerba quæ dicat : Si quis

commis à l'encontre des intérêts d'une collectivité. Il en est ainsi de la « *taxatio* » du même genre prononcée par la loi Silia contre le magistrat coupable de falsification des poids et mesures publics, amende qui ne doit pas dépasser la partie la moindre de sa fortune ; l'accusation est publique, c'est-à-dire qu'elle appartient à tout citoyen (1).

2° *Exécution*. — Si les édiles plébéiens furent d'abord plutôt des agents d'exécutions que des magistrats, cette attribution ne se maintint pas surtout lorsque des agents spéciaux furent créés. Ici le nom est d'accord avec les fonctions : Les agents d'exécution de la justice criminelle, au nombre de trois, sont les *tres viri capitales* appelés dans la langue courante *tres viri nocturni* parce que c'est à eux surtout qu'incombait la surveillance de la ville pendant la nuit (2). Leur création remonte, comme nous l'avons

illud facere voluerit mille minus dimidium familiæ multa esto ; si quis plus quingenta jugera habere voluerit... si quis majorem pecudum numerum habere voluerit.

(1) Festus v. s : Publica pondera. Ad legitimam normam exacta fuisse exea causa Junius in... colligi t quod duo Silii P. et M. trib. pleb. rogarint his verbis : Ex ponderibus publicis quibus hac tempestate populusœtier qui solet uti coæquetur sedulum... ; si quis magistratus adversus hac d (olo) m (alo) pondera, mediosque, vasaque publica modica, minora majorave faxit jussitve fieri. dolumve adduit, quod ca fiant, cum quis volet magistratus multaretur dum minore patri familias taxat liceto, sive quis iu sacrum judicare voluerit liceto.

(2) Val. Maxima. VIII. t. *Damn.* 6 : P. Villius triumvir nocturnus. — Tite-Live : IX. 46 : triumviratu... nocturno. — Paul. *Dig.* I. 15. l. 1 : ... Triumviri... qui ab eo quod excubias agebant nocturni dicti sunt.

dit. à une époque comprise entre les années 464 à 467 (1). Ce nombre de trois est remarquable à cette époque où la collégialité allait toujours avec la dualité. Au début peut-être furent-ils nommés par le préteur, car c'est à ce magistrat qu'une loi Papiria (entre 512 et 630) attribua la présidence de leur élection dans les comices (2). Comme c'est le préteur urbain que désigne la loi, il en résulte qu'elle est postérieure à la création d'un second préteur. le préteur pérégrin, qu'on s'accorde à placer vers l'an 512 (3) ; et d'autre part elle est antérieure à la loi Acilia *repetundarum* (631 ou 632) qui mentionne les triumvirs capitaux parmi les magistrats ; de même à la loi de Bantia (621 à 636).

Ils avaient la surveillance des prisonniers (4) et en cas de flagrant délit ou d'urgence, ils procédaient aux arres-

(1) Tite-Live. *Ep.* XI : Triumviri capitales tunc primum creati sunt.

(2) Festus, v° *Sacramentum* : ... Qua de re lege L. Papiri tribuni pl. sanctum est his verbis : Quicumque prætor post hac factus erit qui inter civis jus dicet tres viros capitales populum rogato, hique tresviri (capitales) quicumque (posthac) facti erunt sacramenta exiganto judicantque eodemque jure sunto uti ex legibus plebeique scitis exigere judicarequé esseque oportet.

(3) Tite-Live. *Ep.* XIX : Duo primum prætores tunc creati. Pour la détermination de la date, voir M. Mommsen (*Man.* III p. 224 n. 4).

(4) Cicéron. *De leg.* III. 3 (6) : Minores magistratus... vincula sontium servanto. — Pomponius. *Dig.* I 2. 1. 2 § 30 : Triumviri capitales qui carceris custodiam haberent. — Tite-Live XXXII. 16 : Triumviri carceris lautumiarum intentiorem custodiam habere jussi.

lations qui, bien que préventives, devinrent cependant quelquefois définitives, c'est-à-dire que si l'incarcéré recourait vainement aux magistrats supérieurs, il restait, sans cependant qu'il fût condamné, dans la prison pendant un temps plus ou moins long, qui pouvait cesser avec les fonctions du triumvir ou par l'intervention d'un magistrat mais qui dans certains cas dura jusqu'à la mort (1).

Véritables officiers de police criminelle, ils recevaient les dénonciations des crimes et procédaient à une instruction sommaire (2). Ils pénétraient même dans les maisons

(1) Valère Maxime VI. I. 10 : C. Pescennius triumvir capitalis Cornelium fortissime militiæ stipendia emeritum, virtutisque nomine quater honore primipili ab imperatoribus donatum, quod cum ingenuo adolescentulo stupri commercium habuisset publicis vinculis oneravit. A quo appellati tribuni, cum de stupro nihil negaret... intercessionem suam interponere noluerunt. Itaque Cornelius in carcere mori coactus est. — Aulu-Gelle. III. 3 : *De Nævio....* accepimus tabulas eum in carcere duas scripsisse... cum ob assiduam maledicentiam et probra in principes civitatis... iu vincula Romæ a triumviris conjectus esset. Unde post a Tribunis plebis exemptus est cum in iis, quas supra dixi, fabulis, delicta sua et petulantias dictorum... diluisset. — Pline *H. n.* XXI. 3. P. Mutianus ayant enlevé une couronne de fleurs mise à la statue de Marsyas pour se la mettre sur la tête fut incarcéré par les triumvirs. Les tribuns appelés par lui s'interposèrent comme on fait à Athènes, dit Pline, où les jeunes gens qui se disposent à faire un bon dîner, commencent par fréquenter le matin une réunion de sages pour se pénétrer de leur enseignement. Ce Munatius fut donc envoyé à l'Ecole : Pline ne nous dit pas si c'était un jeune homme.

(2) Varro *De l. lat.* V. (IV) 81 : Quæstores (dicti) a quærendo qui conquirerent... maleficia quæ triumviri capitales nunc conquirunt, Cicéron. *Pro Cluentio* XIIII. (38). Liberti Asinii et nonnulli amici... iu

pour rechercher les coupables qui s'y cachaient et les en-
levaient de force (1). Ils fustigeaient les gens de basse
condition, les voleurs, et les esclaves, en les attachant à la
colonne Mænia : c'est là qu'ils se tenaient pour recevoir
les dénonciations (2).

Ils procédaient aux exécutions capitales, qui avaient lieu
soit sur le forum et alors le bourreau (3) tranchait la tête
avec une hache (4), ou frappait le condamné de verges
jusqu'à ce que la mort s'en suivit (5), soit dans la prison et

eum (Avilium) invadunt et hominem ante pedes Q. Manilii qui tum erat
triumvir constituunt.

(1) Suite du texte de la note précédente. Atque ille continuo.....
Asinium... ab se consilio Oppianici interfectum fatetur. Extrahitur
domo latitans Oppianicus a Manilio.

(2) Cicéron. *Divin. in Cæcil.* 16 (50) vobis tanta inopia reorum est ut
mihi causam præripere conemini potius quam aliquos ad columnam
Mæniam vestri ordinis reos reperiatis. Asconius *ad loc. cit. :* reos
vestra defensione condignos vel fures et servos nequam qui apud
triumviros capitales apud columnam Mæniam puniri solent. Plaute.
Aulul. III. 2. v. 2 :... ad trisviros jam ego deferam tuum nomen. Quamobrem ? — Quia cultrum habes. *Id. Asinaria* I. 2. v. 5 : ibo ego ad tris-
viros, vostraque ibi nomina | faxocrunt ; capitis te perdam ego et filiam.

(3) Sénèque. *Controv.* III. 16 : Triumviris opus est, comitio, carnifice.

(4) Cicero. *In Pison.* 34 (83-84) : (Plator) quem ne majorum quidem
more supplicio affecisti, cum miser ille securibus hospitis sui (Pisonis)
cervices subjicere gestiret.

(5) Suite du texte précédent : Pleuratus.... quem necasti verberi-
bus. — Suétone. — Suétone. Nero 49 : Legit... se hostem a Senatu judicatum et quæri ut puniatur more majorum ; interrogavitque quod id
genus esset pœnæ et cum comperisset nudi hominis cervicem inseri
furcæ, corpus virgis ad necem cædi... pugiones arripuit.

alors ils y procédaient eux-mêmes : cet endroit était celui
où l'on exécutait les femmes et les condamnés d'importance, Salluste nous en donne la description (1). C'était
dans la partie de la prison appelée *Tullianum.* du nom
de son constructeur Servius Tullius qui la fit creuser sous
le mont Capitolin, d'où lui vient aussi le nom de « *lautumiæ* » ou « *latomiæ* » qui veut dire carrière de
pierres (2). Elle avait trois étages de profondeur, l'étage
supérieur servait aux prisonniers pour qui l'on conservait encore des égards. Le milieu contenait les prisonniers
condamnés à des peines graves : ils avaient les fers. Enfin
le fond, qu'on appelait *carnificina*, parce qu'on y exécutait (3) : il avait une profondeur de XII pieds, ses murs

(1) Salluste. *Bell. catil.* § 5. Consul... triumviros quæ supplicium postulabat parare jubet : ipse præsidiis dispositis Lentulum in carcerem
deducit, idemque fit ceteris per prætores. Est in carcere locus quod
Tullianum appellatur. ubi paululum ascenderis ad lævam. circiter duodecim pedes humi depressus : cum muniunt undique parietes, atque
insuper camera lapideis fornicibus vincta sed inculta tenebris, odore
fœda, atque terribilis ejus facies. In eum locum postquam demissus
Lentulus vindices rerum capitalium quibus præceptum erat laqueo
gulam fregere.

(2) Festus: Tullianum quod dicitur pars quædam carceris Ser.
Tullium Regum ædificasse aiunt. Varron *de l. l.* (IV) 151 : Carcer a
coercendo quod exire prohibentur. In hoc pars quæ sub terra Tullianum, ideo quod additum a Tullio rege ; quod Syracuseis, ubi simili
de causa custodiuntur, vocantur Latomiæ et de Latomia translatum
quod hic quoque lapidicinæ fuerunt.

(3) Suétone. *Tibère* 62: Carnificina ejus ostenditur locus Capreis unde
damnatos post longa et exquisita tormenta...

étaient voûtés, et l'on y faisait entrer le condamné par
la partie supérieure au moyen d'une corde (*demittere*) :
les triumvirs ou le bourreau lui passaient alors le lacet au
cou et l'étranglaient (1). Le corps était ensuite retiré aux
moyens de crocs et traîné aux gémonies (2).

Les livres furent parfois brûlés; en vertu d'une décision
du Sénat généralement. Un scribe avait trouvé des coffres
remplis de livres traitant de divers sujets philosophiques et
religieux, le préteur pour lequel il travaillait après les
avoir examinés pensa à les jeter au feu (3), mais ne voulant violer le droit de propriété du scribe, il lui dit qu'il

(1) Voir le passage de Salluste cité n. 1 p. 257. Suétone *Tib.* 6 L. :
Immaturæ puellæ quia more tradito nefas esset virgines strangulari,
vitiatæ prius a carnifice, dein strangulatæ. — M. Mommsen est donc
trop absolu quand il dit (*Man.* : IV p. 505) « Pour les personnes de
distinction et les femmes les triumvirs y procèdent en personne ».

(2) Suétone. *Tib.* 61 : Nemo punitorum non et in Gemonias abjectus
uncoque tractus. — Juvenal X. V. 60 : Sejanus ducitur unco | spec-
tandus. Ovide : *Ibis* V. 165 : Carnificisque manu, populo plaudente
traheris, | Infixusque tuis ossibus uncus erit.

(3) Tite-Live XL. 29 : Eodem anno(575) in agro L. Petillii scribæ sub
janiculo... duæ lapideæ arcæ octonos ferme longæ quaternos latæ, iu-
ventæ sunt operculis plumbo devinctis... in altera duo fasces candelis
involuti septenos habuere libros non integros modo sed recentissima
specie : Septem Latini de jure pontificio erant; septem græci de
disciplina sapientiæ... Q. Petillius prætor urbanus, studiosus legendi
eos libros a L. Petillio sumpsit et erat familiaris usus quod scribam
eum quæstor Q. Petillius in decuriam legerat. Lectis rerum summis,
cum animadvertisset pleraque dissolvendarum religionum esse, L.
Petillio dixit sese eos libros in ignem conjecturum esse, priusquam id
faceret se ei permittere uti si quod jus seu auxilium se habere ad eos

retiendrait les livres jusqu'à ce qu'il ait fait juger ce point. Les tribuns appelés déférèrent la chose au Sénat, qui ordonna que les livres fussent brûlés au *comitium* devant le peup le; les victimaires s'acquittèrent de ce soin.

Sous Tibère le Sénat fit brûler par les édiles, les livres de Crematius Cordius élogieux pour Brutus et Cassius (1). Ce fut aussi pour les auteurs un crime de louer Thrasea et Helvidius Priscus, leurs livres furent également brûlés au comice et sur le forum par les soins des triumvirs (2).

Nous avons vu les autres attributions de triumvirs dans d'autres chapitres, en matière d'incendie et de surveillance des rues. Par une anomalie ces magistrats eurent ainsi au moins jusqu'au VI⁰ siècle l'attribution de procès civils en la forme et criminels au fonds, dans ces actions populaires

libros repetendos existimaret, experiretur : id integra sua gratia eum facturum. Scriba tribunos plebis adit; ab tribunis ad Senatum res est rejecta. Prætor se jus jurandum dare paratum esset aiebat, libros eos legi servarique non oportere. Senatus censuit : Satis habendum quod prætor jusjurandum policeretia ; libros primo quoque tempore in Comitio cremandos esse.... Libri in Comitio, igne a victimariis facto in conspectu populi cremati sunt.

(1) Tacite : *Annal.* IV. 34. Cremutius Cordus postulatur novo ac tunc primum audito crimine quod editis annalibus laudatoque M. Bruto, C. Cassium Romanorum ultimum dixisset... libros per ædiles, cremandos censuere patres.

(2) Tacite: *Agricola.* 2 : Legimus, cum Aruleno Rustico Pœtus Thrasea, Herennio Senecioni Priscus Helvidius laudati essent capitale fuisse :... in libros quoque eorum sævitum delegato triumviris ministerio ut monumenta clarissimorum ingeniorum in comitio ac foro urerentur.

où la peine était quadruple et dont la poursuite appartenait à tous (1). Ils exercèrent aussi le recouvrement des « sacramenta » perdus dans les procès civils (2), et jugèrent les excuses présentées par ceux qui se refusèrent à remplir les fonctions de jurés (3)

On ne peut ranger les tribuns parmi les officiers de police criminelle, parce qu'ils exécutaient eux-mêmes leurs condamnations à mort, ce n'était que l'exercice de leur droit de coercition. Ils y procédaient en précipitant le con-

(1) Plaute : *Persa* I. 2. Le parasite Saturio se répand en plaintes contre les *quadruplatores*, c'est-à-dire ceux qui intentent les actions du quadruple; et il propose des améliorations parmi lesquelles se trouve une égalité de situation des parties devant les Triumvirs : v. 10 : neque quadruplari me volo, neque enim decet | sine meo pericle ire aliena ereptum bona | Neque illi qui faciunt mihi placent, plane loquor | Nam publicæ rei causa quicumque id facit | magis quam sui quæsti animus induci potest | eum esse civem fidelem et bonum; sed legirupam si damnet, det in publicum | Dimidium. — Atque etiam in ea lege adscribitor : | ubi quadruplator quempiam injexit manum | tantidem ille illi rursus injecit manum, | et æqua parti prodeant ad tresviros.

(2) Festus. v° *Sacramentum* 2. : Sacramentum æs significat quod pœnæ nomine penditur (il explique ensuite qu'il est tantôt de 5o as tantôt de 5oo)... qua de re lege L. Papirii trib. pl. sanctum est his verbis : quicumque prætor posthac factus erit qui inter cives jus dicat, tresviros capitales populum rogato, hique tresviri [capitales] quicumque [posthac fac]ti erunt sacramenta exi[gunto] judicantoque eodemque jure sunto uti ex legibus plebeique scitis exigere judicareque esseque oportet.

(3) Ciceron. *Brutus* 5i (117) : (2. Ælius Tubero) quidem in triumviratu judicaverit contra P. Africano avunculi sui testimonium vacationem augures quo minus judiciis operam darent non habere.

damné du haut de la roche Tarpéenne. Ce mode employé
dès le début est toujours resté en vigueur. Ainsi vers
l'an 623 C. Atinius Labeo allait traiter ainsi Metellus pour
l'avoir rayé du Sénat, si les autres tribuns n'avaient in-
tercédé (1).

Ils reçurent quelquefois des missions du Sénat pour réduire les magistrats à l'obéissance, ou même pour s'empa-
rer de leur personne et les ramener de force, c'est ainsi
que deux d'entre eux furent chargés, lorsque de mauvais
bruits avaient couru sur Scipion, d'accompagner le préteur et les légats pour s'assurer de sa personne s'il résis-
tait à l'ordre du préteur.

Un édile qui eût fait la *prensio* en cas de nécessité leur
était adjoint (2). Ce rôle est le même que celui que nous
avons vu jouer aux édiles plébéiens dans le procès de Coriolan. Ils restèrent donc longtemps des agents d'exécution et ce fut encor un édile plébéien, mais qui n'agit là
qu'en partisan, que ce Lucretius qui jeta le corps de

(1) Tite-Live *Epitr.* 59 : C. Atinius Labeo tribunus plebis T. Metellum
censorem a quo in Senatu legendo præteritus erat de saxo dejici jussit
quod ne fieret ceteri tribuni plebis auxilio fuerunt.

(2) Tite-Live XXIX. 20. Facto Senatu-Consulto cum tribunis plebis
actum est ut comparerent inter se aut sorte legerent qui duo cum
prætore ac legatis irent... Tribuni plebis cum prætore et decem legatis profecti :... iis ædilis datus quem si aut in Sicilia prætori dicto
audiens non esset Scipio, aut jam in Africam trajecisset, prendere tribuni juberent, ac jure sacrosanctæ potestatis reducerent.

Ti. Gracchus dans le Tibre, ce qui lui valut le surnom de
« *Vespertilio* » (1).

(1) Sex. Aurelius Victor : *De vir. ill.* 64. Tib. Gracchus : Cujus (Gracchi)
corpus Lucretii ædilis manu in Tiberim missum, unde ille « Vespertilio » dictus. — Vespertilio, c'est ce que nous appelons croque-
mort.

CHAPITRE V

L'APPROVISIONNEMENT

Annona, déesse sainte, sacrée, donne la subsistance de chaque année. Comme Cérès, elle porte une couronne d'épis. Sa corne d'abondance verse le blé, les fruits de la terre, le miel des ruches ; sa main sur la barre gouverne le monde (1) et ses génies protègent les villes (2).

(1) Gruter p. 81 n° 10 et C. I. L. VII 22 la description y est donnée d'après Smetius dans Gruter) : Romæ in templo Sanctæ Mariæ aræ cœli, in capitolio, in sacello quodam sub altari posita est ara grandis : In qua stat Dea humero dextro bracchioque nuda : reliquo corpore vestito, diademate lunato ornata, dextra aristas in vas quod astat et aliis aristis plenum est demittens, sinistra ad quam gubernaculum supra orbem positum est, sic cornu copiæ plenissimum erigens. Subtus est hæc inscriptio : ANNONÆ SANCTÆ | ÆLIVS VITALIO | MENSOR. PERPETVVS | DIGNISSIMO | CORPORIS.PISTORVM | SILIGINIARIORVM | D. P. Gruter p. 1065 n° 10. Romæ in Julii III pont. max. sub figura Deæ stolatæ, spicis caput redimitæ, triticeumque sertum dextra tenentis eoque tangentis alvearium : ANNONA. AVGVSTI.CERES. — et il donne une reproduction en gravure de l'ouvrage de Boissard. *Antiq. Rom.* VI p. 60.

(2) Il existe au musée du Louvre, salle des antiquités du nord de l'Afrique sans n° de catal., une pierre rectangulaire trouvée en 1845 dans la ville de Philippeville (bâtie sur l'emplacement et en partie avec les matériaux de Rusicade), portant l'inscription suivante :

Mais, comme tous les dieux de l'antiquité, elle eut souvent des caprices, et des précautions durent être prises pour éviter de grands maux. Cette branche importante de l'administration générale n'eut jamais, sous la république, ses organes propres ; le Sénat devait prévoir les éventualités et prendre les mesures nécessaires ; les magistrats ordinaires, spécialement les édiles, parfois des magistrats nommés extraordinairement, même des particuliers, en eurent le soin. Sous des causes diverses, l'organisation primitive se modifia et au lieu de consister simplement à constituer des réserves, et à assurer la vente libre et à juste prix sur le marché, devint l'assistance publique. imposée par les tribuns ambitieux.

Les annales font remonter à l'époque la plus ancienne le souci de l'approvisionnement et les distributions employées comme des moyens propres à gagner la plèbe. Sans tenir compte des détails donnés pour des temps si éloignés, il est certain que de tout temps la plus élémentaire prévoyance exigeait la prise de mesures contre les éventualités. En 246, après l'expulsion des rois, la réorganisation de l'État demandant l'harmonie entre ses diverses

GENIO.COLONIAE | VENERIAE.RVSICADIS|AVG (usto) SACR (um) | M. AEMILIVS. BALLATOR | PRAETER.I-S.XM N(ummum) QVAE.IN | OPVS.CVLTVMVE.THEATA |POSTVLANTE.POPVLO.DE | DIT.STATVAS.DVAS GENI | VM. PATRIAE N (ostro) ET ANNO | NAE SACRAE.VRBIS.SVA | PECVNIA.POSVIT.AD|QVARVM DEDICATIO | NEM.DIEM LVDORVM CVM.MISSILIBVS EDIDIT | L (ocus) D (ecreto) D (ecurionum) D (atus). — C. I. L. VIII n° 10622.

parties, le Sénat eut des attentions pour la plèbe et assura sa subsistance en faisant acheter du blé à Cùmes et chez les Volsques (1). Quelques années plus tard, on fit venir par eau du blé d'Etrurie, et les consuls en firent venir de la Sicile (2).

Sans arriver à la libéralité absolue, les édiles, soit par des marchés avantageux, soit même par des sacrifices personnels, livrèrent le blé au peuple à des prix très inférieurs. Mais il faut tenir compte, pour bien apprécier le taux de la vente, des variations subies par l'as dans sa valeur. Primitivement, il valut 1 livre pesant de cuivre, soit 12 onces. Mais en 485, pendant la première guerre punique, le trésor étant épuisé, l'as ne pesa plus que deux onces ; à la seconde guerre punique, la même opération eut lieu, il ne valut plus qu'une once ; la loi *Plautia Papiria*, de l'année 665, le réduisit à 1/2 once (3). L'unité

----

(1) Tite-Live II. 9 : Multa igitur blandimenta plebi per id tempus (246 V. C.) ab Senatu data : annonæ in primis habita cura et ad frumentum comparandum missi, alii in Volscos, aliis Cumas.

(2) Tite-Live II. 54 : Ex Tuscis frumentum Tiberi venit, eo sustenta est plebs :... M. Minutio deinde et A. Sempronio coss. magna vis frumenti ex Sicilia advecta.

(3) Pline. *Hist. nat.* XXXVII 5 : Libræ autem pondus æris imminutum bello punico primo cum impensis respublica non sufficeret, constitutumque ut asses sextantario pondere ferirentur : ita quinque partes factæ lucri dissolutumque æs alienum — ... postea, Hannibale urgente, Q. Fabio Maximo dictatore, asses unciales facti :..... Mox lege Papiriana semunciales asses facti. -- Festus (v. s.) place à la seconde guerre punique la réduction à deux onces : Sextantarii asses in usu

de mesure était le *modius*, dont la capacité parait avoir
été de 8 litres 67 (1).

Ce fut Manius Martius, édile de la plèbe, qui, en 298,
fit la première distribution de froment au prix d'un as le
boisseau, dit Pline, et suivant le même auteur, en 345,
l'édile Trebius le donna au même prix (2). En 455, Fabius
Maximus, édile curule, si tant est qu'il exerça cette
magistrature en cette année, évita une famine par les
provisions qu'il avait faites (3). Peu de temps après
l'approvisionnement fut organisé d'une façon permanente :
lors de la réunion des peuples de l'Italie sous la domina-
tion de Rome en 487, quatre postes de questeurs furent
établis dans différentes villes (4) et entre autres le ques-

esse cœperunt ex eo tempore quod propter bellum punicum secundum quod cum Hannibale gestum est decreverunt patres ut ex assibus qui tum erant librarii fierent sextantarii per quos cum solvi cœp-
tum esset et populus œre alieno liberaretur et privati, quibus debi-
tum publice solvi oportebat, non magno detrimento adficerentur.
Septuennio quoque usus est ut priore numero, sed id non permansit
in usu, nec amplius processit in majorem.

(1) Saglio et Daremberg. *Dict. des antiq. grecq. et Rom.* v. *Annona.*
Dureau de la Malle, *Economie politique des Romains*, tome I p. 279.

(2) Pline. *Hist. nat.* XVIII 3 : M. Martius œdilis plebis primum
frumentum populo in modios assibus donavit... Trebius in œdilitate
assibus populo frumentum præstitit.

(3) Tite-Live X 11 : Caritas annonæ sollicitam civitatem habuit,
ventum que ad inopiæ ultimum foret ut scripsere quibus œdilem
fuisse eo anno Fabium Maximum placet, ni ejus viri cura... in annonæ dispensatione præparando ac convehendo frumento fuisset.

(4) Tacite *Ann.* XI 22. Quæstores, regibus etiam imperantibus insti-

teur d'Ostie eut parmi ses attributions la surveillance des importations de blé (1). Là fut désormais le grand entrepôt de Rome, pour lequel furent sans doute construits ces grands magasins récemment découverts (2). De là on le transportait à Rome en d'autres dépôts dont la surveillance appartenait aux édiles (3). Cependant, en temps ordinaire, le commerce privé servait pour alimenter le marché et les marchands voyaient leurs prix tarifés et tout accaparement empêché par la surveillance des édiles (4). Les distributions, cependant, continuèrent dans certaines circonstances, et surtout quand les généraux

tuti sunt... Dein gliscentibus negotiis duo additi qui Romæ curarent. Mox duplicatus numerus, stipendaria jam Italia, et accidentibus provinciarum vectigalibus. Tite-Live *Epit.* XV Quæstorum numerus ampliatus est ut essent octo.

(1) Voir p. 270 n. 2, le texte de Cicéron où la « *procuratio frumentaria* » est enlevée au questeur d'Ostie.

(2) Voir la description qu'en fait M. Gaston Boissier dans ses « *Promenades archéologiques* ».

(3) Tite-Live XXVI 10 : Fulvius Flaccus... cum exercitu Romam ingressus... inter Esquilinam Collinamque portam posuit castra ; ædiles plebis commeatum eo comportarunt.

(4) Cicéron *Pro lege Manilia* 17 (55) parle du « *commeatus privatus* », qu'il place à côté du « *commeatus publicus.* » — Tite-Live IV 12 : (Minucius) cum... nullum momentum fecisset, et revolutus ad dispensationem inopiæ, profiteri cogendo frumentum et vendere quod usu menstruo superesset, fraudandoque parte diurni cibi servitia, criminando inde et objiciendo iræ populi frumentarios acerba inquisitione aperiret magis quam levaret inopiam. *Id.* XXXVIII 35 : Duodecim clypea aurata ab ædilibus curulibus... sunt posita ex pecunia qua frumentarios ob annonam compressam damnarunt.

envoyaient de leur province de grandes quantités de grains. C'est ainsi qu'en 549 les édiles curules, M. Valerius et M. Fabius, procédèrent par quartiers à des distributions du blé arrivé d'Espagne au prix de quatre as (1). En 553, au même prix, les édiles curules L. Valerius Flaccus et L. Quintius Flamininus distribuèrent une énorme quantité de blé envoyé d'Afrique par P. Scipion (2). En 554, le blé d'Afrique, réparti par les édiles curules M. Claudius Marcellus et Sex Ælius Pœtus, avait baissé de moitié. C'est encore à ce dernier prix que les édiles curules M. Fulvius Nobilior et C. Flaminius divisèrent entre les citoyens, au prix de deux as, un million de mesures du froment qu'avaient envoyé les Siciliens à Flaminius en son honneur et en celui de son père. Il n'avait pas voulu jouir seul de la faveur qu'il se serait attirée ainsi auprès du peuple et il la fit partager à son collègue M. Seius, édile curule en 680, à un moment où le blé était

(1) Tite-Live XXX, 26 : Annonæ vilitas fuit, præterquam quod pace omnis Italia erat aperta, etiam quod magnam vim frumenti ex Hispania missam, M. Valerius Falto et M. Fabius Buteo ædiles curules quaternis æris vicatim podulo descripserunt.

(2) Tite-Live, XXXI, 4 : Ludi Romani... facti ab ædilibus curulibus L. Valerio Flacco et L. Quinto Flaminino... frumentique vim in centem quod ex Africa P. Scipio miserat quaternis veris populo cum summa fide et gratia diviserunt.

(3) Tite-Live, XXXIII, 42 : Ædiles curules M. Fulvius Nobilior et C. Flamininius tritici decies centum millia binis æris populo diviserunt. *Id.*, C. Flaminii honoris causa ipsius patrisque advexerant Siculi Romani, Flaminius gratiam ejus communicaverat cum collega.

cher, il le donna néanmoins au prix d'un as le *modius* (1).

Le premier des particuliers qui ait fait des distributions de grains (en 315) fut Sp. Mœlius et il les fit gratuites. On l'accusa d'aspirer à la royauté et le soin de distribuer les énormes approvisionnements de Sp. Mœlius fut confié à L. Minucius, en quelle qualité, la question, d'après Tite-Live même, est douteuse (2). M. Mommsen (3) regarde comme fictive une curatelle confiée à cette époque à un seul homme, alors que nous avons des témoignages qui prouvent que pour l'approvisionnement et la distribution des céréales, il en fut comme pour le partage des terres, et que l'on nommait des magistrats spéciaux en collège. Le premier qui fut nommé seul, du moins d'après les renseignements que nous avons, fut Æmilius Scaurus.

(1) Pline, *H. N.*, XV, 1 : Anno DCLXXX, M. Seius L. F., ædilis curulis, etc... Cicéron, *De off.*, II, 17 (58). Ne M. quidem Seio vitio datum est quod in caritate asse modium populo dedit.

(2) Tite-Live, IV, 13 : Sp. Maelius ex equestri ordine ut illis temporibus prædives... frumento... ex Etruria privata pecunia per hospitium clientiumque ministeria coempto... largitiones frumenti facere instituit... Ipse... ad altiora et non concessa tendere et... de regno agitare... L. Minucius præfectus annonæ, seu refectus seu quoad res posceret, in incertum, creatus; nihil enim constat nisi in libros linteos utroque anno relatum inter magistrtratus præfecti nomen. Hic Minucius eamdem publice curationem agens quam Maelius privatim agendam susceperat cum in utraque domo genus idem hominum versaretur rem compertam ad Senatum refert.

(3) *Droit publ. Rom.*, IV, p. 589. — Magistratus auxiliaires préposés aux céréales.

Il avait rendu à sa famille l'éclat que lui avait fait perdre le commerce des charbons exercé par son père et avait brillamment parcouru la carrière des honneurs où il avait acquis une grande autorité morale (1). Pour lui donner cette curatelle en 650, le Sénat destitua de sa questure d'Ostie Saturninus, parce qu'il y avait lieu de prendre des mesures contre la chèreté de l'annone 2). Une mission d'une étendue et d'une durée inusitées pour le même objet fut donnée par une loi de 697 à Pompée lui conférant pleins pouvoirs en cette matière pendant cinq ans sur toute la terre (3).

La plèbe avait pris goût à ces distributions faites par les édiles à des prix bien inférieurs aux cours du marché : aussi, lorsqu'il ne lui en était pas fait, elle s'agitait et ses tribuns commencèrent à réclamer une réglementation

---

(1) Sex. Aurelius Victor. *De Vir ill.*, 72 : M. Æmilius Scaurus nobilis, pauper : nam pater ejus quamvis patricius ob paupertatem carbonarium negotium exercuit... Tantumque auctoritate potuit ut Opimium contra Gracchum, Marium contra Glauciam et Saturnum privato consilio armaret.

(2) Ciceron. *De Harus p. resp.*, XX (45). Saturninum quod in annonæ caritate questorem a sua frumentaria procuratione senatus amovit, eique rei M. Scaurum præfecit, scimus dolore factum esse popularem. — *Id.*, pro Sextio XVII (59). Nec mihi res erat cum Saturnino qui quod a se quæstore Ostiensi per ignominiam ad principem et Senatus et Civitatis, M. Scaurum rem frumentariam translatam sciebat, dolorem suum magna contentione animi persequebatur.

(3) Ciceron. *Ad Attic.*, IV, 1. Legem consules conscripserunt qua Pompeio per quinquennium omnis potestas rei frumentariæ toto orbe terrarum daretur.

légale de l'abaissement à son profit du prix des grains.
La première loi fut votée en 630 sur la proposition de
Caius Gracchus. elle décidait que le blé serait livré à la
plèbe à raison de 10/12 d'as le *modius*, c'est-à-dire pour
environ le tiers de la valeur (1). Cicéron dit que cette loi
était nuisible parce qu'elle épuisait le trésor (2). Le parti
conservateur et entre autres Pison l'avait violemment
combattue et une anecdote montre clairement que la
loi même dépassait son but et dilapidait les biens de la
nation en admettant riches et pauvres : Pison, donc, dit
Frugi, personnage consulaire, s'en venait à la distribution ;
à cette vue, Gracchus. qui présidait aux opérations,
s'adresse publiquement à lui : « Comment l'adversaire
acharné de la loi veut-il en profiter ? » L'autre de
répondre : « Oh ! excellent Gracche ! j'eusse souhaité ne
pas te voir diviser par tête notre patrimoine ! Si pourtant
tu persistes à le faire. je réclame mon écot (3).

En 633, une loi Octavia. modérée. dit Cicéron, suppor-

(1) Tite-Live. *Ep.*, 55 : C. Gracchus, Tiberii frater, tribunus plebis,
eloquentior quam frater perniciosas aliquot leges tulit inter quas frumentariam, « ut semisse et triente frumentum plebi daretur ».

(2) Cicéron. *De officiis*, II, 21 (72) : Quoniam de eo genere benefi-
ciorum dictum est quæ ad singulos spectant, deinceps de iis quæ
ad universos, quæque ad rem publicam pertinent, disputandum est...
Danda est opera omnino, si possit, utrisque nec minus ut etiam singulis consuletur, sed ita ut ea res aut prosit au certe non obsit reipublicæ : C. Gracchi frumentaria magna largitio, exhauriebat igitur
ærarium.

(3) Cicéron. *Tuscul.* III. 20 (48) : Piso ille Frugi semper contra le-

table à la république, et indispensable à la plèbe, abrogea
en la remplaçant la loi de Gracchus, mais elle ne dura
guère non plus que celles qui suivirent (1). En 663, Livius Drusus, passant violemment outre à l'opposition du
Consul Philippe porta une nouvelle loi agraire, sa durée
fut celle de la vie de son auteur tué un an après (2). En
680, les consuls C. Cassius et M. Terentius proposèrent
une loi et l'année suivante le Sénat la mit en exécution
en chargeant le préteur de Sicile, verrès d'acheter le blé (3).

gem frumentariam dixerat : is lege lata, consularis, ad frumentum
accipiendum venerat : animadvertit Gracchus in concione Pisouem
stantem ; quærit. audiente populo Romano quid sibi constet cum ea
lege frumentum petat quem dissuaserat : Nolim, inquit, mea, bone
Gracche ! tibi viritim dividere libeat; sed si facias, partem petam.
Parum ne declaravit vir gravis et sapiens lege Sempronia patrimonium
publicum dispensari. Cette dernière phrase est le commentaire que
fait Cicéron du mot « mea » pour qu'on ne s'y méprenne pas, en
pensant que Pison parle de ses propres biens.

(1) Cicéron. *De officiis* II. 21 (72). Suite de la note (2) de la page 271.
Après avoir critiqué la loi de Gracchus, Cicéron met en opposition
celle d'Octavius : Modica M. Octavii et reipublicæ tolerabilis et plebi
necessaria, ergo, et civibus et reipublicæ salutaris. *id.* De Leg. I. 6.
T. Livius. LXII. (222). Cicéron dit qu'il met au rang des orateurs :
M. Octavium, Cn. f., qui tantum auctoritate dicendoque valuit ut legem
Semproniam frumentariam populi frequentis suffragiis abrogaverit.

(2) Tite-Live *Ep.* 63: M. Livius Drusus, trib. pl...., per vim legibus
agrariis frumentariisque latis judiciariam quoque tulit.... Livius Drusus
invisus etiam Senatui factus ;... incertum a quo domi occisus est. —
Cicéron. De leg. I. b. (14). M. T. Livius et Apuleias leges nullas
putas ? Q.- Ego vero ne Livias quidem — M.- Et recte, quæ præsertim
uno verbiculo Senatus puncto temporis sublatæ sint.

(3) Cicéron. *In Ver.* III. 70 (163). Frumentum emere in Sicilia de-

Gracchus lui même, on vient de le voir, présidait en personne à la distribution. M. Mommsen (1) pense que cette loi instituait en même temps des *curatores annonæ*, comme la loi agraire instituait des *tresviri agris dandis*, et que ce devait être des magistrats permanents ; mais ils seraient tombés avec la loi elle même.

Les magistrats ordinaires en furent aussi chargés et il est très probable que les édiles le furent d'une manière stable. C'est ce que semble indiquer un passage d'une lettre de Cœlius à Cicéron où dans un projet de loi « Alimentaire » Curion fait faire le partage par les édiles (2). Les préteurs aussi intervenaient aux « *frumentationes* » (3). Déjà cependant, mais à une catégorie très restreinte de gens, aux indigents on faisait des distributions gratuites au Temple de Gérès où un asile leur était ouvert, dit Varron qui explique le mot « *pandere* » « s'ouvrir » par *panem dare*. — On leur donnait cinq

buit Verres ex Senatus-Consulto et ex lege Terentia et Cassia frumentaria.

(1) *Droit public Romain* IV. p. 389, n° 1.

(2) Cicero. *Ad famil.* VIII. 6. Cœlius Ciceroni : Quod tibi supra scripsi Curionem valde frigere jam calet..... legemque...... alimentariam quæ jubet ædiles metiri jactavit.

(3) Asconius (in argumento ad Cornelianam) dit que le préteur président a été obligé de s'absenter pour aller s'occuper du blé public : cum P. Cassius prætor decimo die ut mos est adesse jussisset eoque die ipse non affuisset, seu avocatus propter publici frumenti curam, seu gratificans reo......

mesures (*modius*) de blé, ration qui, parait-il, était aussi donnée aux prisonniers (1).

Jusqu'ici sauf l'exception que nous venons de mentionner, nous n'avons vu que des distributions faites à bas prix mais non gratuitement, mais la règle était contraire pour les distributions d'huile, de vin ou de sel, qu'on appelait « *congiaria* mot tiré du nom de la mesure qui servait à ces matières « *congius* » (2). D'après Pline, le roi Ancus Martius aurait inauguré cet usage en donnant au peuple 6.000 boisseaux de sel (3). Le sel était sans doute cher car le Sénat en 246 V. C. enleva le droit de vendre du sel aux particuliers à cause du prix élevé qu'ils en de-

(1) Nonius Marcellus : Pandere. Varro existimat ea causa dici quod qui ope indigerent et ad asylum Cereris confugissent, panis daretur. Pandere ergo quasi panem dare quod numquam fanum talibus clauclauderatur. *Idem. De vita pop. Rom.* lib. I : Hanc Deam melius putat esse Cererem, sed quod in asylum qui confugissent panis daretur, esse nomen fictum a pane dando pandere, hoc est aperire — Salluste. *histor. fragm.* III, *oratio M. Lepidi trib. pl. ad plebem* : absit periculum et labos quibus nulla pars fructus est ; nisi forte repentina ista frumentaria lege munia vestra pensantur. Qua tamen quivis modis libertatem omnium æstumavere qui profecto non amplius pos sunt alimentis carceris.

(2) Quintilien Inst. *orat.* VI. 5 : In metalepson quoque cadit ratio dictorum : ut Fabius Maximus incusans Angusti congiariorum quæ amicis dabantur exiguitatem, heminaria esse dixit ; nam congiarium cum sit commune liberalitatis atque mensuræ, a mensura ducta ; immunitio est rerum.

(3) Pline *H. n.* XXXI. 7 : Ancus Martius rex salis modia sex millia in congiario dedit populo et salinas primus instituit.

mandaient, et désormais l'État en eut le monopole (1). En 541 P. Cornelius Scipion et M. Cornelius Cethegus distribuèrent des *congii* d'huile dans chaque quartier (2). On peut dire que c'est gratuitement que l'édile curule M. Seius en 580, donna l'huile à un as les dix livres, puisque en 505, une seule livre se vendait douze as (3). Lucullus, excessif en tout, distribua en revenant d'Asie plus de cent mille tonneaux de vin grec alors qu'il devait bien en connaitre le prix, puisque enfant, il ne vit jamais son père en faire verser plus d'une fois dans le plus somptueux repas (4).

C'est en 696 que pour suivre le courant des idées, le tribun P. Clodius proposa la loi qui la première décidait la gratuité des distributions de blé et depuis ce fut la règle (5). Cesar dans la loi *Julia Municipalis* organisa le

(1) Tite-Live II. 9 : Salis... vendendi arbitrium quia impenso pretio venibat, in publicum omne sumptum ademptum privatis.

(2) Tite-Live XXV. 2 : Ædilis curulis fuit eo anno cum M. Cornelio Cethego P. Cornelius Scipio.., ædilitia largitio hæc fuit.. congii olei in vicos singulos dati — Voir Tite-Live XXVII. 57. Acilius Glabrio s'attire la faveur du peuple par le nombre de ses *congiaria*.

(3) Pline. *H. n.* XV. 1 : Urbis... anno DV. Appio Claudio Cæci nepote et Junio coss. olei libra duodenis assibus veniere ; et mox anno DCLXXX M. Seius, T. F., ædilis curulis olei denas libras singulis assibus præstitit populo Romano per totum annum.

(4) Pline. *H. n.* XIV. 14 : Quibus vinis auctoritas fuerit sua immensa his verbis tradit : L. Lucullus puer apud patrem nunquam lautum convivium vidit in quo plus semel græcum vinum daretur. Ipse cum rediit ex Asia millia cadorum divisit amplius centum.

(5) Asconius (*Orat. in Pison* IV) Diximus L. Pisone et Gabino coss.

partage d'une façon qui semble indiquer que le nombre de
gens recevant une part était si considérable qu'on ne pouvait dresser la liste de leurs noms, car le contraire était
fait ; ceux qui, sans doute à cause de leur situation de
fortune ne devaient pas participer étaient seuls tenus
d'aller déclarer leur nom au consul, en son absence, au
préteur urbain, au préteur périgrin et enfin en l'absence
de tous les magistrats précédents aux tribuns (1) qu'on
était toujours sûr de trouver (2). Ces magistrats devaient
porter ces noms sur des registres publics et de là sur un

P. Clodium trib. pl. quatuor leges perniciosas populo romano tulisse
annonianam de qua Cicero hoc loco mentionem non facit, fuit enim
summe popularis, ut frumentum populo quod antea senis æris ac trientibus in singulos modios dabatur, gratis daretur. Ciceron. *Pro Sext.*
XXV : legum multitudinem cum earum quæ latæ sunt, tum vero quæ
promulgate fuerunt... ut remissis semissibus et trientibus quinta
prope pars vectigalium tolleretur.

(1) *Lex Jul. Mun.* l. 1. : Quem hac lege ad cos. profiterei oportebit
sei is cum eum profiterei oportebit Romæ non erit tum quei ejus
negotia curabit... item isdemque diebus ad cos. profitemino...
l. 6 : Sei cos. ad quem h. l. professiones fierei oportebit Romæ non
erit tum is quem profiterei oportebit.... ad prætorem urbanum, aut
sei is Romæ non erit ad eum pr. quei inter peregrinos jus dicet profitemino... Si ex eis cos et pr. ad quos h. l. professiones fierei oportebit nemo eorum Romæ erit, tum is quem profiterei oportebit... ad
tribunum plebei profitemino.

(2) Aullu-Gelle, III, 2 : Tribuni plebeii quos nullum diem abesse
Roma licet, cum post mediam noctem profiscicuntur et post primam
facem ante mediam sequentem revertuntur non dicuntur abfuisse
unum diem quando ante horam noctis sextam regressi partem aliquam
illius in urbe Roma sunt.

tableau affiché au forum. Puis quand la distribution sera faite, à l'endroit où elle aura lieu (ce qui prouve que ce n'est pas au forum, et nous verrons quelques textes qui semblent désigner le lieu) (1), ce tableau, dit la loi, devra rester exposé dans un endroit où de plein pied on pourra facilement le lire (2) *ad majorem partem diei*. Servius et Macrobe nous apprennent ce qu'il faut entendre par là; c'est la première partie du jour (3); Le jurisconsulte Paul la termine à la septième heure (4) ainsi que Martial (5), mais il faut entendre la septième écoulée, et en outre, les jours étant fort courts, il faut prolonger le délai à la huitième heure. C'était en effet le moment de prendre le

(1) *Lex Jul. Mun.* l. 15 : Quod quemque h. l. profiterei oportebit is apud quem ea professio fiet... in tabulas publicas referunda curato eidemque omnia quæ utrique in tabulas rettulerit in tabulam ita in album referunda curato, idque apud forum et cum frumentum populo dabitur ibei ubei frumentum populo dabitur cottidie majorem partem diei propositum habeto unde de plano recte legi potest.

(2) Cette prescription n'était pas inutile. Suétone Caes Calig. 41 : cum per ignorantiam scripturæ multa commissa fierent tandem flagitante populo Romano, proposuit quidem legem sed et minutissimis litteris et angustissimo loco uti ne cui describere liceret.

(3) Servius In æneid, IX, v. 155 : *Nunc adeo . elior quoniam pars acta diei. | Quod superest lœti bene gestis corpora rebus | Procurati viri.* — Melior idest major sive prima. — Macrobe. *Saturn. I, 1* : Per omne spatium feriarum meliorem diei partem seriis disputationibus occupantes cœnæ tempore sermones conviviales agitant.

(4) *Dig.* L., 16, l. 2, § 1. Cujusque diei major pars est horarum septem primarum diei, non supremarum.

(5) Martial. IV. 8., v. 45. Sexta (hora) quies lassis, septima finis erat.

bain qui mettait fin aux affaires, et Pline le Jeune nous dit qu'on l'annonçait à la huitième heure en été et à la neuvième en hiver (1). D'ailleurs les heures ne doivent pas être celles visées par la loi Julia d'une époque antérieure, où la mollesse n'était pas encore arrivée à son apogée, et il est probable qu'il faut entendre ici *majorem partem diei* comme ayant la même durée que le temps où la circulation des voitures est interdite, c'est-à-dire du lever du soleil à la dixième heure. La loi exige l'apposition de ce tableau pour que le magistrat qui s'occupe de la distribution n'y comprenne pas les inscrits ; s'il contrevient à cette disposition il sera soumis à une action publique en paiement de 500 sesterces par mesure de froment distribué, ou suivant une autre lecture, dans le mois du fait (2). La loi devait certainement déterminer les catégories de ceux qui étaient exclus dans le chapitre précédant le commencement du texte dans le fragment qui nous a été conservé (3).

(1) Pline le Jeune. *Epist. III*, 1: Ubi hora balinei nuntiata est (est autem hieme nona, æstate octava) in sole, si caret vento ; ambulat nudus.

Martial. XI, 55, v. 5 : Octavam poteris servare, lavabimur una.

(2) *Lex Jul. Mun.* l. 17: queiquomque frumentum populo debit dandumve curabit nei quoi eorum quorum nomina h, l. ad eos, prætorem trib. ve pl. in ta | boula in albo proposita erunt, frumentum data neve dare jubeto neve sinito. Quei adversus ea eorum quoi frumentum | dederit is in r(itici) m(odios) | ou bien : intr[a] m[ensem]) I (singulos eu unum), ꝛↄↄↄ populo dare damnas esto ejusque pecuniæ quei volet petitio esto.

(3) Les premiers mots des tables d'Héraclée entrent trop brusque-

Nous venons d'interpréter la loi en nous conformant au
sens littéral du texte, auquel d'ailleurs il est impossible
sans correction de faire dire autre chose, malgré qu'en
aient les auteurs à qui de telles dispositions semblent en
contradiction avec l'ensemble du passage rapproché de ce
que disent d'autres textes. — M. Hirschfeld (1) en se fondant sur les assertions de Sénèque et de Suétone (2) pense
que tous les citoyens domiciliés pouvaient se faire inscrire
sur les listes d'après un tirage au sort opéré par les préteurs, mais qu'en fait on n'y inscrivait que ceux dont le
cens était inférieur à 400.000 sesterces. — M. Mommsen (3)

ment en matière pour qu'ils ne se rapportent pas à une définition
donnée, surtout avec le style du législateur de cette loi qui généralement rappelle chaque fois la définition pour désigner celui dont il
parle. Les premiers mots « *quem hac lege ad eos profiteri oportebit* »
par leur forme grammaticale même indiquent une liaison.

(1) Annona. — *Philologus*, t. XXX, p. 1 à 96.

(2) Sénèque. *De benef.* IV, 28 : Frumentum publicum tam fur quam
perjurum et adulter accipiunt, et sine delectu morum, quisquis civis
est, cum aliquid est quod tanquam civi non tanquam bono datur ex
æquo boni et mali ferunt. — Suétone. *Cesar* XLI : Recensum populi
nec more, nec loco solito, sed vicatim per dominos insularum egit,
atque ex vigenti trecentisque millibus accipientium frumentem e
publico ad centrum quinquagenta retraxit. Ac ne qui non cœtus re-
censionis causa moveri quandoque possent, instituit quotannis in
demortuorum locum ex his qui recensiti non essent, subsortilio a
prætore fieret.

(3) C. I. L. t. I. page 206 : Versus, I-19. — Videntur pertinere ad
eos qui post recensum plebis urbanæ frumentationum causa (a. 708)
institutum, professione facta. in numerum eorum qui frumentum publicum acciperent per subsortitionem perventuri erant. (Cf. Suetonius

commentant les dix-neuf premières lignes de la loi *Julia Municipalis* et citant aussi Suétone, pense qu'il s'agit de ceux qui après le recensement de la plèbe urbaine ont fait la déclaration aux magistrats désignés et dont les noms sont sortis au tirage au sort fait par le préteur ; mais il est forcé de reconnaitre que le texte dit le contraire et il suppose qu'il y a eu une altération volontaire ; il qualifie de gens plus audacieux qu'avisés ceux qui ont fait écrire à la ligne 18 « *proposita non erunt* » pour « *proposita erunt* ». — Nous allons examiner maintenant où se faisait cette distribution. Si nous n'en avons aucune indication par des témoignages contemporains — Cicéron en parle comme d'un lieu très connu et public, où il reproche à Marc Antoine d'avoir été l'auteur d'une scène scandaleuse (1) — cependant le groupement d'un certain nombre de textes et d'inscriptions peut faire naitre la présomption de l'identité du lieu où se faisaient postérieurement les distributions avec celui dont nous cherchons l'emplace-

Cæsar, 41, ibi : supra scripta verba). — Qua fieri sane non potuit nisi post professionem et ἐκλήρωσιν. Cavit lex ne professi ante subsortitionem (qua facta nomina sortitorum ex albo illo sublata esse consentaneum est) frumentum publicum acciperent quare corruperunt legem non emendarunt, quo fortiores quam prudentiores v. 18 pro « *proposita erunt* » scribi jusserunt « *proposita non erunt* ».

(1) Cicéron *Philippica* II, 34 (85). Non dissimulat (M. Antonius).....
apparet esse commotum ; sudat, pallet : quidlibet, modo ne nauseet, faciat quod in porticu Minutia fecit.

ment, s'il est démontré que la construction qui y servait datait d'une époque antérieure à la loi de César.

Velleius Paterculus nous apprend que le triomphe sur les Scordisques (en 644, V. C.) de M. Minucius fut très brillant et qu'il fit élever, sans doute avec le produit du butin, deux portiques qui à l'époque où l'auteur écrit, étaient très fréquentés (1). Apulée décrivant le fonctionnement du monde, énumère entre autres occupations des hommes celle de se rendre au portique de Minucius pour y participer aux distributions de blé (2). Dès l'époque de Claude nous voyons un *curator de Minucia* dénomination qui ne subsista pas dans cette forme, lorsque une dénomination analogue désigna des fonctions différentes dont l'exercice constituait une haute dignité. Le *curator de Minutia* n'était qu'un simple affranchi de l'Empereur Claude préposé à la distribution des tessères qui avait lieu à jour fixe au quarante-deuxième guichet, situé probablement dans le portique de Minutius et affecté à un district de la ville : Tibérius Claudius Januarius, affranchi d'Auguste, *curator de Minutia* pour le quatorzième jour au quarante-deuxième guichet et sa femme Avonia Tyche

(1) Velleius Paterculus II-8. Clarior (quam M. et C. Metellorum triumphus) ejus Minucii qui porticus quæ hodique celebres sunt, molitus est, e Scordiscis triumphus fuit.

(2) Apulée. *De mundo.* — (*prope ad finem*) : recuperatores judiciis præsidebunt, decuriones et quibus est jus dicendæ sententiæ ad consensum publici commeabunt et alius ad Minutiam frumentatum venit.

ont fait construire à leurs frais les terrasses de la villa de Pituanium (1). Mais on rencontre des personnages de rang élevé dans les *curator* ou *procurator Minutiæ* et *præfectus Minutia* (2) surtout dans les curatelles réunies *aquarum* et *Miniciæ* (3), où nous voyons de grands personnages, parmi lesquels un « *comes imperatoris Severi Alexandri* » (4). On ne saisit pas le lieu des deux choses; peut-être la division régionale des eaux correspondait-elle à la division régionale des lieux de distribution des tessères frumentales ; on comprendrait mieux le soin des arrivages de blé par eau remis au curateur du lit et des rives du

(1) C. I. L. VI, 2 p. — 10225 — Gruter, p. 175, n° 1. TI.CLAVDIVS. AVG.LIB | IANVARIVS.CVRATOR | DE.MINVCIA.DIE.XIII | OSTIO.XLII.ET | AVONIA. TYCHE.VXSOR.EIVS | PITVANIANI.SOLARIA.DE.SVA | IMPESA FECERVNT. M. Mommsen n'entend pas *Pituaniani* d'une villa ; Pituaniani nescis an fuerit sodales collegii cui etiam Jauuarius et Tyche adscripti fuerint. Il nous paraît beaucoup plus vraisemblable que le mot serve à déterminer où les terrasses ont été faites, car *Solaria* tout seul serait bien vague, et l'inscription aurait beaucoup moins de raison d'être.

(2) C. I. L. VII-1408. CVR. MIN. — Gruter, p. 402, n° 4 : L. DIDIO-MARINIOVE. PROC. MINVCIAE. PROC. ALIMENTORVM. — *Id.* p. 422, n° 7 : L. IVLIO. L. F. PAL (atina) | IVLIANO | PRAETORI... PRAEF. | MINICIA PROCONSVLI | PROVINCIAE ACHAIAE | .... CONSVL.

(3) Gruter, p. 591, n° 3 : L. CAESONIVS. CFIL. QVIRINA-LVCILLVS | MACER RVFINIANVS-COS.FRATER-ARVALIS | PRAEF. VRBI... | ... CVRATOR AQVARVM ET. MINICIAE | CVRALBEI. TYBERIS ET CLOACARVM VRBIS.

(4) Gruter, p. 591, n° 1. — (Sur un tombeau élevé par le Casonius Lucillus de l'inscription précédente à son père) : C. CAESONIO. C. F. QVIR(ina) MACRO. RVFINIANO | CONSVLARI. SODALI. AVGVSTALI. COMITI IMP | SEVERI. ALEXANDRI. AVG. | CVR AQVAR ET MINIC | DONATO. DONIS. MILITARIB A. DIVO MARCO (h. e. Antonius Caracalla) — p. 54-6 : Deo Mercurio | curante M. Aur. Paconio, v. c. consul | aquarum et miniciæ.

Tibre, à moins que le cours même des eaux du fleuve ne dépendit du *curator aquarum*. Enfin ce qui prouve que malgré cette réunion de deux charges différentes, leur administration était différente, c'est qu'il existait des employés spéciaux à la curatelle *miniciæ*, des agents comptables (1).

Une grande présomption pour que le triomphateur C. Minucius ait lui-même donné cette destination de lieu de distribution des tessères aux portiques qu'il éleva, c'est que l'emblème de la *gens Minutia* — une colonne figurée sur des pièces de monnaie frappées par des magistrats monétaires appartenant à cette *gens* — rappelait précisément le souvenir d'une distribution de blé. Voici la description de la monnaie et le récit du fait que nous donne M. Mommsen : «·Le revers représente le monument érigé en 315 devant la porte Trigemina à L. Minucius, consul en 296 et décemvir en 304, en récompense de la manière dont il avait pourvu aux approvisionnements de la ville. Pline (XVIII, 3 et XXXIV, 5) et Denys d'Halicarnasse (2), d'accord avec le type de cette monnaie

(1) Gruter, p. 622, 5 : M. AVRELIO | COCCEIO. MINIC. | RATIONALIS.

(2) Pline. — Minutius Augurinus qui Sp. Melium coarguerat, farris pretium trinis nundinis ad assem redegit : undecimus plebei tribunus qua de causa statua ei extra portam Trigeminam a populo stipe collata statuta est. — Antiquior collumnarum (celebratio) sicut C. Menio item P. Minutio præfecto annonæ extra portam Trigeminam unciaria stipe collata. — Denys d'Halicarnasse dans les fragments réunis dans le livre XII-4.

font consister ce monument en une colonne surmontée d'une statue — Tite-Live (IV, 16) (1), en un bœuf doré. — L'homme qui se tient auprès de la colonne et pose le pied sur un boisseau est bien évidemment ce L. Minucius et celui qui porte le *lituus* est probablement M. Minucius Fœsus, l'un des premiers augures plébéiens nommés en 454 (Tite-Live, X, 9) » (2).

M. Babelin ajoute, sans indiquer de sources, « les têtes de lion au pied de la colonne sont les orifices de deux fontaines qui se trouvaient sur la place du marché au blé et les clochettes suspendues au monument servaient à annoncer l'ouverture et la fermeture du marché » (3).

(1) L. Minucius bove aurato extra portam Trigeminam est donatus.

(2) *Hist. de la Monnaie Romaine.* — Trad. française par de Blacas et de Witte, t. II, p. 304, n° 109, légende : ROMA sur l'argent — R) ROMA sur le cuivre — monétaire R) C. AVG — Espèces : denier, semis, trieus, quadrans, sextans, once, avec la marque de leur valeur. — Pour le fils du précédent, n° 157. légende : Roma monétaire T. MINVCI C. F. AVGVRINVS AVGVRNIVS. Espèces : comme *supra*.

(3) *Monnaies de la République Romaine.* — T. II à son ordre alphabét. *famille Minucia.* n° CV. n° 2. C. Minucius Augurinus, fig. 5-R). C. AVG. Colonne Ionique formée de pierres en retrait les unes sur les autres (à voir la figure, on penserait plutôt, ce qui serait de circonstance, à des boisseaux empilés) surmontées d'une statue tenant des épis et un sceptre. La base est ornée d'épis et de têtes de lions. Deux clochettes ou tintinnabula sont suspendues au chapiteau. A côté deux hommes vêtus de la toge, l'un L. Minucius, le pied posé sur un boisseau tient dans ses mains un pain et un plat. L'autre Minucius Fœsus tient le *lituus* ou bâton augural. — Denis 2 fs au n° 5 (même famille). T. Minutius Adgurinus fig. 9. — La description est à peu de chose près la même que pour la précédente médaille.

Tous ces documents convergent donc pour établir un rapport entre ces portiques et le lieu des distributions de blé; si aucun texte ne les confirme pour l'époque de la République, du moins aucun n'y contredit et avec toutes les probabilités que ces portiques ou l'un d'eux seulement ait été construit avec cette destination, on peut regarder comme vraisemblable que c'est là où le blé est donné au peuple, « *ibei ubei frumentum populo dabitur* ». Il faut apporter une restriction à nos derniers mots; ce n'est pas en nature que la distribution est faite en cet endroit, mais simplement par la remise d'une tessère (1), sorte de bon qui permettait de toucher le nombre de mesures qui était inscrit. C'est à ce mode que font allusion certaines expressions de la loi qui supposent une livraison non immé-

(1) Les Tessères étaient de petites plaquettes généralement de bois qui portaient des marques creusées analogues à celles imprimées sur les dés à jouer, d'où en effet vient leur nom. Le nombre de marques indiquait le nombre de mesures à toucher. Plus tard elles devinrent de véritables titres transmissibles par les modes du droit commun, cession, donation, succession (*Dig.* V. 1. I. *Ibid.* XXXI I 87 pr.) Suétone. *Aug.* 40 : ne plebs frumentationum causa frequentius a negotiis avocaretur, ter in annum quaternum mensium tesseras dare destinavit, sed desideranti consuetudinem veterem, concessit rursus ut sui cujusque mensis acciperet. L'expression « consuetudo vetus » désigne dans le langage usuel une coutume ancienne, une coutume des majores; il semble donc résulter de là que l'emploi des tessères tel qu'il avait lieu avant le changement, remontât à une époque antérieure à celle d'Auguste, car si celui-ci n'avait fait que remettre en vigueur le mode créé précédemment par lui, l'auteur eût sans doute au lieu de « *vetus* » dit « *prior* ».

diate, comme lorsqu'elle prohibe que le magistrat donne
l'ordre de livrer (*dare jubere*) ou fasse le nécessaire pour
qu'il soit livré (*dandum curare*). C'est sans doute dans
les magasins sur la présentation de la tessère qu'on recevait sa part de blé. Le nombre des bénéficiaires était en
chiffres ronds, de 150.000, mais il parait que ce n'était
que par suite d'une réduction opérée par César, peut-être
fût-ce le résultat de l'exclusion des catégories de décla-
rants dont nous avons parlé. Avant cette modification
320.000 personnes recevaient du blé (1).

(1) Suétone. *Cæsar* : 41 : Ex viginti trecentisque millibus accipientium frumentum e publico ad centum quinquaginta retraxit.

CHAPITRE SIXIÈME

Certaines fêtes à Rome étaient des institutions nationales, des solennités obligatoires ayant lieu à date fixe et dont l'organisation et la surveillance appartenaient aux magistrats suivant des règles que nous verrons, après avoir donné un court aperçu des jeux qui étaient donnés à leur occasion. En première ligne, comme ancienneté et comme importance, les grands jeux romains sont par excellence la fête du peuple romain. La tradition fait remonter leur origine à Tarquin l'Ancien, qui les fit pour célébrer une victoire sur les Latins. Le premier il attribua un emplacement fixe à leur célébration sur un terrain plat au pied du Palatin du côté de l'Aventin, où après lui fut élevé le grand cirque, *Circus Maximus*. Lorsqu'il y donna ses jeux, il avait simplement mis à la disposition des Sénateurs et des Chevaliers, deux emplacements où chacun des deux corps établit des échafaudages de douze pieds de haut d'où ils assistèrent au spectacle ; il y eut des courses de chevaux et des luttes d'athlètes venus d'Etrurie (138 V. C.). Plus

tard, devenus solennels, ces jeux se renouvelèrent chaque
année et furent appelés « *ludi Romani* », dit Tite-
Live (1). Tarquin le Superbe commença ensuite les constructions du grand cirque dont Denys d'Halicarnasse nous
a donné une description très détaillée, du moins de ce
qu'il fut quand il eut été achevé sous César. Les jeux
proprement dits du cirque, *ludi Circenses* étaient de trois
sortes, les courses de chevaux et de chars, les combats de
gladiateurs, les chasses ou combats d'animaux. Les Romains empruntèrent à la Grande-Grèce les courses qui
furent simples au début (3), car il n'y avait qu'une course

(1) Denys d'Hal. III. 68. Tite-Live I. 35 : Bellum primum cum
Latinis gessit et oppidum ibi Appiolas vi cepit; prædaque inde majore
quam quanta belli fama fuerat revecta ludos opulentius instructius
que quam priores reges fecit. Tum primum circo qui nunc maximus
dicitur designatus locus est ; loca divisa Patribus equitibusque ubi
spectacula sibi quisque facerent, fori appellati. Spectavere furcis duo-
denos ab terra spectacula alta sustinentibus pedes : ludicrum fuit
equi pugilesque ex Etruria maxime acciti. Solennes deinde annui
mansere ludi Romani Magnique varie appellati. — M. Mommsen (*Man.*
IV p. 217 n. 5) dit que probablement les jeux ne devinrent annuels
qu'en 388 V. C. sans donner la raison de son opinion. Cette date est
celle de l'institution de l'édilité curule.

(2) *Loc. cit.*

(3) Tacite *Ann.* XIV 21 : Majores quoque non abhorruisse specta-
culorum oblectamentis pro fortuna quæ tum erat ; eoque a Tuscis
accitos histriones, a Thuriis equorum certamina, et possessa Achaia,
Asiaque ludos curatius editos.

(4) Tite-Live XLIV 9 : Mos erat tum (585 V. C.) nondum hac effu-
sione inductu bestiis omnium gentium Circum complendi, varia spec-
taculorum conquirere genera ; nec, semel quadrigis, semel desultore
misso, vix unius horæ tempus, utrumque curriculum complebat.

de chars et une aussi de chevaux et le tout ne durait pas plus d'une heure ; à la fin de la République, ces factions du cirque qui prirent plus tard un si grand développement à peine parues excitèrent de fanatiques passions jusqu'au sacrifice de la vie. Des paris s'engageaient déjà probablement sur le résultat des courses, car, au début même de l'empire nous voyons les femmes y prendre part et anxieuses de l'argent aventuré, s'enquérir du nom du vainqueur (1) ; il n'y en eut d'abord que deux, la blanche et la rouge, couleur des chevaux, couleur de la neige d'hiver, couleur du soleil ardent d'été ; puis deux autres s'ajoutèrent la verte, couleur de la terre au printemps et la bleue, couleur de la mer et des ciels purs de l'automne (2), et

(1) Ovide. *De arte amandi* 1 v. 165 : Hos aditus Circusque novo præbebit amori | ..... Dum loquitur, tangitque manum poscitque libellum, | Et quærit, posito pignore, vincat uter. — Pline. *Hist. nat.* VII. 55 : Invenitur in actis Felicis ruffei aurigæ jam igne illato in rogum ejus unum e faventibus jecisse sese... cum ante non multo, M. Lepidus nobilissimæ stirpis quem eventi flammæ anxietate diximus mortuum, vi e rogo ejectus recondi propter ardorem non potuisset. — Ce M. Lepidus est le père du triumvir et il mourut vers l'an 677 V. C.

(2) Tertullien *De spectac.* 9 : Aurigas coloribus idololatriæ vestierunt ; nam equi initio duo soli fuerunt albus et russeus ; albus hiemi ob nives candidas, russeus æstati ob solis ruborem voti erant. Sed postea tam voluptate quam superstitione provecta russeum alii Marti, alii album zephyris consecraverunt ; prasinum vero Terræ Matri, vel verno, venetum cœlo et mari vel autumno. — Cassiodore distribue autrement les couleurs aux saisons, mais moins heureusement : Var. III 51. Colores in invicem temporum quadrifaria divisione funduntur ; prasinus virenti verno ; venetus nubilæ hiemi, russeus æstati flam-

comme les sept planètes, les coursiers décrivaient sept fois
l'orbite du cirque (1). Dès le début de l'empire tout aug·
mente dans une proportion que peut caractériser l'idée de
Domitien d'amplifier l'offrande de Virgile à Auguste :

« *Centum quadrijugos agitabo ad flumina currus* » (*Georg.* III v. 18).

car il voulut qu'il y eût cent départs dans le même jour (2)
mais comme le temps aurait fait défaut, il avait réduit le
nombre des tours à cinq. Cette innovation ne se maintint pas.
Les jeux de gladiateurs tirèrent leur origine d'une cérémonie expiatoire qui avait lieu dans les funérailles (3) ; où

meæ, albus pruinoso autumno dicatus est. — Sid. Appolin. *Car-
men* XXIII. V. 528 : ... Micant colores | Albus vel Venetus, Virens
Rubensque, | Vestra insignia.

(1) Aulu-Gelle X. 5. M. Varro in primo librorum qui inscribuntur
hebdomades... septenarii numeri... virtutes potestatesque multas
variasque dicit : Isque nam numerus, inquit,... facit etiam stellas
quas alii erraticas, P. Nigidius errones appellat. — Hæc Varro de numero septenario scripsit admodum conquisite, sed alia quoque ibi-
dem congerit frigidiuscula : curricula ludorum Circensium solemnia
septem esse. — Properce. II. 5 : v. 25 : Aut prius infecto deposcit
præmia cursu, | Septima quam metam triverit ante rota.

(2) Suetone *Domitianus* 4 : In his (ludis sæcularibus) Circensium die
quo facilius centum missus peragerentur singulos a septenis spatiis ad
quina corripuit.

(3) Tite-Live. *Ep.* XVI. Decius Junius Brutus munus gladiatorium in
honorem defuncti patris edidit primus (488). Id XXVIII 21 (Anno 548)
Scipio Carthaginem ad vota solvenda diis, munusque gladiatorium
quod mortis causa patris patruique paraverat, edendum rediit. Gladiatorium spectaculum fuit non ex eo genere hominum ex quo lanistis
comparare mos est, servorum quive venalem sanguinem habent : vo-

primitivement on immolait des prisonniers de guerre ; l'introduction des combats de gladiateurs en remplacement de ces sacrifices, fut une mesure d'humanité. On faisait souvent des jeux de gladiateurs autour du bûcher des généraux morts dans la guerre où combattaient les captifs comme gladiateurs (1) ils passèrent de là dans les fêtes, et on en donnait souvent avant d'entreprendre une guerre pour habituer disait-on les citoyens à la vue du sang (2).

luntaria omnis et gratuita opera pugnantium fuit... puis suit l'histoire des deux cousins germains vidant une querelle de famille sur la possession du pouvoir, et en remettent la décision à l'issue d'un combat. Huic gladiatorum spectaculo ludi funebres additi pro copia et provinciali et castrensi apparatu. XXI. 5o : Ludi funebris eo anno (5:4) per quatriduum in foro mortis M. Valerii Lævini causa et P. et M. filii ejus facti et munus gladiatorium datum ab iis : paria quinque et viginti pugnarunt.

(1) Virgile *Æn.* X. V. 517 : Sulmone creatos | Quattuor hic juvenes totidem quos aducat uferus | Viventes rapit inferias quos immolet numbris, captivoque rogi perfundat sanguine flammas — *quo loco.* Servius : Sane mos erat in sepulchris virorum fortium captivos necari ; quod postquam crudele visum est placuit gladiatores ante sepulchra dimicare qui a bustis bustuarii dicti sunt. — Florus III 20 : (Spartacus) defunctorum quoque prælio ducum funera imperatoriis celebravit exsequiis captivosque circa rogum jussit armis depugnare.

(2) Jul. Capitolin. *Max. et Balb.* VIII : unde autem mos tractus sit ut proficiscentes ad bellum imperatores munus gladiatorium et venatus darent breviter dicendum est : Multi dicunt apud veteres hanc devotionem contra hostes factam ut civium sanguine litato specie pugnarum se Nemesis, id est vis quædam Fortunæ satieret. Alii hoc literis tradunt, quod verisimilius credo ituros ad bellum Romanos debuisse pugnas videre et vulnera et ferrum et nudas inter se cohortes, ne dimicantes in bello armatos hostes timerent, aut vulnera et sanguinem perhorrescerent.

Les chasses et les combats d'animaux remontent aux triomphes qui suivirent la défaite de Pyrrhus en 477, et celle des Carthaginois en 502. Une économie fut la cause d'un spectacle où 142 éléphants périrent sous les flèches des archers pour éviter la dépense de leur nourriture (1). Un Senatus-Consulte prohiba l'entrée en Italie des bêtes fauves après que Fulvius, triomphateur de la guerre d'Etolie eut fait paraitre des lions et des panthères, mais Cn. Aufidius tribun de la plèbe y fit apporter une exception en faveur des jeux (581). Sylla, Scaurus et Pompée renchérirent encore sur ces exhibitions, on vit des lions en liberté, des hippopotames, des rhinocéros et des crocodiles (2).

(1) Pline *H. n.* VIII. 6. Elephantes Italia primum vidit Pyrrhi regis bello, et boves lucas appellavit in lucanis visos anno Vrbis CCCCLXXII. Roma autem iu triumpho septem annis ad superiorem numerum additis; eadem plurimos anno DII victoria L. Metelli pontificis in Silicia de pœnis captos; CXLII fuere transvecti ratibus, quas doliorum consertis ordinibus imposuerant. Verius eos pugnasse in circo, interfectosque jaculis tradit penuria consilii cum neque ali placuisset, neque donari regibus. Pison donne une autre version, dit Pline.

(2) Tite-Live XXXIX. 22. Per dies X apparatos... ludos Cn. Fulvius quos voverat Ætolico bello fecit.... Venatio data leonum et pantherarum-Pline. *Hist. nat.* VIII. 17; S. C. fuit vetus ne liceret africanas (pantheras) in Italiam advehere. Contra hæc tulit ad populum Cn. Aufidius tribunus plebis, permisitque Circensium gratia importare. Primus autem Scaurus ædilitate sua CL universas misit; deinde Pompeius Magnus quadringentas decem — *Ibid.* c. 26 : Primus eum (hippopotamum) et quinque crocodilos Romæ ædilitatis suæ ludis M.Scaurus temporario euripo ostendit. — *Ibid.* c. 20 : Eisdem ludis (Pompeii

Longtemps ces exercices athlétiques et gymniques avaient seuls composé les jeux Romains ; en 391 dans une épidémie où l'on voyait une manifestation de la colère des dieux, pour l'apaiser on introduisit des jeux scéniques, nouveauté pour un peuple exclusivement guerrier ; malgré leur nom ce n'était rien moins que des comédies, ils consistaient en de simples danses exécutées au son de la flûte sans chant ni paroles par des baladins venus d'Étrurie *(ludiones)*. La jeunesse Romaine s'inspira de cet art rudimentaire, y introduisit des paroles à peine rythmées, une légère trame en fit de petites pièces analogues aux Atellanes, divertissements en usage à Atella, ville des Osques. Le goût inné chez les Italiens de paraître sur la scène était ainsi satisfait ; les histrions furent écartés et l'on put jouer les atellannes sans sortir de sa tribu, sans être exclu du service militaire (1).

Magni) et rhinoceros unius in nare cornus qualis sæpe visus — Seneca. *De brev. vitæ.* 13. Primus L. Sulla in Circo leones solutos dedit, cum alioquin alligati darentur, ad conficiendos missis a rege Boccho jaculatoribus.

(1) Tite-Live VII. 2 *: Et hoc et insequenti anno.... pestilentia fuit.... Cum vis morbi nec humanis consiliis nec ope divina levaretur, victis superstitione animis, ludi quoque scenici, nova res bellicoso populo, nam circi modo spectaculum fuerat, inter alia cœlestis iræ placamina instituti dicuntur. Ceterum parva quoque ut ferme principia omnia et ea ipsa peregrina res fuit, sine carmine ullo, sine imitandorum carminum actu, ludiones ex Etruria acciti ad tibicinis modos saltantes haud indecoros motus, more Tusco, dabant ; deinde imitari eos juventus simul inconditis inter se jacularia fundentes versibus cœpere,

Le véritable drame n'apparut qu'avec Livius Androni·
cus sous le consulat de C. Claudius Cento et M. Sempronius Tuditanus, en 514, ce qui est la date exacte quoi
qu'en dise Accius qui la place 40 ans plus tard, époque où
Plaute et Nevius avaient déjà fait jouer beaucoup de comédies, il traduisit sans doute du grec une comédie et une
tragédie, les premières données aux jeux Romains (1).

Les pièces étaient précédées et suivies de divertisse-

nec absoni a voce motus erant;... impletas modis saturas descripto
jam ad tibicinem cantu, motuque congruenti peragebant.... Ludus in
artem paulatim verterat; juventus.... ipsa inter se more antiquo ridicula intexta versibus jactitare cœpit, quæ exodia postea appellata,
consertaque fabellis potissimum Atellanis sunt. Quod genus ludorum
ab Oscis acceptum tenuit juventus, nec ab histrionibus pollui passa
est. Eo instilutum manet ut auctores Atellanarum nec tribu moveantur
et stipendia tamquam expertes artis ludicræ faciant.

(1) Cassiodore. *Chron.* : *C. Claudius Cento et M. Sempronius.* His
coss. ludis Romanis primum tragedia et comœdia a L. Livio ad
scenam data. — Ciceron. *Brutus* 18 (72)... Hic Livius qui primus fabulam C. Clodio (*sic*) Cæci filio et M. Tuditano coss. docuit, anno
ipso antequam natus est Ennius, post Romam autem conditam quarto
decimo et quingentesimo ut hic (Cato) ait quem nos sequimur : est
enim inter scriptores de numero annorum controversia ; Accius autem a Q. Maximo quintum consule captum Tarento scripsit Livium
annis triginta postquom eum fabulam docuisse et Atticus scribit et nos
in antiquis commentariis invenimus. — (73) Docuisse autem fabulam annis post undecim C. Cornelio, Q. Minucio consulibus ludis
Juventatis, quos Salinator Senensi prælio voverat. In quo tantus error
Accii fuit ut his coss. quadraginta annos natus Ennius fuerit : cui si
æqualis fuerit Livius, minor fuit aliquanto is qui primus fabulam dedit, quam ii qui multas docuerant ante hos consules, et Plautus et
Nævius.

ments (1) ; c'était généralement un mime qui faisait l'exo-
dium, c'est-à-dire la fin du spectacle (2). Leurs acteurs
nommés aussi mimes, pendant les entr'actes et les changements de décors jouaient des intermèdes devant un rideau
masquant la scène (3).

A l'époque de Sylla, l'art des mimes se modifia profon-
dément, les pièces ne furent plus improvisées et leurs
auteurs souvent ne les jouaient pas (4). Parmi les plus
connus de ces mimographes sont A. Laberius et P. Syrus.
Les mimes figuraient dans tous les jeux publics.

La fête des jeux Romains avait pour date le dix-sep-
tième jour des calendes d'octobre (15 septembre) (5). En

(1) Varron : *De vita pop. Rom. ap. Non Marcel.* : Ludius quod ludis
pueri præsules essent glabri ac depiles propter ætatem quos antiqui
Romani Lydios appellabant.

(2) Tite-Live, VII-2 : Juventus... more antiquo ridicula intexta ver
sibus jactitare cæpit quæ exodia postea appellata consertaque fabellis
potissimum Atellanis sunt. Cicéron (*ad fam.* IX-16) répondant à la fin
de la lettre de Pœtus : Nunc venio ad jocationes tuas cum secundum
œnomaum Accii non ut olim solebat Attellanum, sed ut nunc fit
mimum introduxisti.

(3) Donatus : *De tragedia et comœdia, prologium ad Terentium in
fine :* Est autem mimicum velum quod populo obstitit dum fabularum
actus commutantur.

(4) Macrobe. *Sat.* II.-7 : Laberium asperæ libertatis equitem Romanum Cæsar quin gentis millibus invitavit ut proderet in scenam et
ipse ageret mimos quos scriptitabat, sed potestas non solum si imitet
sed et si supplicet, cogit.

(5) Tite-Live, XLV-1. : Ante diem. XVI-4. : Kalendas octobris ludorum Romanorum secundo die, etc.

388 ils duraient déjà trois jours (1). D'après Denys (VI-95)
un jour avait été ajouté après l'expulsion des Rois; en 263
un autre jour l'aurait été pour expier une pollution du
cirque le jour même des jeux *(dies instauratilius)* (2).
Nous savons aussi qu'un cinquième jour fut institué en

(1) Tite-Live, VI-42. : Cunc Senatus auseret... ut ludi maximi fierent et unus dies ad triduum adjiceretur.

(2) Tite-Live, II-56. : Ludi forte ex instauratione Magni Romæ para-
bantur : instaurandi hæc causa fuerat : ludis mane servum quidam
pater familiæ nondum commisso spectaculo sub furca cæsum medio
egerat Circo, cœpti inde ludi velut ea res nihil ad religionem perti-
nuisset. Haud ita multo post Ti. Acinio de plebe homini, somnium
fuit : visus Jupiter dicere sibi ludis præsultatorem displicuisse; nisi
magnifice instaurarentur hai ludi, periculum urbi foret; iret ea consulibus nuntiaret. — Atinius hésite : il perd son fils, — nouvelle apparition, — nouvelle hésitation, — il tombe malade, — il se décide, —
on le porte aux Consuls, — puis au Sénat, sa déclaration faite, il re-
part bien portant. — C.-57. : Ludi quam amplissimi ut fierent senatus
decernit. Val. Max. (I.-7-5), copie mot pour mot Tite-Live sauf qu'il
fait des jeux plébéiens. M. Mommsen (*Man.* VII, p. 258, n° 2), tout en
déclarant la relation gravement corrompue cite pour établir qu'une
loi était nécessaire pour ajouter un jour à une fête, un texte de Macrobe qui rapporte exactement les mêmes faits, avec à peu près le
même nom, Annius pour Atinius, sauf qu'il place l'événement en 544,
et qu'il mentionne une loi Mænia avec le Senatus-Consulte. Nous
croyons que le texte de Tite-Live, que M. Mommsen passe sous si
lence, doit faire écarter complètement celui de Macrobe. Tite-Live es
historien, il a des sources qui ont disparu plus tard, Macrobe est du
cinquième siècle, érudit, mais il ne fait pas de l'histoire, il ne sait
plus « quod ad religionem pertinet » et ne comprend pas que ce
qui nécessitait l'*instauratio* était la pollution du cirque que le cadavre
d'un animal aurait souillé tout autant, il tire argument de ce fait pour
établir qu'un esclave était regardé comme un homme (Festus, v° *mor-
tuæ* : sua orte extincta omnia funesta sunt).

l'honneur de César après sa mort (1). Il est certain qu'à l'origine la direction des jeux Romains appartint aux Consuls, mais soit que les consuls y aient employé d'abord les édiles curules pour l'organisation et lui aient abandonné ensuite la direction, soit qu'une attribution spéciale en ait été faite à ces magistrats, les édiles curules apparaissent dès l'origine comme les donnant. Si c'est une raison fausse de la création de cette édilité que la célébration d'un quatrième jour des jeux Romains mise à leur charge, il n'y a pas moins là un témoignage de sa participation ancienne à ces jeux (2). Du reste, jamais il n'est question d'autres magistrats en cette matière (3) et dès

(1) Ciceron. *Philip.* II-18 (110). Et tu in Cæsaris memoria diligens ? Quœro deincepts num hodiernus dies qui sit ignores; nescis heri quartum in Circo diem ludorum Romanorum fuisse? Te ipsum autem ad populum tulisse ut quintus prœterea dies Cæsari tribueretur ? — Cette allégation de Ciceron concorde avec les cinq jours de *ludi in circo* qu'indique le calendrier donné par Gruter, p. 155. Il ne faut pas confondre les jeux accessoires qui précédaient les jeux romains avec les jeux eux-mèmes comme le fait l'auteur de la partie des jeux, dans le 2e volume des cultes de Marquard, lorsqu'il dit qu'avant la mort de César, les jeux romains duraient quinze jours. Le texte de Cicéron et de Tite-Live que nous citerons plus loin sur le même sujet, montrent que l'on ne confondait pas les deux genres de jeux.

(2) Tite-Live, VI-42. Cum Senatus censeret ut ludi maximi fierent et dies unus ad triduum adjiceretur recusantibus id munus ædilibus plebis, conclamatum a patriciis est juvenibus se id... libenter acturos ut ædiles fierent, quibus cum universis gratiæ actæ essent, factum Senatus Cousultum ut duo viros ædiles ex patribus dictator populum rogaret.

(5) Tite-Live. XXIII-50. — XXIV-45. — XXV-2, — XXVII-6, *ibid.*

l'an 460 où ces jeux eurent une importance exceptionnelle,
le peuple y assistant couronné pour l'état prospère de la
République, ce furent les édiles curules qui les donnèrent(1).
Mais la présidence ne leur en appartient pas ; tous les jeux
devenus permanents ont tiré leur origine de vœux qui ne
pouvaient être faits que par des magistrats ayant *l'imperium* (2). C'est le Consul qui se rendait en char aux
barrières où étaient rangés les quadriges, il mettait pied à
terre et donnait le signal du départ en jetant dans l'arène
un linge blanc, puis remontait dans son char et revenait

21. — *ibid*, 56. — XXVIII-10. — XXIX-11, *ibid*, XXXVIII. —
XXXI-50. — XXXIII-25. — *Ibid-42.* — XXXIV-54. — XXXIX-7. —
XL-59. — *La Didascalie du Phormio* : Acta ludis Rom. L. Posthumio,
Albino L. Cornelio Merula ædil curul. (An. D X C III). — Cicer.
In Ver. V. 14 (36) : Edile curule : mihi ludos antiquissimos qui primi
Romani appellati sunt. — *Didascalie du Phormio* Acta : Ludis Romanis
L. Postumio Albino, L. Cornelia Merula æd. Cur. (595 V. C.)

(1) Tite-Live. X.-47 : Eodem anno coronati primum, ob res bello
bene gestas, ludos Romanos spectavere palinæque tum primum translata Græcia more victoribus datæ... Ab ædilibus curulibus qui eos
ludos fecerunt... etc.

(2) Tite-Live. XXVI-25 : Ludi Apollinares et priore anno fuernt et
eo anno ut fierent, referente Calpurnio prætore. Senatus decrevit ut
in perpetuum voverentur. — *Id.* XXVII-25 : Ludi Appollinares... A. C.
Cornelio Sulla prætore urbis primum facti erant; inde omnes de in-
ceps prætores urbani fecerant, sed in unum annum voverant, dieque
incerta faciebant. — Voir aussi la note (6) où Tite-Live dit qu'un dictateur en l'absence des magistrats supérieurs aurait été créé pour
donner le signal du départ des chars, et qu'après avoir accepté cette
fonction peu importante de *l'impérium*, il aurait abdiqué. — L'*impérium* était donc nécessaire.

en traversant le cirque reprendre sa place parmi les spectateurs (1). C'est pourquoi l'absence de magistrats supérieurs
eût nécessité la création d'un dictateur pour les présider,
car c'est une des raisons que l'on donne, sans appui certain,
dit Tite-Live, pour la nomination d'Aulus Cornelius en
432, qui, dans ces conditions, aurait abdiqué aussitôt
après (2).

La règle ne fut pas observée pour les jeux plébéiens qui
furent organisés et présidés par les édiles de la plèbe ; ils
eurent les signes extérieurs du pouvoir, le costume et les
licteurs (3). Ces jeux comme les jeux Romains furent　une

(1) Tite-Live, XLV, I : A. d. XVI. Kal. Octobres Ludorum Romanorum secundo die, C. Licinio cos., ad quadrigas mittendas escen-
denti tabellarius... reddisse laureatas litteras dicitur ; quadrigis missis consul currum conscendit et cum per Circum reveheretur ad foros
publicos, laureatas tabubas populo ostendit. Voir aussi la note suivante. — Ciceron (De div., I, 48 (107) citant Ennius : Expectant ve-
luti consul cum mittere signum | Volt. omnes aridi spectant ad car-
ceris ora | quam mox emittat pictis ex faucibus currus. — Martial XII-
29 : Cretatam prætor cum vellet mittere mappam | Prætori mappam
surripit Hermogenes.

(2) Tite-Live, VIII-40 : Nec discrepat quin dictator eo anno A. Cornelius fuerit; id ambigitur, belli ne gerendi causa creatus sit, an ut
esset qui ludis Romanis, quia L. Plautius prætor gravi morbo forte im-
plicitus erat, signum mittendis quadrigis daret, functusque eo haud
sane memorandi imperii ministerio se dictatura abdicaret, nec facile
est aut rem rei aut auctorem auctori præferre.

(3) Ciceron De leg. II-24 (64) : Reliqua sunt in more : funus ut indicatur; si quid ludorum dominus (les mss : que; cette conjection est à sup-
primer parce qu'il n'est pas possible que Cicéron dise qu'on n'annonce
les funérailles que quand il y a des jeux. — Nous avons vu qu'au con

fête nationale. On ne sait d'une manière certaine à quelle époque ils furent institués, bien qu'Asconius (sans doute l'apocryphe) donne la date invraisemblable de l'expulsion des rois ou celle de la réconciliation des ordres après la sécession de l'Aventin (1), ce qui serait assez naturel, car la plèbe aurait pu vouloir célébrer le souvenir du jour de sa constitution ; mais la première mention certaine qu'on trouve de ces jeux est la date de 538 dans Tite-Live (2). Il y a pour cette date ou une date approchante une assez forte présomption dans la construction du cirque où furent célébrés régulièrement ces jeux, en 534 par le Censeur Caius Flaminius qui lui donna son nom (3). Il furent

traire on les annonçait toujours surveillance des funérailles) funeris utatur accenso atque lictoribus.—Tite-Live XXXIV-7: Purpura viri utimur, prætextati in magistratibus.. hic Romæ infimo generi magistris vicorum togæ prætextæ habendæ jus permittemur. Voir Festus, v. *Prætexta* — le texte est très mutilé. — Les édiles plébéiens doivent certainementavoir droit à ce qu'ont de simples particuliers et des magistrats du dernier rang.

(1) Asconius (*In Verrem Act.* I*. 10: Secundum quod plebei ludi quos exactis regibus pro libertate plebis,fecerunt, aut pro reconciliatione plebis post secessionem in Aventinum.

(2) XXIII-50 : Plebeii ludi ædilium M. Aurelii Cottæ et M. Claudii Marcelli ter instaurati.

(5) Tite-Live. *Epit.* 20 : C. Flaminius censor. . circum Flaminium extruxit. — Cassiodore. *Chronic.* : L. Veturius et C. Lutatius, his coss. via Flaminia munita et circus factus qui Flaminius appellatur—Sigonius fast cons. L. Veturius, L.-F. Philo C. Lutatius — abdicarunt, in eorum locum facti sunt, M. Æmilius M. F. M-N. Lepidus. — M. Valerius Lævinus — DXXXIII = Varr DXXXIV.

organisés sur le modèle des jeux Romains. « Le parallé-
lisme des deux cirques, écrit M. Mommsen (1), rentre dans
le caractère de ces doubles jeux comme le double *epulum*
de Jupiter et beaucoup d'autres dualités semblables ».
Cette remarque se vérifie de point en point, car en exposant
la marche des deux jeux, à de très faibles différences
près, on voit se succéder les mêmes fêtes et les mêmes
cérémonies. Si nous nous plaçons à l'époque de Cicéron,
nous constaterons qu'avant les deux jours consacrés, au
jour des Nones de Septembre et au surlendemain des Nones
de Novembre les jeux préparatoires commençaient et se
prolongeaient jusqu'aux ides pour les jeux Romains
comme pour les jeux plébéiens (2). Aux ides, jour spé-

(1) *Droit Pub. Rom.* IV. p. 217. n. 4.

(2) Ciceron *In Verr.* I a. 10 (51) — Nonæ sunt hodie Sextiles : hora
nona convenire cœpistis hunc diem jam ne numerant quidem. X dies
sunt ante ludos votivos quos Cn. Pompeius facturus est : hi ludi dies XV
auferent; deinde continuo Romani consequentur.—Tite-Live nous montre le peuple assistant aux jeux le 7 septembre : XLV.1 Quarto post die
quam cum rege (Perseo) est pugnatum cum in Circo ludi fierent mur-
mur repente populi tota spectacula pervasit : pugnatum in Macedoria
et devictum regem esse — *Id.* XLIV. 57 : nocte quam pridie nonas
Septembres insecuta est dies.... Postero die tantusque utrisque ardor
exercitus ad concurrendum fuerat..... Le combat a lieu la veille des
nones. Le 4ᵉ jour après selon la manière de compter des Romains où
les deux extrêmes figurent, est le 2ᵉ jour après les nones. (7 sept.) Ce
calcul est vérifié par ce que dit ensuite Tite-Live XLV-I : Ad diem
XVI Kal octades ludorum Romanorum secundo die... consuli tabellarius reddidisse laureatas litteras dicitur.... Tertius decimus dies
erat ab eo quo in Macedonia pugnatum est. Le 13ᵉ jour du 4 septembre,

cialement attribué à Jupiter (1) avait lieu une fête d'un genre particulier sur laquelle nous reviendrons après avoir terminé notre comparaison.

Dans les jeux romains et plébéiens, et là seulement, nous trouvons au lendemain des ides une revue des chevaux dont la dénomination qui, beaucoup plus tard, désigna une cérémonie d'un tout autre genre, indique que l'on faisait faire aux chevaux destinés à paraitre dans les jeux des deux Cirques une course d'essai *(equorum probatio)* (2). Puis, les jeux solennels duraient, les Romains cinq jours, comme nous l'avons déjà vu, et les jeux plébéiens trois seulement (3), et étaient suivis, les premiers de quatre jours de marché et les seconds de trois jours seulement (4).

toujours par le même mode est bien le 16 septembre 2ᵉ jour des jeux Romains.

(1) Macrobe Saturn l. V. 15 : Ut autem Idus omnes Jovi, ita omnes kalendas Junoni tributas et Varronis et pontificalis affirmat auctoritas. Ovide *Fastes* l. V. 56 : Idibus alba Jovi grandior agna cadet.

(2) C. I. L. I. p. 520 Fasti vallenses F. equo — pour le mois de septembre — Ibid. Fasti Annieuses p. 321 — 14 septembre — Equor prob. —14 sept. Equ. probat.— p. 528 Fasti Auliates 14 sept. Equor. probatio —14 sept. equor. prob.— Gruter p. 155. Calendrier du cardinal Maffei sept. A. F. Equor. prob. Non. F. Eqor. prob. — Les chevaliers défilaient sous la République en pompe aux ides de juillet — Val. Maxime II. 2. 9 — On appelait cette cérémonie le *transvectio equitum.* sous Auguste *equitum probatio* — Ce n'est qu'après Constantin que *equorum probatio* désigna cette revue. Calendrier de Philocalus CIL. I p. 597

(3) *Gruter*. p. 155. Calendrier de Maffei.

(4) C-I-L. I. p. 520. Fasti Vallenses. 20 sept. G C MERCA. — Gruter

Il nous reste à parler du double *epulum*, repas en
l'honneur de Jupiter et Junon et de Minerve. Sans tenir
compte d'un texte de Cicéron, que nous verrons plus
loin, et qui est relatif à des événements de l'an 697, V. C.,
on a soutenu que l'*epulum* des jeux romains ne nous apparaissant que dans les calendriers, d'une époque postérieure
à celle d'Auguste, n'aurait pas existé avant l'empire (1).
Cependant, il faut reconnaitre que jusqu'en 558 on trouve
un certain nombre de mentions du repas des jeux plébéiens, donné avant cette époque par les édiles plébéiens,
et au contraire, jamais le repas des grands jeux n'est
mentionné. Ainsi, Tite-Live qui cite le premier dans six
années différentes, dont la plus ancienne est l'année 541,
est muet sur l'autre (2). Peut-être cela vient-il de ce que
les édiles curules n'ayant que l'organisation des jeux
romains et non la présidence, ne donnaient pas ce repas;
comme l'auteur mentionne toujours les jeux en même
temps que l'*epulum*, il n'a pas eu à le faire pour les jeux

p. 155. Cal. Maffei du 20 sept. au 25. MERCA de même pour novembre,
5 jours seulement.

(1) L'auteur de la partie des jeux dans le tome 2 du culte de Mar-
quardt. Voir le texte de Cicéron, n. 2 p. 506. Quant à un texte d'Aulu-
Gelle relatif au repas en l'honneur de Jupiter auquel le Sénat assista au
capitole, rien n'indique qu'il s'agisse plutôt de jeux Romains que des
jeux plébeins. Voir note 3 p. 506.

(2) La formule est : ludi plebeii (toties) instaurati et Jovis epulum
fuit ludorum causa. Voir Tite-Live XXV. 2 - XXVII. 56 - XXIX. 58 -
XXX. 59 - XXXI. 4 - XXXIII. 42.

romains, où le consul, y présidant, en était sans doute chargé. C'est en 558 que nous trouvons le dernier *epulum* donné par les édiles plébéiens, et cela se comprend de reste, car c'est l'année de la création de prêtres spécialement affectés à ces fonctions. Sur la proposition de C. Licinius Lucullus, tribun de la plèbe, ils furent créés au nombre de trois d'abord, sous le nom d'*epulons;* comme aux pontifes, on leur accorda la robe prétexte du magistrat (1). Ils organisaient les repas sous la direction des pontifes, et fournissaient tout ce qui était nécessaire : si un rite était mal observé ou omis, sur l'avis des pontifes, ils devaient tout recommencer (2). Ils ne furent peut-être pas nommés à l'origine dans les comices, car Tite-Live nous montre une vacance comblée par cooptation (3).

Leur nombre fut porté à sept à une époque inconnue,

---

(1) Tite-Live XXXIII. 42 : Romæ eo primum anno triumviri epulones facti, C. Licinius Lucullus tribunus qui legem decreandis his tulerat, P. Manlius et P. Porcius Læca ; his triumviris item ut pontificibus lege datum togæ prætextæ habendæ jus.

(2) Ciceron. *De harusp.* 10 (21) : Vosque Pontifices, ad quos epulones Jovis O. M. si quid est prætermissum aut commissum, afferunt quorum de sententia illa eadem renovata atque instaurata celebrantur.

(3) Tite-Live XL. 42 : Sacerdotes aliquot mortui sunt (574 V. C.). P. Manlius (qui fut l'un des premiers nommés)... triumvir epulo ; Q. Fulvius, M. f. in locum ejus triumvir cooptatus ; tum prætextatus erat. — Il n'y avait pas de limite d'âge.

mais antérieure à la dictature de Sylla, car son père fut membre d'un collège de sept épulons (1). Ce fut peut-être à l'époque où la loi *Domitia* décida que dans les cas de vacance les prêtres des grands sacerdoces seraient élus par les 17 tribus, sur la présentation de candidats, par le collège intéressé, qui procédait ensuite à la cooptation des élus. Les épulons figurent à l'époque d'Auguste parmi les quatre grands collèges de prêtres, et il est probable qu'ils furent aussi nommés suivant les dispositions de la loi *Domitia*. Mais les preuves font défaut. Le collège s'appelait *VII viri epulones* et un membre isolé était dit *VII vir epulonum* (2).

De même que Tite-Live mentionne souvent l'*epulum Jovis* des édiles plébéiens et passe sous silence l'*epulum Minervæ*, les différents calendriers qui nous ont été conservés et où se trouvent les mois de septembre et de novembre ont aussi des indications plus précises sur le repas du mois de novembre. L'un d'eux (*Fasti Antiates*), ne porte pour septembre et novembre que la simple indication d'un repas sans nom de divinité ; un autre donne aux ides de septembre une mention sujette à lectures di-

---

(1) Gruter p. 398 n° 3 : L. CORNELIO P. F | SVLLAE COS. PR. | VII VIR EPVL. CLIENTES | POS. — *Ibid.* n. 4 : L. CORNELIO L. F. | SVLLAE FELICI | DICTATORI | LEIBERTINI — Sigonius. fasti consul. : Bellum Marsicum. A° DCLXV : L. Cornelius, L. F. P. N. Sulla qui postea Felix appellatus est.

(2) Voir Mommsen. *Droit Romain public* I. p. 52 et n. 5.

verses, mais où apparait le nom de Jupiter. Ce n'est vraiment que dans deux exemplaires d'un calendrier rustique qu'on trouve le nom de Minerve au mois de septembre, mais sans l'indication du jour (1). C'est bien certainement aussi ce repas que Cicéron place au jour de fête du peuple Romain et où il est dit que tout reluit du plus brillant éclat (2). Le Sénat entier y assistait (3).

(1) C. I. L. 1 p. 528. Fasti Antiates au 13 septembre EPVLI INDICTIO. Au 13 novembre EPVL INDICITVR. *Ibid.* p. 520. Fasti Vallenses 1ᵉʳ septembre IIEIDVS IOVIN. *Ibid.* p. 559. Menologia rustica. 1° Menologium. Colotianum XXII. A : au mois de septembre. Epulum Minervæ: — au mois de novembre: Jovis epulum — XXII. B Menologium rusticum Vallense. Mêmes indications c'est le même calendrier. — Gruter p. 133. Calendrier du cardinal Maffei: rien en septembre, en novembre E. EID. N°. EPVL. INDICT. *Id.* p. 134. Le calendrier des fastes Vallenses indiqué comme étant dans la maison des Capranici, la mention du repas est la même qu'au corpus H. EIDVS IOVI p. 137 il donne en perspective la menologium colotianum, qu'il dit exister *in ædibus episcopi Vallæi* c'est un cube dont trois faces seulement sont inscrites parce que les mois sont au nombre de 4 sur chaque face. Les signes du zodiaque sont représentés au-dessus des mois correspondants, et au sommet une des faces s'échancre pour recevoir des cadrans solaires, les autres portent des bas-reliefs, page 138, il donne le menologium Vallense: Il est inscrit sur les 4 faces du cube, par 3 mois. Il porte aussi les signes du zodiaque, mais rien de plus. Les noms que ces calendriers rustiques portaient dans le corpus viennent des renseignements donnés par Fabricius (*Antiquitatis monumenta lib. II in fine*). Calendarium romanum vetus. Extat Romæ duobus in locis : In domo Vallarum quæ est in Circo Flaminio, et in hortulo Angeli Colotii qui est contiguus domui ipsius in campo martio.

(2) Cicéron. *In Vatin.* XIII (31). Omitto epulum populi Romani festum diem, argento, veste, omni apparatu ornatuque visendo.

(3) Aulu-Gelle XII. 8 : cum... solemni die Jovi epulum libraretur, atque ob id sacrificium Senatus in Capitolio epularetur...

La différence était, d'ailleurs, plutôt dans les noms que dans les choses. Dans l'un et l'autre « *epulum* » les mêmes honneurs étaient rendus aux mêmes Dieux, Jupiter, Junon et Minerve (1) ; peut-être quelques détails étaient-ils modifiés dans les rites. Les deux repas avaient lieu au Capitole où Minerve avait dans le temple même de Jupiter sa chapelle (*cella*) à côté de celle du Dieu (2). A

(1) Cicéron *in Verr*. V. 14 (36) Mihi ludos antiquissimos qui primi Romani sunt nominati... Jovi Junoni Minervæque esse faciundos. — On peut rapporter à l'epulum Minervæ ces mots d'Elien (*hist. anim.* IX 62) Πομπηίου Ρούφου Ρωμαίοις αγορανομουντος εν Παναθηναίοις. Car, l'intervention des édiles dans les Quinquatries, fètes professionnelles en l'honneur de Minerve que suppose M. Mommsen (*Droit pub. Rom.* V p. 219, n° 2) s'expliquerait difficilement.— Quand M. Mommsen parle du double *epulum Jovis*, il n'en reconnaît pas moins que l'*epulum* du 15 septembre avait lieu en l'honneur de Minerve car il l'énumère parmi les repas auxquels le Sénat assistait (*jus publice eputandi*) *Droit publ. Rom*. II. p. 104 n. 5.

(2) Denys (IV-61) dit qu'il y avait trois chapelles dans le temple du Capitole, celle de Jupiter et de chaque côté, celle de Minerve et de Junon. Pline. *H. n.* XXXIII-7 atteste aussi l'existence de la *cella Junonis* au Capitole : Ætas nostra vidit in Capitolio priusquam id novissime conflagraret a Vitellianis incensum in cella Junonis canem ex ære vulnus suum lambentem. — Voir aussi Tacite *hist*. I-86 — Les tables des frères Arvales (C. I. L. VI p. 2086 et 2115) mentionnent des sacrifices faits au Capitole en l'honneur de Junon. Un fragment, très mutilé où ne se trouve pas le nom du Capitole porte : VI.ID . | ..... CEL LAM.IVNONIS....: | ...... NONIS. IAN. QVA... | .... CELL DECENNALIA. S..,.. | ... PRO INCOLVMITATE IMP..... | ... GORDIANI PII FELICIS.....--... CONVENE-RVNT. PER. M. — Cette *cella* est bien au Capitole, car les fêtes Décennales | *Decennia* | dans les historiens de *l'hist. auguste*) avaient lieu au Capitole et des repas y étaient donnés (*Trebell. Pollio. Gall. duoz. vita* cap. 7. 8 et 9.) L'existence de la *cella Junonis* au temple

l'*epulum Jovis*, les deux déesses étaient « invitées » à s'asseoir sur des chaises à la table où au contraire la

de Jupiter au Capitole ne fait donc pas de doute pour l'empire, avant et après la reconstruction faite par Domitien. Mais pour l'époque primitive antérieure à la première reconstruction par Sylla, aucun texte que nous sachions, ne mentionne la *cella Junonis* au Capitole et par contre des textes supposent nécessairement l'absence d'une *cella* propre à Junon, et le partage de la *cella* de Jupiter pour Junon. En 566 V. C. Tite-Live VI-4. Tantum æris redactum est ut pretio pro auro matronis persoluto (l'or des matrones versé par elles pour la rançon des Gaulois), ex eo quod supererat tres pateræ aureæ factæ sint quas.... ante Capitolium incensum in Jovis cella constat ante pedes Junonis positas fuisse — L'offrande était faite à Junon, protectrice des matrones et elle est déposée aux pieds de sa statue dans la *cella* de Jupiter. N'est-il pas évident que si elle avait eu une *cella*, c'est là que le dépôt eût été fait ? Quelques années après, en 575, le dictateur T. Quinctius place au Capitole, dans son triomphe, la statue de Jupiter Imperator apportée de Préneste Tite-Live VI-29 : (Signum) dedicatum est inter cellam Jovis ac Minervæ — même conclusion. — En 564 M'. Acilius Glabrio, dans son triomphe sur Antiochus (en suivant une autre version, Mummius dans son triomphe après la prise de Corinthe) fit placer trois statues des dieux Nixi qui secondent les efforts des femmes en couches, au Capitole devant la chapelle de Minerve. Festus-V°⁵ Nixi Dii appellantur tria signa in Capitolio ante cellam Minervæ genibus nixa velit præsidentes parientium nixibus...— Junon Lucine n'était-elle pas toute désignée, bien plutôt que la vierge Pallas ? N'en résulte-t-il pas évidemment que Junon n'avait pas encore de *cella* ? Enfin la tradition avait conservé le souvenir de cet état de choses : Pline. *H. n.* XXXVI. 5 ; In Jovi æde extitisse picturam cultusque reliquos omnes femineos argumentis constat, etenim facta Junonis æde cum inferrent signa permutasse geruli tradunt et id religioni custoditum, velut ipsis sedem ita partitis, ergo et in Junonis æde cultus est qui Jovis esse debebat. — Ce qu'il faut retenir de là, c'est le culte de Junon dans la chapelle de Jupiter. L'explication par l'erreur du porteur des statues est imaginée après coup, par des gens qui,

statue de Jupiter était allongée sur un lit (1). Sans doute,
à l'*epulum Minervæ*, les invitations étaient faites en son
nom. Dion prétend que ces deux solennités étaient nécessaires pour que les jeux fussent vraiment sacrés (2).

Jeux Mégalésiens. — En 549, au plus fort de la guerre
avec Annibal, de fréquentes pluies de pierres donnèrent
lieu à l'ouverture des livres Sibyllins par les Décemvirs.
Le bruit s'étant répandu dans le peuple qu'on y avait lu
qu'Annibal ne sortirait vaincu d'Italie que si la Grande
Mère du Mont Ida était amenée à Rome; les esprits
furent vivement frappés. Le Sénat décida d'écouter l'aver-
tissement fatidique et de faire apporter de Pessinonte la
pierre symbolique qu'on y adorait sous le nom de la
déesse.

Une mission envoyée en Asie à cet effet s'arrêta dans
le voyage pour consulter l'oracle de Delphes, et, sur sa
réponse, s'adressa au roi Attale, qui les mit en posses-

voyant les trois chapelles, ne pouvaient admettre qu'il n'y en eut
que deux. Cela résulte clairement de la façon dont Pline conclut, c'est
pour lui une conséquence nécessaire de l'occupation de la place réservée à Jupiter par Junon, que la contre partie existe, que Jupiter
soit installé à la place de Junon, c'est bien un raisonnement qu'il fait,
une déduction qu'il tire : *ergo*, dit-il.

(1) Val. Maxime II-1-2 Feminæ cum viris cubantibus sedentes cœni-
tabant; quæ consuetudo ex hominum convictu ad divina penetravit:
nam Jovis epulos ipse in lectulum, Juno et Minerva in sellas ad cœ
nam invitantur Quod genus severitatis ætas nostra diligentius in Capitolio quam in suis domibus servat.

(2) LI-1 : ἀγῶνα ἱερὸν (οὕτω γὰρ τοὺς τὴν σίτησιν ἔχοντας ὀνομάζουσι).

sion de la chose et leur fournit les moyens de transport. Tite-Live dit que le jour où elle fut installée dans le temple de la Victoire, sur le mont Palatin, devint férié et le fixe à la veille des Ides d'avril (550 V. C.), c'est-à-dire le 12 avril, tandis qu'on le trouve porté au quatrième jour des ides de ce mois dans les calendriers, soit le 10 avril (1). Le même auteur nous montre que le soin de les célébrer fut aussi confié aux édiles curules qui, dix ans après, ajoutèrent une partie scénique à ces jeux (2), et précisément les didascalies de 4 pièces de Térence sur 5 qui furent jouées aux jeux Mégalésiens portent les noms des édiles curules (3).

(1) Varro. *De ling. lat.*, VI, 15 : Megalesia dicta a Græceis quod ex libris Sibyllinis arcessita ab Attalo rege Pergami propre murum Megalesion, ubi templum ejus Deæ, unde advecta Romam. — Tite-Live, XXIX, 10 : Civitatem repens religio invaserat invento carmine in libris Sibyllinis... inspectis : quandoque hostis... Italiæ bellum intulisset, eum pelli Italia vincique posse si mater Idæa a Pessinunte Romam advecta foret. — *Ibid.*, C. 11 : Legati Asiam petentes protinus Delphos... Oraculum adierunt consulentes... Responsum esse ferunt : Per Attalum regem compotes ejus fore quod peterent ;... ad regem venerunt ; is legatos... Pessinuntem in Phrygiam deduxit sacrumque iis lapidem quam matrem deum incolæ esse dicebant tradidit ac deportare Romam jussit. — *Ibid.*, 414 : Postquam navis ad ostium amnis Tiberim accessit... (P. Cornelius) ab sacerdotibus deam accepit extulitque in terram... In ædem Victoriæ quæ est in Palatio pertulere deam pridie Idus Aprilis, isque dies festus fuit... et ludi fuere megalesia appellati.

(2) Tite-Live, XXXIV, 54 : Megalesia ludos scenicos C. Atilius Serranus, L. Scribonius Libo, ædiles curules primi fecerunt.

(3) Andria, M. Fulvio, M. Glabrione æd. cur., 587, V. C. — Eunu-

La chose est attestée encore plus sûrement par un
Senatus-Consulte qui, en l'absence des magistrats curules
en 709, en chargea les édiles plébéiens (1). Et cependant
deux textes contredisent cette assertion. Le premier est
le plus facile à écarter. Tite-Live dit que M. Junius
Brutus, nommé préteur urbain l'année précédente et, par
conséquent, en fonctions, fit en 563 la dédication du
temple de la déesse dont la construction avait été adjugée
treize ans auparavant, et il ajoute que les jeux qui furent
donnés à cette occasion furent, selon Valère Autias, les
premiers jeux scéniques et furent appelés Mégalésiens (2).
Il n'est nullement question dans ce texte des jeux Méga-

chus, L. Postumio Albino L. Cornelio Merula æd. cur., 595, V. C. —
Heautontimorumenos. L. Cornelio Lentulo. L. Valerio Flacco æd.
cur., 591, V. C. — Hecyra. Sex. Julio Cæsare, Cn. Cornelio Dolabella.
—Non placuit—iterum data Cn. Octavio, T. Manlio cos. L. œmilii Pauli
ludis funebribus—non est placita—tertio relata Q. Fulvio—L. Martio
æd. cur. placuit, 588, V. C.

(1) Dion, XLIII, 48.

(2) Tite-Live, XXXVI, 36 : Ædes Matris Magnæ Idææ dedicata est...
Locaverant ædem faciendam ex S. C. M. Livius, C. Claudius censores... Tredecim annis postquam locata erat dedicavit eam M. Junius Brutus, ludique ob dedicationem ejus facti quos primos scenicos
fuisse Valerius Antias est auctor, Megalesias appellatos. M. Junius
Brutus était préteur urbain : Tite-Live, XXXV, 24 (Anno, 562, V. C.).
Postero die prætores creati L. Æmilius Paulus, M. Æmilius Lepidus,
M. Junius Brutus, etc... Des deux premiers, l'un obtint la province
d'Espagne, et l'autre la Sicile (Tite-Live, XVXVI, 2), et le troisième
eut le premier rang dans la répartition : M. Junio Bruto jurisdictio
utraque evenit.

lésiens annuels, ce sont des jeux extraordinaires donnés dans une circonstance spéciale, comme le dit Tite-Live, à l'occasion de la dédication du temple (*ludique ob dedicationem ejus facti*).

Mais la difficulté devient insoluble lorsque Cicéron ne comprend pas les *Megalesia* dans les jeux qu'il a à donner comme édile curule et qu'il y énumère au contraire les *Cerialia* qui paraissent avoir été plutôt du ressort des édiles plébéiens (1). Ce serait une hypothèse hasardée que de supposer une circonstance extraordinaire, car le langage de Cicéron ne l'implique en aucune façon, il semble parler de choses conformes à l'ordre établi Et cependant Cicéron lui-même dit expressément que ces jeux étaient donnés par les édiles curules quand il reproche à Clodius d'avoir pendant son édilité fait de ces jeux, ceux des esclaves, et de n'avoir pas été retenu par la considération que l'édilité curule avait consacré ses plus grands soins à la protection de cette religion (2).

---

(1) Ciceron. *In Verr.*, V, 14 (56). Nunc sum designatus ædilis... mihi ludos sanctissimos maxima cum cæremonia Cereri, Libero, Liberæque faciundos ; mihi Floram matrem populo, plebique Romanæ ludorum celebritate placandam ; mihi ludos antiquissimos qui primi Romani sunt nominati... Jovi Junoni. Minervæque esse faciundos.

(2) Ciceron. *De haruspic. resp.*, XII (24) : Hos ludos (Megalenses) servi fecerunt, servi spectaverunt, tota denique hoc (Clodio) ædile (curuli) servorum Megalesia fuerunt. — *Ibid.*, 26 : Nihil te... neque curulis ædilitas quæ maxime hanc religionem tueri solet permovit.

Le culte de Cérès est fort ancien à Rome, le dictateur
A. Postumius aurait, paraît-il, voué un temple à Cérès,
Bacchus et Proserpine en 258 V. C. La réunion de ces
trois divinités ne peut être due qu'à leur origine grecque
puisque les *Eleusinies* comportaient ce triple culte, et, en
effet, tout était grec dans les rites de la religion de Cérès
à Rome, les noms aussi et longtemps il y eut des prêtresses
grecques (2). On ne sait quelle part y était faite aux deux
autres divinités, mais il y avait certainement un lien entre
elles ; car le consul Mummius, l'auteur de la menace aux
transporteurs des objets d'art en Corinthe de leur faire refaire ces objets s'ils les perdaient (voir p. 119) refuse de laisser à la vente à l'encan après le pillage de Corinthe, le
tableau représentant Bacchus, peint par Aristide. Quand
le roi Attalus II en offrait six millions de sesterces et l'envoya à Rome pour être placé dans le temple de Cérès. Il

(1) Tacite. *Ann.*, II, 49 : Deum ædes vetustate aut igni abolitas,
cœptasque ab Augusto dedicavit (Tiberius) : Libero Liberæque et
Cereri juxta Circum maximum, quam A. Postumius dictator voverat.

(2) Ciceron. *Pro L. Cornel. Balbo*, 24 (55) : Sacra Cereris... summa
majores nostri religione confici cæremoniaque voluerunt, quæ cum
essent assumpta de Græcia et per græcas semper curata sunt sacerdotes et græca omnia nominata.

(3) Pline. *H. N.*, XXXV, 4 : Tabulis... externis auctoritatem Romæ
fecit primus omnium L. Mummius cui cognomen Achaici victoria
dedit, nam cum in præda vendenda res distraxisset et rex Attalus
sex millibus sestestium emisset Aristidis tabulam Liberum patrem continentem, pretium miratus suspicatusque aliquid in ea virtutis quod
ipse nesciret, revocavit tabulam Attalo multum quærente et in Cereris

était du reste bien incapable de juger de la valeur du tableau, et s'il le retint, c'est parce qu'il le croyait doué d'un pouvoir magique.

Mais si le culte était ancien, nous ne connaissons pas l'époque à laquelle les jeux institués en l'honneur de cette triple divinité, les *Cerialia* devinrent ordinaires et annuels. La première mention qu'on en trouve comme fête annuelle est de l'année 552 ; les édiles plébéiens chargés de les faire, s'étant démis de leurs fonctions par suite d'un vice de forme découvert après coup dans leur élection, un dictateur avec son *magister equitum* furent nommés pour les faire (1). Le rapprochement de cette date avec celle de la fondation des jeux Mégalésiens deux ans auparavant pourrait faire supposer que ces jeux étaient depuis peu annuels. Il semble, d'ailleurs, que pour les deux édilités, les *Cerialia* et les *Megalesia* aient été dans le même rapport que les jeux plébéiens et les jeux Romains. Les deux cultes étant d'origine étrangère et des mystères présentant des analogies s'y célébraient. Un détail qui nous est donné par Aulu-Gelle prouve que les Romains eux-mêmes avient fait cette comparaison : parmi certaines questions posées dans leur cé-

---

delubro posuit, quam primum arbitror picturam externam Romæ publicatam.

(1) Tite-Live XXX. 39 : P. Ælius Tubero et L. Lætorius ædiles plebis vitio creati magistratu se abdicarunt... Cerealia ludos dictator magister equitum ex senatus consulto fecerunt.

nacle d'étudiants à Athènes, se trouvait celle de savoir
pourquoi pendant les fêtes Megalésiennes les patriciens
étaient dans l'usage de se confiner chez eux, et de même les
plébéiens pendant les *Cerialia* (1). Les deux fêtes faisaient
suite. Les *Megalesia* le 10 avril et si les *Cerialia* avaient
lieu le 13ᵉ jour des Calendes de mai (19 avril) les jeux commençaient dès la veille des Ides d'avril (12 avril) (2). Les
fêtes consistaient en courses de chevaux et dans une
pompe où défilaient les représentations d'un grand nombre
de Dieux ; les œufs jouaient un rôle dans les deux parties
des fêtes, car au cirque ils servaient à marquer la fin de
chacune des courses, ainsi que leur nombre, et en tête de
la pompe on portait un œuf (3).

Les fêtes en l'honneur de Flore ne furent à l'origine que

(1) Aulu-Gelle XVIII. 2 : Saturnalia Athenis agitabamus hilare prorsum ac modeste.... Conveniebamus autem ad eamdem cœnam complusculi qui Romam in Græciam veneramus, quique easdem auditiones, eosdemque doctores colebamus. Tum qui cœnulam ordine suo
curabat præmium solvendæ quæstionis ponebat... Itaque nuper quæsita esse memini numero septem quorum..... (quarta) postea quæstio ista hæc fuit : Quam ob causam patritii Megalensibus mutitare soliti sint; plebes Cerealibus?

(2) Ovide. *Fastes* IV v. 385 et seq. — Vide *infra.* — Gruter. p. 105.

(3) Ovide (*loco cit*) : Plura locuturi subito seducimus imbre,
| Pendula cœlestes Libra movebat aquas ; | Ante tamen quam summa
dies spectacula sistat | Ensifer Orion æquore mersus erit. | Proxima
victricem cum Romam inspexerit Eos, | Et dederit Phœbo Stella fugata
locum, | Circus erit pompa celeber numeroque deorum, | Primaque
ventosis palma petetur equis. | Hi Cereris ludi..... — Varron (*de re
rustica* I. 2) raconte que des convives qui croient arriver en retard

des fêtes irrégulières que les magistrats célébraient quand l'intempérie des saisons faisait redouter la stérilité, car il faut rejeter l'opinion qui en fait l'expression de la reconnaissance du peuple (1). Les frères Publicius édiles, ou plébéiens, ou curules qui nous sont déjà connus avaient du produit des amendes levées sur les pécuaires construit vers 513 un temple à cette déesse (2) et un flamine fut chargé du culte (3). En 516, probablement dans une année inféconde, les oracles Sibyllins consultés ordonnèrent la célébration de jeux au 4ᵉ jour des Calendes de mai (23 avril) (4). Mais ils ne devinrent pas encore permanents car ce n'est que depuis 580, sous le consulat de L. Postu-

demandent en arrivant: num cœna comesa venimus? Comme les Romains commençaient leurs repas par des œufs, pour leur dire que *non* on leur répond: Bono animo este: Non modo ovum illud sublatum est quod ludis Circensibus novissimi curriculi finem facit quadrigis, sed ne illud quidem ovum vidimus quod in Cereali pompa ferri solet esse primum. — Tite-Live XLI (censores Q. Flacius et A. Postumius) carceres in circo et ova ad notas curriculis numerandis... ensuite le texte fait défaut, mais il ne peut y avoir de doute que c'est au même usage que ces mots se rapportent.

(1) Lactance *Instit.* I. 20 : Flora cum magnas opes ex arte meretricia quæsivisset populum scripsit heredem, certamque pecuniam reliquit cujus ex annuo fœnore suus natalis dies celebraretur editione ludorum quos appellant Floralia....... Voir l'histoire de la courtisane en détail dans Macrobe *Sat.* I. 10

(2) Voir première partie Ch. *Constructions nouvelles.*

(3) Varron *De L. L.* VII. 45 : Sunt in quibus flaminum cognominibus latent origines ut qui sunt in versibus plerique Volturnalis..... Floralis.... Obscura est eorum origo.

(4) Pline. *H. n.* XVIII. 29. Floralia IV Kal. easdem (maias) institue-

mius Albiuns et de M. Popilius Lænas où ils eurent lieu
sous leur présidence, qu'ils divinrent annuels (1). Des
mains des consuls, ils devaient aller aux édiles curules,
puisque nous les voyons énumérés par Cicéron parmi
ceux qu'il doit donner dans son édilité (2): Ces fêtes duraient trois jours et avaient lieu en partie pendant la nuit
ou la licence dépassait toutes bornes (3). Les jeux dans le
cirque consistaient en chasse d'animaux inoffensifs tels que
lièvres et chèvres. On n'y jouait que des pièces légères,
ni comédies, ni tragédies, mais de simples mimes (4).

Ausone nous dit que tant les édiles plébéiens que les

runt urbis anno DXVI ex oraculis Sibyllæ ut omnia bene deflores-
cerent.

(1) Ovide *Fastes* V. 325. Toutes les fleurs sont flétries : v. 327 et s.
Convenere patres et si bene floreat annus | Numinibus nostris (*c'est
Flore qui parle*) annua festa vovent. | Annuimus voto. Consul cum
Consule ludos | Postumio Lænas persolvere mihi. — Sigonius fast.
cous. L. Postumius A. F. A. N. Albinus M. Popilius P. F. P. N.
Lænas DLXXX.

(2) Ciceron. *In Verr.* V. 14 (36): Nunc sum designatus ædilis... mihi
Floram matrem populo plebique Romanæ ludorum celebritate placandam.

(3) Gruter p. 135. — Ovide *Fast.* V. v. 360 et s. : Lumina restabant
quorum me causa latebat; | Cum sic errores abstulit illa (Flora) meas:
| Vel quia purpureis collucent floribus agri | Lumina sunt nostros visa
decere dies : | Vel quia nec flos est hebeti, nec flamina colore | Atque
oculos in se splendor uterque trahit; | Vel quia deliciis nocturna li-
centia nostris | Convenit: a vero tertia causa venit.

(4) Ovide. *Fast.*, V., v. 371 et s. : Cur tibi (Floræ) pro Libycis
Claudantur rete leænis | Imbelles capreæ, solicitusque lepus !
Ibid., v. 348 et s. : Scena levis decet hanc ; non est mihi credite, non

édiles curules avaient un culte particulier pour les Sigillaires (1) ; si l'on se souvient que ces fêtes étaient la continuation des Saturnales et que pendant cette période de l'année ces magistrats voyaient sans effet leur autorité contre les joueurs de dés (voir *supra* p. 182) peut-être trouvera-t-on que c'est à cette inaction forcée que le poète fait une allusion ironique. A cette période de l'année on se faisait des présents comme encore chez nous au même moment. A l'origine ce n'étaient que des flambeaux de cire et de petits ouvrages en terre cuite (2), mais plus tard ce furent des objets précieux (3). Les Sigillaires étaient aussi le nom

est | Illa cothurnatas inter habenda deas ; | Turba quidem cur hos celebrent meretricia ludos | Non ex difficili causa petenda subest | ... | Vult sua Plebeio sacra patere choro. — Les actrices des mimes quittaient leurs voiles à la demande du peuple. Un jour il restait silencieux, un ami de Caton lui fit remarquer que cette pudeur inusitée était due à sa présence. Caton se leva aussitôt et sortit pour ne pas entraver cette coutume. (Valère Maxime, II, c. 10-8). Lactance. *Inst.*, I-20 : Celebrantur ergo illi ludi cum omni lascivia... ; exuuntur etiam vestibus populo flagitante meretrices quæ tunc mimarum funguntur officio et in conspectu populi usque ad satietatem impudicorum luminum, cum pudendis motibus detinentur.

(1) Eclog. *De feriis Rom.*, V-31 : Ædiles plebei etiam ædilesque curules | Sacra Sigillorum nomine dicta colunt.

(2) Macrobe. *Saturn.*, I-12 : Traditum ut cerei Saturnalibus missitarentur et sigilla artefictili fingerentur ac venalia pararentur quæ homines pro se atque suis piaculum pro Dite Saturno facerent ; ideo Saturnalibus talium commerciorum cœpta celebritas septem occupat dies.

(3) Suétone. *Claude*, 5 : Tiberius (Claudii) patruus... id solum codicillis rescripsit : quadraginta aureos in Saturnalia et Sigillaria misisse ei. — Ælius Spartianus (*vita Ant. Carac.* 1) : Quæ ab parentibus

d'un marché où se vendaient les objets pour ces étrennnes et c'est là que Titus se procura le diamant auquel le doigt de Bérénice donna un plus grand prix (1).

On y vendait toutes sortes de choses, des livres surtout, on y faisait des ventes à l'encan (2) et ce marché demandait sans doute la surveillance des édiles..

Nous trouvons enfin des jeux confiés spécialement au préteur, d'origine grecque et introduits en 542 seulement. Comme pour les *Megalesia* un oracle donné par la Sibylle fut la cause de l'institution des jeux Apollinaires, il était contenu dans une formule de l'illustre devin Marcius (3).

gratia sigillariorum acceperat ea vel clientibus vel magistris sponte donavit.

(1) Juvenal, VI, v. 152 : Mense quidem brumæ cum jam mercator Jason | Clausus et armatis obstat casa caudida nautis | Grandia tolluntur crystallina, maxima rursus | Murrhina ; deinde adamas notissimus et Berenices | In digito factus pretiosior : hunc dedit olim | Barbarus incestæ, dedit hunc Agrippa sorori. — Le scholiaste sur le vers 152 sus cité : Romæ in porticu Trajanarum thermarum tempore Saturnaliorum Sigillaria sunt ; tunc mercatores casas delinteis faciunt quibus picturæ obstant ; ideo autem dicit « *Mercator Jason* » quoniam antea in porticu Agrippinarum Sigillaria proponebantur in qua porticu historia argonautarum depicta est.

(2) Ausone. *Eidyll.*, XIII. *Epist. ad Paulum* : Pro quo (centone nuptiali) si per Sigillaria in auctione veniret, neque Afranius nauci daret nec Cicum suum Plautus afferret. — Aulu-Gelle, V-4 : Apud Sigillaria forte in libraria ego et Julius Paulus poeta... consideramus atque hic expositi erant Fabii annales bonæ atque sinceræ vetustatis libri quos venditor sine mendis esse contendebat.

(3) Tite-Live, XXV-12 : Religio deinde nova objecta est ex carminibus Marcianis. — Vates hic Marcius illustris fuerat... Ad id carmen expla-

Un Senatus-Consulte attribua au préteur douze mille as
et deux victimes majeures, un autre chargea les décemvirs
Sibyllins d'accomplir les sacrifices suivant les rites grecs :
à Apollon serait immolé un bœuf ainsi que deux chèvres
blanches, à Latone une génisse ; et toutes ces victimes devaient avoir les cornes dorées ; un édit du préteur un peu
avant les jeux invita le peuple à verser selon ses facultés,
une somme pour Apollon. Ces jeux sont issus d'un vœu
pour obtenir la Victoire et non la Santé publique comme
beaucoup se l'imaginent, dit Tite-Live, sans doute parce
que la médecine était une des attributions de ce Dieu. Mais
ces jeux n'étaient pas devenus permanents, il fallut un Senatus-Consulte, l'année suivante, sur la proposition du préteur Calpurnius, pour les faire faire à ce magistrat, et le
Sénat décréta qu'ils seraient votés à perpétuité (1) : cette

nandum diem unum sumpserunt, postero die S.-C. factum est ut Xviri
libros de ludis Apollini reque divina faciunda inspicerent. — Ea cum
inspecta relataque ad Senatum essent, censuerunt Patres « Apollini
ludos vovendos faciundosque et quando ludi facti essent, duodecim
millia æris prætori ad rem divinam et duas hostias majores dandas ».
Alterum S.-C. factum est « Ut Xviri sacra græco ritu facerent, hisque
hostiis, Apollini, bove aurato, et capris duabis albis auratis, Latonæ
bove femina aurata. Ludos prætor in Circo maximo cum facturus esset,
edixit ut populus per eos ludos stipem Apollini quantam commodum
esset conferret. Hæc est origo ludorum Apollinarium, victoriæ non
valetudinis ergo ut plerique rentur votorum factorumque. Populus
coronatus spectavit.

(1) Tite-Live, XXVI-25 : Ludi Apolinares et priore anno fuerant et
eo anno ut fierent, referente Calpurnio prætore Senatus decrevit ut
in perpetuum voverentur.

prescription ne prévalut pas, pendant deux ans encore des décisions spéciales furent prises, mais dans la dernière de ces années une épidémie sévissant, une loi portée par le préteur urbain P. Licinius Varus fut rendue à cet effet et le jour fut fixé au 3ᵉ jour des nones de juillet (1).

Le préteur conduit le cortège qui part du forum où sont les chars des Dieux qui s'y joignent : il est monté sur un char attelé de deux chevaux, entouré de licteurs, vêtu d'une robe de pourpre brodée, portant sur la tête une couronne d'or, et il se rend au cirque pour accomplir les cérémonies et donner le signal des jeux (2). Des chœurs de jeunes garçons et de jeunes filles chantent des vers qui ont été généralement faits pour ces jeux mêmes, et qui

(1) Tite-Live, XXVII-11 : Decretum ut C. Hostilius prætor ludos Apollini, sicut his annis voti factique erant, voveret faceretque. — *Eod. lib.*, C. 23, *in fine* : Pestilentiæ causa et supplicatum per compita tota urbe est et P. Licinius Varus, prætor urbis legem ferre ad populum jussus ut hi ludi in perpetuum in statam diem voverentur. Ipse primus ita vovit fecitque ante diem tertium nonas quintiles. Is dies deinde solennis servatus.

(2) Tite-Live (IX. 40), parle du triomphe de Papirius Cursor et de l'ornementation du forum : inde natum initium dicitur fori ornandi ab ædilibus cum thensæ ducerentur. *Id.* X. 7 : Eos viros quos vos sellis curulibus, toga prætexta, tunica palmata et toga picta et corona triumphali laureaque honoravitis. Juvenal *Sat.* X. v. 56 : Quid si vidisset Prætorem in curribus altis | Exstantem et medio sublimem in pulvere Circi | In tunica Jovis et pictæ Sarrana ferentem | Ex humeris aulæa togæ, magnæque coronæ | Tantum orbem quanto cervix non sufficit ulla ? — Pline. *Hist. nat.* XXXIV 5 : non vetus et bigarum celebratio in iis qui prætura functi curru vecti essent per circum.

contiennent une prière à Apollon, à Diane, à Latone de favoriser les armes de Rome, et d'en écarter les horreurs de la maladie et de la famine (1). Les jeux consistaient en courses de chevaux et de chars, en chasses ou combats de gladiateurs et en représentations scéniques (2).

Des jeux qui ont quelque analogie avec les précédents, institués aussi en vertu d'un oracle des livres Sibyllins, pour la procuration de prodiges furent les Jeux Séculaires qui devaient avoir lieu tous les cent ans ou tous les cent dix ans suivant les auteurs, mais qui en fait avaient lieu irrégulièrement. Les décemvirs étaient aussi chargés d'en établir les rites et les édiles curules devaient en avoir l'organisation puisque plus tard, Tacite nous atteste que les magistrats, spécialement à son époque le préteur, s'occupaient de ces cérémonies. On sacrifiait en l'honneur de

(1) *L'Ode* (I. 21) d'Horace est certainement une pièce de vers destinée aux jeux Apolinaires, car on y trouve rappelé à la fin les causes que nous donne Tite-Live : l'institution des jeux pour la victoire, et leur vœu perpétuel pour conjurer une épidémie : Diauam teneræ dicite virgines, | Intonsum, pueri dicite Cynthium, | Latonamque... | Hic bellum lacrimosum, hic miseram famem | Pestemque a populo et principe Cæsare in | Persas atque Britannos | Vestra motus aget prece.

(2) Cicéron. *Ad Attic.* XVI 5 : Ibi Brutus. Quam ille doluit de nonis « Juliis ! » (il s'agit de M. Junius Brutus l'assassin de César) mirifice est conturbatus, itaque sese scripturum aiebat ut venationem quæ postridie ludos Apollinares futura est proscriberent III Idus Quintiles. — *Ibid.* II. 20. Populi sensus maxime theatro et spectaculis perspectus est nam gladiatoribus qua dominus, qua advocati, sibilis conscissi ludis Apollinaribus, Diphilus tragædus in nostrum Pompeium petulan r invectus est.

Pluton et de Proserpine comme victimes des bêtes de couleurs sombre (1). Des chœurs de jeunes garçons et de jeunes filles y chantaient des vers en l'honneur des Dieux, surtout de Diane et d'Apollon et ils n'en chantèrent sûrement de plus beaux que ceux que fit Horace pour les jeux donnés en 747 (2). Les auteurs sont dans le plus grand désaccord sur la date de la première célébration des jeux séculaires comme sur celle des suivantes. Valérius Antias place la première à l'année de l'expulsion des rois (245), tandis que les commentaires des décemvirs Sibyllins

(1) Censorinus *De die nat.* c. XVII : Varro de scenicis Originibus libro primo ita scriptum reliquit : « Cum multa portenta fierent et ideo libros Sibyllinos Xviri adissent, renuntiarunt uti Diti patri et Proserpinæ ludi Terentini in Campo Martio fierent et hostiæ furvæ immolarentur, utique ludi centesimo quoque anno fierent » Item T. Livius lib. CXXXVI : « Eodem anno ludos sæculares Cæsar ingenti apparatu fecit quos centesimo quoque anno, is enim terminus sæculi fieri mos ». At contra ut decimo centesimoque anno repetantur, tam commentarii XVvirorum (priore tempore Xviri) quam D. Augusti edicta testari videntur. (Il cite ensuite un passage du *carmen sæculare* d'Horace où le délai est aussi de 110 : undenos decies per annos) at enim temporum si veterum revolvantur annales large magis in incerto invenietur. — Tacite *Ann.* XI. 11 : (Domitianus) quoque edidit ludos seculares iisque instantius adfui sacerdotio XVvirali præditus, ac tum prætor quod non jactantia refero sed quia collegio XVvirum antiquitus ea cura et magistratus exsequebantur officia cærimoniarum. — Horace *Carmen sæculare* v. 69 et 70 : Quindecim Diana preces virorum | Curet et votis puerorum amicas | Applicet auras.

(2) Horace. *Carmen Secul. Init.* : Phœbe Sylvarumque potens Diana | Lucidum cœli decus, o colendi | Semper et culti date quæ precamur | Tempore sacro | Quo Sibyllini monuere versus | Virgines lectas, puerosque castos | Dis quibus septem placuere colles | Dicere Carmen.

donnent comme les seconds jeux ceux faits environ un demi-siècle seulement après, en 298, et les contradictions sont encore plus nombreuses sur les suivants, mais on est d'accord pour regarder comme les cinquièmes ceux de 737 faits par Auguste et Agrippa (1).

On voit qu'à part certaines exceptions la règle est que la direction et l'organisation des jeux appartient à l'un des deux collèges d'édiles. A l'origine, comme nous l'avons dit, les jeux étaient toujours le résultat d'un vœu, et l'usage était spécialement pour les jeux Romains d'attribuer une somme déterminée pour leur célébration chaque fois qu'elle avait lieu, mais cette rigueur pouvait avoir des tempéraments et l'on vit des jeux voués sans attribution d'une somme fixée d'avance (2). Denys prétend que jusqu'à

(1) Censorinus. *Loc. cit.* : At enim temporum si veterum revolvantur annales longe magis in incerto invenietur. Primos enim ludos sæculares exactis regibus post Romam c onditam annis CCXLV a Valerio Publicola (*sic*) institutos esse Valerius Antias ait, at XV virorum (olim X virorum) Commentarii annis CCLXXXXVIII, M. Valerio, Sp. Verginio coss. secundos ludos, ut Antias vult anno post V. C. quinto trecentesimo ; ut vero in commentariis XV virorum scriptum est anno octavo et quadringentesimo, M. Valerio Corvino iterum, C. Pœtilio Coss..... Quintos ludos C. Furnio, C. Junio Silane coss. anno DCCXXXVII, Cæsar Augustus et Agrippa fecerunt.

(2) Tite-Live XXXI 9 : Civitas religiosa... ne quid præmitteretur, quod aliquando factum esset, ludos Jovi donumque vovere Consulem cui provincia Macedonia eveniret jussit. Moram voto publico Licinius pontifex maximus attulit qui negavit ex incerta pecunia vovere debere si ea pecunio non posset in bellum usui esse ; reponi statim

la première guerre punique, c'est-à-dire jusqu'à la
fin du Vᵉ siècle cette allocation était de 500 mines
d'argent ce qui représente environ 46.500 fr. soit
200.000 sesterces. Si l'auteur du vœu procédait à la
célébration des jeux sans s'être fait attribuer une
somme fixée par un Senatus - Consulte, il risquait
de les voir rester à sa charge (2). Cette allocation
était peu importante, si l'assertion de Denys est exacte,
mais à cette époque le luxe ne s'était pas encore introduit
et les pontifes se contentaient de peu et disaient qu'il importait peu à la religion si une somme plus ou moins
grande était employée. M. Fulvius voulut employer le
montant des contributions dont il avait frappé les villes
soumises, et qui s'élevait à cent livres pesant d'or, à célébrer les jeux Romains voués par lui lors de la prise

debere nec cum alia pecunia misceri : quod nisi factum esset votum
rite solvi non posse. Quanquam et res et auctor movebat, tamen ad
collegium pontificum referre consul jussus si posset recte votum
incertæ pecuniæ suscipi, posse rectiusque etiam esse pontifices decreverunt... Toties ante ludi Magni de certa pecunia voti erant; ii primi
de incerta.

(1) Denys VII 71.

(2) Tite-Live XXXVI-56. Consul P. Cornelius Scipio..... postulavit
ab senatu ut pecunia sibi decerneretur ad ludos quos proprætor in
Hispania inter ipsum discrimen pugnæ voviset. Novum atque iniquum
postulare visus est; censuerunt « ergo quos ludos inconsulto senatu ex
sua unius sententia vovisset eos uti de manubiis, si quam pecuniam ad
id reservasset, vel sua ipse impensa faceret » ; eos ludos per dies decem
P. Cornelius fecit.

d'Ambracie (568 v. c.). Les pontifes consultés avaient donné
la réponse que nous venons de citer et le Sénat lui alloua
comme maximum sur cette somme 80.000 sesterces (1).
Dans les désastres de la guerre contre Annibal, les livres
Sibyllins consultés, le Sénat quelques années auparavant,
en 537, s'était montré plus généreux ayant alloué pour les
jeux Romains 333.333 as 1/3 ce qui faisait environ 133.333
1/3 de sesterces (si le sesterce ne valait encore que 2 as
1/2) (2). A la fin de la république on était revenu à la
somme primitive de 200.000 sesterces que nous avons vu
indiquée par Denys (3). Mais à cette époque le nombre des
jours des jeux avait considérablement augmenté, les spectacles composés d'éléments variés exigaient un personnel

(1) Tite-Live XXXIX, 5 : Is (M. Fulvius)... adjecit: Ludos magnos
se Jovi O. M. eo die quo Ambraciam cepisset vovisse : in eam rem sibi
centum pondo auri a civitatibus collatum ; petere ut ex ea pecunia
quam in triumpho latam in ærario positurus esset, id aurum secerni
juberent. Senatus pontificum collegium consuli jussit num omne id
aurum in ludos consumi necessum esset. Cum pontifices negassent
ad religionem pertinere quanta impensa in ludos fieret, senatus Fulvio
quantum impenderet permisit dum ne summa octoginta millium
excederet.

(2) Tite-Live XXII, 9 : Q. Fabius Maximus dictator iterum.. pervi-
cit ut... decemviri libros Sibyllinos adire juberentur, qui inspectis
fatalibus libri, retulerunt patribus : Quod... votum Marti foret id non rite
factum, de integro atque amplius faciendum esse et Jovi ludos magnos
vovendos... Senatus... omnia ea ut mature fiant curare jubet. *Ibid*.
c. 10 : Ejusdem re causa ludi Magni voti æris trecentis triginta tribus
millibus, trecentis triginta tribus trienti.

(3) Pseudo-Asconius. — *In Verrem*, act. 2ª-l-10 Tunc primum ludis
mpensa sunt ducenta millia nummum.

et un matériel beaucoup plus importants : cette allocation
ne représentait donc qu'une très faible partie des dépenses
et la différence était comblée par les édiles sur leur propre
fortune. C'est ce que nous montre Cicéron lorsqu'il énumère ceux de son temps qui se distinguèrent entre tous :
P. Crassus le Riche, Q. Mucio, les deux Lucullus, l'orateur
Hortensius, et au premier rang P. Lentulus qui n'eut d'égal
que M. Æmilius Scaurus, dont nous avons rappelé les prodigalités pour la construction d'un théâtre (1). Il est vrai
qu'ils trouvaient en outre des ressources dans le recouvrement des amendes qu'ils prononçaient, mais à lire Tite-
Live, il semble que les édiles plébéiens aient été seuls à
en profiter (2).

(1) Cicéron. *De officiis* II-16 (57) Quanquam intelligo in nostra civitate
inveterasse jam a bonis temporibus ut splendor ædilitatum ab optimis
viris postuletur. Itaque et P. Crassus cum, cognomine Dives tum copiis
functus est ædilitio maximo munere, et paulo post L. Crassus, cum
omnium hominum moderatissimus Q. Mucio magnificentia ædilitate
functus est. deinde C. Claudius, C. filius. multi post, Luculli, Hortensius, Silanus ; omnes autem P. Lentulus, me consule. vicit superiores ;
hunc est Scaurus imitatus.

(2) Voir pour les jeux faits avec les produits des amendes pour les
Plébéiens, Tite-Live X,23-XXVII-6-XXXIII-42. — Voir aussi les
amendes des pécuaires servant à élever le temple de Flore. Ovide
fastes V, 192. M. Mommsen qui relève ce fait (*Droit Romain publ*, I,
p. 276, n. 2) en donne comme raison possible que les édiles curules
d'un rang plus élevé ne voulaient pas se dépouiller du soin d'organiser
leurs jeux entièrement à leurs frais. Quant à l'argent provenu des
amendes ils l'employaient en travaux publics, au profit de l'Etat. Si les
édiles plébéiens, au contraire, les employaient en jeux et en repas

Les engagements des acteurs, des mimes femmes surtout se faisaient à des prix très élevés. A la fin de la république la pantomine Dionysia (*gesticularia*) recevait deux cent mille sesterces (1).

L'édile Plébéien M. Pomponius produisit pour la première fois en 671 sur la scène la mime Valeria Copiola, mais sûrement il n'assista pas à la dernière représentation où elle parut 91 ans plus tard à l'âge de 104, ans ce qui dans la circonstance était de bon présage, puisque ce fut dans les jeux votés pour le rétablissement d'Auguste (2).

en l'honneur des Dieux, n'est-ce pas parce que les magistrats plébéiens n'étant pas des magistrats du peuple, du moins à l'origine, ne pouvaient verser le produit de leurs condamnations dans l'ærarium, mais étaient tenus de les employer au profit d'une divinité ? Nous voyons ainsi la loi relative à l'inviolabilité des magistrats plébéiens ordonner que les biens des contempteurs de cette loi soient vendus au temple de Cerès (Tite-Live III, 55).— De même l'expression « *in sacrum judicere* » doit avoir le même sens, car Festus la met à côté de *multam inrogare* et la montre désignant une poursuite accordée par la loi Silia contre les magistrats falsificateurs de poids et de mesures publics. V° *Publica*. — Le texte en est cité p. 255, n. 1.

(1) Aulu-Gelle, I-5 : L. Torquatus subagresti homo ingenio.... cum de causa Sullæ quærevetur non jam histrionem eum (Hortensium oratorem) esse diceret sed gesticulariam, Dionysamque eum notissimæ saltatriculæ nomine appellaret.... — Cicéron, *pro Roscio comœdo* VIII (25) Nam certe HS trecenta merere et potuit et debuit (Roscius) si potest Dionysia HS ducenta merere.

(2) Pline. *Hist. nat.*, VII, 48 : Valeria Copiola emboliaria reducta est in scœnam Cn. Pompeio, Q. Sulpicio coss. ludis pro salute Divi Augusti votivis annum centesimum quartum agens; quæ producta fuerat tirocinio a M. Pomponio, C. Mario, Cn. Carbone coss. ante annos nonaginta unum.

Les édiles traitaient directement de l'acquisition des
pièces avec leurs auteurs et le prix était souvent à débattre
en présence de leurs prétentions. Il parait que Plaute,
mais c'est Horace qui parle, juge partial pour cet auteur
dont il trouve les vers et les saillies indignes des oreilles
des honnêtes gens (1). s'occupait plus de bien vendre ses
pièces que de les voir réussir (2). Cependant le prix n'était
pas très élevé, si nous en jugeons par celui de 8.000 sesterces
auquel fut payé à Térence sa comédie de l'*Eunuchus*, et
ce prix qui pourtant était supérieur à tout précédent (3) ;
mais les choses changèrent et sous Auguste la peine de l'é-
crivain était largement récompensée (4). Dans ces marchés
les édiles s'exposaient à des mécomptes, à voir par exemple
une pièce n'être acceptée par le public qu'à une troisième
reprise, ainsi qu'il en fut pour une comédie de Térence,

(1) *Ars poet*, v. 272 : ...Vestri proavi Plautinos et numeros, et |
Laudavere sales, nimium patienter utrosque, | Non dicam stulte,
mirati, si modo ego et vos | Scimus inurbanum lepido seponere dicto,
| Legitimumque sonum digitis callemus et aure.

(2) *Epist.*, II, 1, v. 170 et suiv. : Adspice Plautus... | Quam non
adstricto percurrat pulpita socco. | Gestit enim nummum in loculos
demittere ; post hoc | Securus, cadat an recto stet fabula talo.

(3) Vita Terentii (*Suetonio auctore —vel Donato*). Eunuchus... bis die
acta est, meruitque pretium quantum nulla antea cujusdam comœdia, id est octo millia nummum.

(4) Ovide. *Tri tium*, II, v. 507 et suiv. : Quoque minus prodest
pœna est lucrosa poetæ, | Tantaque non parvo crimina Prætor emit.
| Inspice ludorum sumtus, Auguste, tuorum ; | Emta tibi magno talia
multa leges. | Sous l'empire le préteur prit la place des édiles pour les
jeux.

l'*Hécyre*, qui ne passa que grâce aux efforts du chef de la troupe L. Ambivius Turpio (1) ; ils étaient cependant déjà dans l'usage de prendre conseil des gens compétents ; c'est ainsi qu'ils avaient soumis l'Andrienne, le début de Térence à la censure du vieux Cæcilius, cet usage se perpétua, car nous voyons Cicéron se plaindre d'avoir à assister aux mimes auxquels Sp. Mœcius a donné son approbation et qui le font dormir (2). Mais il n'est pas admissible que si la pièce ne réussit pas, ils aient en quelque sorte appliqué leur action rédhibitoire pour se faire restituer le prix, comme on prétend qu'il fut fait pour l'*Hécyre* en se fondant sur un passage sujet à interprétations diverses du second prologue de cette pièce (3).

(1) *Didascalia* : *Acta ludis Megalens*. Sex Julio Cæsare. Cn. Cornelio Dolabella ædil. curulib — non est peracta.... Acta primo sine prologo ; data secundo Cn. Octavio, T. Maulio coss. relata est Lucio Æmilio Paulo ludis funebribus, non est placita ; tertio relata Q. Fulvio, L. Marcio ædil. curulib. — Egit L. Ambivius Turpio, placuit.

(2) Vita-Terentii : Scripsit comœdias sex ; ex quibus primam Andriam cum ædilibus daret jussus ante Cæcilio recitare. Suit l'histoire de Térence reçu d'abord froidement, puis après la lecture retenu à diner. Ciceron. *Ad famil.* VIII. : per eos dies (ludorum) matutina tempora lectiunculis consumpseris, cum illi interea qui te istic reliquerunt, spectarent communes mimos semisomni.... nobis autem erant ea perpetienda que scilicet Sp. Mœcius probavisset.

(3) Hecyra. *Alter prolog.* v. 47 et s. Mea causa, hanc causam accipite et date silentium | Ut libeat scribere aliis, mihique ut discere | novas expediat posthac prætio emptas meo. *Comment. Donati* (*ad verba : pretio emptas meo*): æstimatione a me facta quantum ædiles darent et proinde me periclitante, si abjecta fabula a me pretium

Les édiles s'occupaient même de l'aménagement du
théâtre, nous avons vu que Scaurus avait dans son édilité
fait construire un théâtre où il avait déployé une prodiga-
lité inouïe ; d'une façon plus raisonnable, le préteur Lentulus Spinter pour les spectacles scéniques de ses jeux Apol-
linaire fit le premier couvrir le théâtre d'un voile pour donner de l'ombre, usage qui resta depuis en vigueur (1). L'é-
dile curule C. Claudius Pulcher que Cicéron cite parmi
ceux qui se distinguèrent dans leur magistrature (2), fit
peindre les cloisons de la scène avec des nuances variées,
alors que jusque-là les planches avaient été sans aucune
peinture (3). Ce qu'il faut entendre sans doute des décors
qu'il introduisit pour la première fois. Ils faisaient afficher
le programme des jeux quelques jours auparavant (4), car
c'est eux qui réglaient l'ordre des différentes parties des
jeux (5), des affiches avec des dessins en couleurs annon-

quod poetæ numeraverint repetaut. Ergo « meo », a me facto, a me
statuto, non quomodo alibi dixit ut sequatur populus judicium ejus
qui æstimare vere fabulas potuerit.

(1) Pline. *Hist. nat.* XIX. : : Carbasina... Vela primus in theatro
duxisse traditur Lentulus Spinter Apollinaribus ludis.

(2) Ciceron *In Verr.* IV. 3 (6) : C. Claudius cujus ædilitatem magnificentissimam scimus fuisse usus est hoc cupidine. — *Ibid. H.* (7) ideo
C. Claudius Pulcher retulit.

(3) Val. Maxime II 4. 6 : C. Pulcher scænam varietate colorum
adumbravit, vacuis ante pictura tubulis extentam.

(4) Ciceron. *Ad Attic.* XVI. 3 (*Manutius* 4) (M. Junius Brutus) sese
scripturum aiebat ut venationem etiam quæ postridie ludos apollinares futura est, proscriberent III Idus Quintiles.

(5) Donatus *in Phormione. prol.* v. 34 : (Actoris virtus nobis restituit

çaient, probablement pour ceux qui ne savaient pas lire, leurs spectacles favoris, les luttes d'athlètes (1).

Un programme aussi était distribué à l'intérieur (2). Certains jeux demandaient la présence des chars des Dieux et des solennités de paroles et de libations, c'est encore aux édiles que ces soins revenaient, ils avaient la garde de ces chars au Capitole où se trouvait aussi le matériel des jeux et ils ornaient le forum (3), le jour où pour une solennité ces chars étaient menés par des enfants purs ayant encore leurs parents; ils procédaient à la prononciation des formules sacramentelles, et faisaient les libations, opérations auxquelles ils devaient apporter le plus grand soin pour n'y pas commettre la moindre erreur ,et de même ils devaient

locum): Locus est distributio temporum quæ cuique in spectaculum venturo attribuuntur ab ædilibus. — Sénèque. *Epist.* 117. 30 : Nemo qui obstetricem parturienti filiæ sollicitur accersit edictum et ludorum ordinem perlegit.

(1) Horace. *Serm.*, II-7 : Davus Horatio v. 95... Cum Pausiaca torpes, insane tabella, | Qui peccas minus atque ego cum Fulvi Rutulæque | Aut Placideiani contento poplite miror | Prœlia, rubrica picta aut carbone, velut si | Re vera pugnent, feriant vitentque moventes | arma viri ?

(2) Ovide. *De arte am.*, I. v. 163 : Hos aditus circusque novo præbebat amori | ... Dum loquitur, tangitque manum, poscitque libellum | Et quærit, posito pignore, vincat uter.

(3) Tite-Live, IX-40 : Dictator ex S.-C. triumphavit ; cujus triumpho longe maximam speciem captiva arma præbuere ; tantum magnificentiæ visum in iis ut aurata scuta dominis argentariarum ad forum ornandum dividerentur ; inde natum initium dicetur fori ornandi ab ædilibus cum thensæ ducerentur.

surveiller attentivement toutes les parties des jeux, car si la moindre irrégularité était commise, les jeux étaient refaits *(instaurati)* à leurs frais ; si par exemple les joueurs de flûte avaient subitement cessé de se faire entendre, ou si un simple baladin arrêtait sa danse (1). Ils ornaient non seulement le forum, mais aussi les endroits où se célébraient les jeux, et pour se procurer les tableaux, les statues, les objets d'arts nécessaires, ils les empruntaient à leurs amis, ou même à des villes dépendant de l'administration Romaine, à qui ils les rendaient après s'en être servi (2).

Ils avaient aussi la police des spectacles, c'est eux qui disposaient de l'eau des acqueducs pour faire arroser le grand Cirque, et le même droit appartenait aux Censeurs (voir la section des acqueducs p. 132). Avant que la ma-

(1) Cicéron. *De Harusp. resp.*, XI (23) : Au si ludius constititant tibicen repente conticuit, aut puer ille patrimus et matrimus si terram non tenuit, aut thensam aut lorum omisit, aut si ædilis verbo, aut simpulo aberravit, ludi sunt non rite facte, eaque errata et piantur et mentes deorum immortalium ludorum instauratione placantur.

(2) Cicéron. *In Verr.*, IV-3 (6) : C. Claudius cujus ædilitatem magnificentissimam scimus fuisse usus est hoc Cupedine tamdiu dum forum diis immortalibus populoque Romano habuit ornatum et cum esset hospes Hejorum, Mamertini autem populi patronus ut illis benignis usus est ad commandandum, sic ipse diligens fuit ad reportandum. Nuper homines nobiles ejusmodi... imo vero modo ac plane paulo ante vidimus qui forum ac basilicas non spoliis provinciarum sed ornamentis amicorum, commodis hospitum... ornarent ; qui tamen signa atque ornamenta sua cuique reddebant.

tière n'eût été réglée, déjà dans certaines circonstances ils veillaient que les rangs sociaux fussent observés dans les places occupées, souvent sur un ordre du Consul. Le peuple bien que des dispositions de cet ordre aient été quelquefois mal vues par lui, avait cependant de lui-même dans une certaine mesure, tenu compte de ces différences, et dès avant le consulat de Scipion l'Africain et de Ti. Longus alors que toutes les places leur étaient ouvertes, il n'avait jamais souffert qu'un Sénateur ne fût pas au premier rang (1): la chose avait d'autant plus d'importance à cette époque qu'un Senatus-Consulte ayant défendu tout siège dans les spectacles donnés à Rome, les spectateurs se tenaient debout, et que forcément il y avait une grande confusion (2). La première attribution de places séparées aux Senateurs eut lieu en 560, d'abord aux jeux Megalésiens du 10 avril et ensuite aux jeux Romains du 15 septembre, les Censeurs Sex. Ælius Pœtus et C. Cornelius Cethegus la firent exécuter par les édiles curules, dit Tite-Live; mais revenant sur ces mêmes jeux Romains, il nous

(1) Valère-Maxime, IV, 5, 1 : A condita urbe usque ad Africanum et Ti. Longum coss. promiscuus Senatui et populo spectandorum ludorum locus erat; numquam tamen quisquam ex plebe ante patres conscriptos in theatro spectare sustinuit.

(2) Valère-Maxime, II, 2, 2 : Senatus Consulto cautum est ne quis in urbe propiusve passus mille subsellia posuisse sedensve ludos spectare vellet, ut scilicet remissioni animorum juncta standi virilitas propria Romanæ gentis nota esset.

dit que ce fut Scipion l'Africain, le Consul de cette année
qui avait fait prendre cette mesure, et cela se présente
mieux ainsi, car c'était plutôt au Consul à donner des
ordres aux édiles, on peut d'ailleurs supposer une entente
entre les Censeurs et le Consul, qui précisément était
princeps senatus; il parait que cette mesure déplut au
peuple qui ne la pardonna pas à Scipion (1).

(1) Val.-Maxime, *loc. cit.*, 5 : Per quingentos autem et quinquaginta octo annos senatus populo mistus spectaculo ludorum interfuit.
Sec hunc morem Atilius Seranus et L. Scribonius ædiles ludos Matri
Deum facientes superioris Africani sententiam secuti, discretis Senatus
et populi locis solverunt. Eaque res avertit vulgi animum et favorem
Scipionis magnopere quassavit. — Ciceron. *De harusp. resp.*, XII (24) :
Quid ego de illis ludis loquar quos in Palatio nostro majoris ante templum, in ipso Matris Magnæ conspectu, Megalensibus fieri celebrerique
voluerunt?... quibus ludis primum ante populi concessum, senatu
locum P. Africanus iterum ille consul major dedit. — Tite-Live.
XXXIV, 44 : Creati censores Sex. Ælius Pætus et C. Cornelius Cethegus principem Senatus P. Scipionem consulem, quem et priores
censores legerant, legerunt... gratiam quoque ingentem apud eum
ordinem pepererunt quod Ludis Romonis ædilibus curulibus imperarunt ut loca senatoria secernerent a populo; nam antea in promiscuo
spectabant. — *Ibid.*, 54 : Megalesia ludos scenicos C. Atilius Ser-
rauus, L. Scribonius Libe ædiles curules primi fecerunt. Horum
ædilium ludos Romanos primum Senatus a populo secretus spectavit,
præbuitque sermones, sicut omnis novitas solet, aliis. Postremo
ipsum quoque Africanum quod consul auctor ejus rei fuisset pœnituisse
ferunt. — Il n'y a pas de contradiction entre Valère Maxime et
Cicéron, d'une part, et Tite-Live de l'autre. Il est possible que Tite-
Live ne regarde comme une consécration officielle de cette séparation que le fait qu'elle ait été exécutée aux jeux romains, les jeux
vraiment nationaux, et qu'il ait passé sous silence le même fait pou

Cette prérogative accordée aux sénateurs est dans le même ordre d'idées que celle qui permettait, depuis longtemps déjà, aux anciens magistrats curules de reprendre la prétexte dans les fêtes publiques : ainsi M. Claudius Glicia, dictateur en 504 et forcé d'abdiquer assista ensuite aux jeux avec cet insigne (1). Les places réservées aux sénateurs furent dans l'orchestre ; c'est la partie au centre et dans le bas de l'édifice devant la scène : l'estrade qui recevait les sièges des sénateurs ne devait pas avoir plus de cinq pieds au-dessus du sol, sans quoi les regards de ceux qui y étaient assis n'auraient pu atteindre toutes les parties de la scène (2). Il est probable qu'un emplacement réservé fut aussi attribué aux chevaliers, lors de la situation prépondérante qu'avaient cherché à leur créer les Gracche et que sans doute Sylla le leur

les jeux mégalésiens, d'origine étrangère et remontant à très peu d'années à cette époque.

(1) Tite-Live, *Epit.* XIX : Claudius Pulcher, cos... revocatus a Senatu jussusque dictatorem dicere, Claudium Gliciam dixit sortis ultimæ hominem qui coactus abdicare se magistratu postea ludos prætextatus spectavit. — Sigonius *Fast. cons.* : M. Claudius C. F. Glicia qui scriba fuerat, Dictator coactus abdicat — sine mag. eq. DIV.

(2) Vitruve, V. 6 : In orchestra senatorum sunt sedibus loca designata et ejus pulpiti altitudo sitne plus pedum quinque uti qui in orchestra sederint, spectare possint omnium argentium gestus. — Chez les Grecs, l'orchestre était réservé au chœur qui y faisait ses évolutions : Vitruve, V. 8 : Ideoque apud eos (græcos) tragici et comici actores in scena peragunt ; reliqui autem artifices suas per orchestram præstant actiones.

retira, mais nous n'avons aucune indication des auteurs sur ce point. Mais il est certain néanmoins qu'ils l'eurent, car Velleius Paterculus dit qu'il leur fut rendu (1). En 687, un plébiscite, proposé par L. Roscius Otho, tribun de la plèbe, leur assigna les quatorze gradins les plus proches de l'orchestre. La loi *Roscia* avait mis une restriction à la faveur accordée aux chevaliers : pour en jouir, ils devaient avoir un cens de 400.000 sesterces (2).

(1) Vell. Paterc., II. 32 : Otho Roscius lege sua Equitibus in theatro loca restituit.

(2) Tite-Live. *Epit.*, IC : L. Roscius tribunus legem tulit ut equitibus Romanis in theatro quatuordecim gradus proximi adsignarentur. — Horace. *Epist.*, IV. 56 : Si quadringentis sex septem millia desint | Est animus tibi, sunt mores, est lingua fidesque. | Plebs eris at pueri ludentes ; Rex eris aiunt | Si recte facies | ... vers 61 : Roscia, dic sodes, melior lex an puerorum est | Nænia quæ regnum recte facientibus offert ? | ... | Isne tibi melius suadet qui ut rem facias, rem | Si possis recte : si non quocumque modo rem | Ut propius spectes lacrimosa poemata Puppi. — *Quo in loco Scholiastes Porphyrion* : Lex Roscia est qua cavetur ut proximi ab orchestra quatuordecim gradibus spectent, quibus census est quadringentorum sestertium. — La loi Julia, probablement d'Auguste, confirma cette disposition : Pline, *h. n.* XXXIII, 2 : Tiberii demum principatus nono anno in unitatem venit equester ordoannulorumque auctoritati forma constituta est, C. Asinio Pollione, C. Antistio Vetere coss., anno VC. DCCLXXV... Hac de causa constitutum ne cui jus ejus esset nisi cui ingenuo ipsi patri avoque paterno sestertia CCCC census fuisset, et lege Julia theatrali in XIV ordinibus sedendi. — Dans les quatorze bancs réservés aux chevaliers, les deux premiers étaient réservés aux tribuns militaires : Horace *epode* 4 *in fine* : Sedilibusque magnus in primis eques | Othone contempto sedet ! | Quid attinet tot æra navium gravi | Rostrata duci pondere | ... | Hoc, hoc, tribuno mili-

En dehors de ces places réservées, il était interdit aux magistrats d'établir des enceintes ou des estrades destinées à être louées pour voir plus commodément le spectacle : une tentative de ce genre ayant été faite, C. Gracchus lit détruire pendant la nuit qui précéda la représentation par des ouvriers, tous les ouvrages faits (1).

Contre ceux qui, pour une raison quelconque, n'avaient pas droit à ces places réservées et qui les usurpaient, la même loi *Theatralis*, la loi *Roscia*, prononçait une amende nommée *pœna theatralis*, et l'on commençait par expulser le coupable (2). A l'époque ancienne, il était aussi défendu aux esclaves de s'asseoir parmi les hommes libres dans les gradins supérieurs du théâtre, les édiles employaient à l'expulsion des appariteurs, les *præco-*

tum ? *quo loco Porphyrio* : Ex XIV ordinibus quos lege Roscia Otho tribunus pl. in theatro equestri ordine dedit, duo primi ordines tribuniciis vacabant. — Mais il faut remarquer que ces places n'étaient données aux chevaliers qu'au théâtre. Le même droit ne leur fut accordé aux jeux du Cirque que par Néron. Suétone. — *Nero* XI : Circensibus loca equiti secreta a ceteris tribuit. — Martial, III, 95 v. 9 : ... Vidit me Roma tribunum | Et sedeo qua te suscitat Oceanus.

(1) Plutarque. *Vie de C. Gracchus*, c. 5.

(2) Suétone. *Auguste*, 40 : Cum autem plerique equitum adtrito bellis civilibus patrimonio spectare ludos e quatuordecim non auderent metu pœnæ theatralis, prononciavit non teneri ea quibus ipsis parentibusve equester census umquam fuisset — Cicéron. *Philip.*, II-18 (44) : Illud tamen audaciæ tuæ quod sedisti in XIV ordinibus cum esset lege Roscia decoctoribus certus locus constitutus quamvis quis fortunæ vitio, non suo decoxisset.

nes (1). Pas plus au théâtre et aux jeux du cirque, que
dans le forum et les assemblées, il n'était permis de venir
avec un manteau de dessus, les Romains devaient se souvenir que la toge était leur costume national (2) et que
Virgile les avait appelés :

Romanos rerum dominos gentemque togatam. (*Énéid.*, I, v. 282.)

Le silence devait être observé (3), mais s'il résultait
d'un sommeil inconvenant, le dormeur était aussi bien
expulsé que le bavard (4). Les monteurs de cabales
devaient être réprimés, et pour s'en assurer les moyens,
les édiles se procuraient un gage en leur faisant enlever

______

(1) Cicéron. *De harusp. resp.*, 12 (26) : Illi (Caius aut Appius Claudius) cum ludos facerent servos de cavea exire jubebant ; tu in alteram servos immisisti, ex altera liberos ejecisti ; iique qui antea voce
præconis a liberis semovebantur, tuis ludis non voce sed manu liberos
a se segregabant. — C'est à propos des jeux mégalésiens, où Clodius,
édile curule, avait admis les esclaves, que Cicéron lui adresse ces
reproches. — Martial, V-26 : Quadraginta tibi non sunt, Chaerestrate,
surge | Lectius ecce venit, sta, fuge, curre, late.

(2) Suétone. *Auguste*, XL : Visa quondam pro concione pullatorum
turba, indignabundus et clamitans : En « *Romanos rerum dominos
gentemque togatam* ». Negotium ædilibus dedit, ne quem posthac
paterentur in Foro circove, nisi positis lacernis, togatumque consistere. — C. 44 : Sanxit... ne quis pullatorum media cavea sederet.

(3) Térence. *Eunuchus Prol.*, v. 44 : Date operam et cum silentio
animadvertite. — *Id.*, *Phormio Prol.*, v. 31 : Date operam adesse
æquo animo per silentium.

(4) Martial, VI-9 : In Pompeiano dormis, Lævine, theatro | et quæ-
reris si te suscitat Oceanus !

leurs toges ; on tolérait cependant des applaudissements gagés, la claque ; une véritable organisation y fut donnée par Néron, qui payait les chefs 40.000 sesterces (1). Pour tous ces faits, ils avaient des agents de police qui paraissent avoir été appelés *conquisitores*. Plus tard ce furent des affranchis désignés par l'Empereur, parmi lesquels Martial nous a fait connaitre Oceanus et Lectius (2). Enfin, ils avaient la garde des costumes et des accessoires mis à la disposition des acteurs qui devaient rester après le spectacle pour en faire la restitution sous peine du fouet (3). Si les édiles rendirent un édit pour défendre aux spectateurs de ne jeter sur la scène rien

(1) Plaute. *Amphit. prol.*, v. 64 : Nunc hoc me orare a vobis jussit Jupiter | ut conquistores singuli in subsellia | eant per totam caveam spectatoribus | si cui favitores delegatos viderint | ut his in cavea pignus capiantur togæ. — Martial, IV-5, v. 8 : (nec potes) Plaudere nec Cano, plaudere nec Glaphyro. | Unde miser vives ? — Pétrone, *Satyr*, V, v. 7 : Neve plausor in scena | Sedeat redimitus histrioniæ addictus. — Suétone. *Nero*, 20 : Neque eo sequius adolescentulos equestris ordinis et quinque amplius millia e plebe robustissimæ juventulis undique elegit, qui divisi in factiones plausum genera condiscerent (bombos et imbrices et testas vocabant) operamque navarent cantanti sibi :... quorum duces quadragena millia HS merebant.

(2) Martial, V-56, v. 5 : Suscitanti Lectio reluctatur. — Voir n. 1 et 4 p. 559, et n. 2, p. 557 où il est question de ces affranchis.

(3) Plaute. *Epil. Cistellaria* : Ne expectatis, spectatores dum illi huc ad vos exeant : | nemo exibit : omnes intus conficient negotium : | ubi id erit factum, ornamenta ponent postidea loci, | qui deliquit vapulabit.

d'autre que des fruits, parce qu'ils avaient lapidé
Vatinius (1), eux-mêmes ne se regardaient pas tenus d'y
obtempérer et ils lançaient dans la salle toutes sortes
d'objets que s'arrachait avidement le public des gradins
élevés (2). C'étaient de puissants moyens de popularité
qui facilitaient le passage à la préture, aussi renchérirent-
ils sur le procédé primitif en remplaçant ces objets en
nature de peu de valeur par des tessères où une inscription désignait ce qui serait offert en échange au porteur :
du vin, par exemple, un repas, quelquefois même une
des bêtes fauves qui avait paru dans l'arène (3). Pour le

(1) Macrobe. *Saturn.*, II-6 : Lapidatus a populo Vatinius cum gladiatorium munus ederet, obtinuerat ut ædiles edicerent ne quis in
harenam nisi pomum misisse vellet.

(2) Gaius. *Dig.*, XLI-I-9 § 7 : In incertam personam collocata voluntas
domini transfert rei proprietatem ut ecce qui missilia jactat in vulgus.
— Suétone. *Caius Cæsar*, 18 : Sparsit et missilia variarum rerum et
panaria cum opsonio viritim divisit. — Voir p. 264, l'inscription de
Rusicade : M. Æmilius Ballator... diem ludorum cum missilibus
edidit.

(3) Stace, I-6, *Saturnalia*-Jupiter (Domitien) fait pleuvoir sur la
plèbe des dons, v. 21 et suiv. : Non tantis Hyas inserena nimbis |
Terras obruit, aut soluta Plias, | Qualis per cuneos hiems latinos |
Plebem grandine concutit serenam. | Ducat nubila Jupiter per orbem
| Et latis pluvias minetur agris | Dum nostri Jovis hi ferantur imbres |
Ecce autem carcas subit per omnes | Insignis specie, decora cultu |
Plebes altera non minor sedente | Hi Panaria, candidasque mappas |
Subvectant, epulasque lautiores | Illi Massica vina largiuntur. —
Martial, VIII-78, *De Stellæ ludis*, v. 7 : Omnis habet sua dona dies nec
linea dives | Cessat et in populum multa rapina cadit, | Nunc veniunt
subitis lasciva numismata nimbis, | Nunc dat spectatores tessera
larga feras.

public des premiers rangs, ils s'attachaient à assurer son bien-être et à lui procurer d'agréables sensations : on trouvait des petits bancs pour la délicatesse des pieds féminins (1), des jets d'eau, par leur ruissellement, rafraichissaient la salle (2) où les odeurs les plus recher-chées se répandaient dans l'air par des aspersions d'eaux de senteur sur les planchers, par des nuages d'encens et par la vaporisation de parfums liquides s'échappant de conduits dissimulés dans les statues (3).

(1) Ovide. *De arte am.*, I, v. 161 : Profuit... | Cava sub tenerum scamna dedisse pedem ; | Hos aditus circusque novo præbebit amori.

(2) Valère Maxime, II-4-6 : Cn. Pompeius ante omnes aquæ per semitas decursu æstivum minuit fervorem.

(3) Martial. V-26, v. 7 : Hoc rogo, non melius quam rubro pulpita nimbo | Spargere et affuso permaduisse croco. — *Id.. De spectac.*, 5, v. 7 : Festinavit arabs, festinavere Sabæi, | Et cilices nimbis hic maduere suis. — Lucain. *Pharsal*, IX, v. 811 : Utque solet pariter totis se effundere signis | Conjici pressura Croci.

APPENDICE I

LE MARIAGE A ROME

L'idée de l'union de l'homme et de la femme fut si haute
à Rome qu'à une époque où le droit n'existait pas sans la
forme, ce contrat consistait dans le simple accord de deux
volontés en présence, et qu'il n'y eut rien longtemps de
plus fort que ce lien qu'il était aussi aisé de dénouer que de
former (1). Cependant il ne se pouvait qu'avec les mœurs

(1) Paul. *Dig.* XXIII I. 2 § 2 : Nuptiæ consistere non possunt nisi
consentiant qui coeunt — Il est remarquable que dans le droit romain où le contrat verbal (*sponsio*) joua un si grand rôle, il n'y ait pas
eu échange de paroles formelles, comme cela eut lieu dans le droit ca-
non jusqu'au concile de Trente : Dicendum quod verba exprimentia
consensum de præsenti sunt forma hujus sacramenti non autem sacer-
dotalis benedictio quæ non est de necessitate sed de solemnitate.
(Saint Thomas d'Aquin cité dans Walter — *Lehrbuch-Bonn*, 1875) — Le
premier divorce à Rome n'eut lieu que dans le vi^e siècle de sa fondation : Aulu.Gelle XVII 21 : Anno deinde post Romam conditam
quingentesimo undevicesimo Sp. Carvilius Ruga primus Romæ de

pieuses et formalistes des Romains il ne fût accompagné d'un appareil emprunté à la religion et à la coutume.

Le culte de Cérès était ancien dans ce peuple d'agriculteurs. La déesse avait un temple très vénéré à Rome, où le plèbe avait ses archives et sa protection était regardée comme importante pour une ville où l'approvisionnement se fit toujours difficilement. La fable la représentait comme une tendre mère parcourant la terre en s'éclairant de torches de pin enflammées au feu de l'Etna, à la recherche de sa fille que Pluton avait enlevée pour en faire la reine des enfers (1); la tradition donnait pour épouses aux premiers Romains les Sabines ravies par la violence : un rapt à la lueur de torches fait le drame du mariage (2).

La veille des noces était consacrée à dépouiller le costume et les ornements de l'enfance, la mère assistait sa fille (3); la robe et la tunique étaient portées au temple de

amicorum sententia divortium cum uxore fecit quod sterilis esset, jurassetque apud censores uxorem se liberorum quærendorum causa habere. — Dans un autre chapitre Aulu-Gelle ajoute qu'il aimait beaucoup sa femme. On voit que ce divorce fut presque imposé par le conseil des parents. (Le texte dit « des amis », mais il n'est jamais question que du conseil des parents). — La formule du divorce était de la part du mari : *Tuas res tibi habeto.* — De la part de la femme : *Tuas res tibi agito.*

(1) Ovide. *Met. V.* v. 438 et s... pavidæ nequicquam filia matri | Omnibus est terris omni quæsita profundo | ... Illa duabus | Flammifera pinus manibus succendit ab Ætna.

(2) Festus v· s. Rapi simulatur virgo ex gremio matris... cum ad virum trahitur quod videlicet ea res feliciter Romulo cessit.

(3) Properce. IV. I. v. 113 : Mox ubi bulla rudi demissa est aurea

la Fortune virginale (1) dont la statue avait deux robes à plis ondulés (2), d'où l'on peut supposer que telle était la forme des robes des jeunes filles, d'autant plus que le caractère du nouveau costume est d'être droit.

Elle se défaisait de ses jouets — de petites balles en laine marine — de ses résilles et de ses bandes de taille pour les accrocher aux images des Dieux Lares qu'elle allait quitter (3). Elle revêtait ensuite une *regilla* (4), sorte de tunique blanche recouverte d'un réseau couleur d'aurore, le tout tissu d'une seule pièce, et tombant droit ; elle devait

collo | Matris et ante deos libera sumta toga est. — Dans ce passage Properce parle de lui-même et de sa prise de toge, mais à plus forte raison pour la fille la mère devait intervenir.

(1) Arnobius. II. 91 : Cum in matrimonia convenitis... nubentium... puellarum togulas Fortunam defertis ad virginalem.

(2) Varro. *De vita pop. Rom. ap. Nonium* v· *Undulatum* : a quibusdam esse dicitur Virginis Fortunæ simulacrum quod duabus undulatis togis est opertum. — Les femmes portaient en effet une robe de dessous, une sorte de tunique : *Ibid.* v· *Subucula* : Posteaquam binas tunicas habere cœperunt instituerunt vocare Subuculam et indusium.

(3) Varro. Sesqui Ulysses ap. Nonium, verbis *Strophium Reticulum* : Suspendit Laribus marinas molleis pilas, reticula ac strophia. — Nonius : Strophium est fascia brevis quæ virginalem tumorem cohibet pupillatum. Reticulum, tegmen capitis muliebre.

(4) Regillis, tunicis albis et reticulis luteis, utrisque rectis textis fusum versum a stantibus pridie nuptiarum diem virgines indutæ cubitum ibant ominis causa, ut etiam in togis virilibus dandis observari solet. — Arnobe II : Cum convenitis in matrimonia toga sternitis lectulos et maritorum genios advocatis. — Pline. *Hist. nat.* VIII. 48 : Ea (Tanaquil) prima texuit rectam tunicam qua simul cum toga pura tirones induuntur novæque nuptæ.

conserver ces vêtements en se couchant pour en tirer un présage en invoquant le génie de son futur mari (1). Des cérémonies analogues avaient lieu pour l'homme, lorsqu'il quittait la prétexte et la bulle d'or, et c'est aussi de sa mère qu'il recevait le vêtement de la virilité, la toge (2). Le jour des noces la mère procédait à la toilette de sa fille dont elle ne séparait pas les cheveux avec la broche ordinaire, mais avec un fer de lance recourbé retiré du corps d'un gladiateur (3). Comme Proserpine avant d'être enlevée (4), elle doit cueillir des fleurs, et en tresser une couronne qu'elle portera sur la poitrine sous ses vêtemens (5). Elle porte une ceinture de laine nouée d'un nœud long à défaire, travail herculéen pour le mari, car telle est sans doute la raison qui lui fait donner ce nom, bien que d'au-

(1) Voir la note précédente.

(2) Voir la même note et Properce IV 12 v. 23. Mox ubi facibus cessit prætexta maritis — et *Id.* IV. I. V. 115 : Mox ubi bulla rudi demissa est aurea collo | Matris et ante deos libera sumta toga est

(3) Arnobe. II : Nubentium crinem cælibari hasta mulcetis. — Ovide *Fast.* II. v. 560 : Comat virgineas hasta recurva comas. — Festus : Cælibari hasta caput nubentis comebatur quæ in corpore gladiatoris stetisset abjecti occisique ut quemadmodum illa conjuncta fuerit cum corpore gladiatoris sic ipsa cum viro sit... suivent d'autres explications.

(4) Ovide, *Met.* V. 391 et 5 : ... Dum Proserpina luco | Ludit et aut violas, aut candida lilia carpit | dumque puellari studio calathosque sinumque | Implet... | Præne simul visa est, dilectaque, raptaque Diti.

(5) Festus : Corolla deminutivum est a corona ; corollam nova nupta de floribus, verbenis herbisque a se lectis sub amiculo ferebat·

tres y voient une allusion au nombre d'enfants dont Hercule fut le père (1). Puis au coucher du soleil, le moment de partir arrivé (2), la jeune fille se voile d'un long tissu couleur de la flamme dont il a le nom, en harmonie avec la teinte que la pudeur répand sur son visage (3); mais déjà le cortège est formé, la fille est assise sur les genoux de sa mère qui donne les derniers soins à sa parure (4), on la lui arrache et on l'enlève en évitant de lui laisser toucher le seuil, parce qu'elle ne doit pas sembler consentir à quitter la maison de son plein gré (5). Alors le cortège se met en

(1) Festus : Cingulo nova nupta præcingebatur quod vir in lecto solvebat, factum ex lana ovis — symbole, dit Festus, du lien entre les époux et il ajoute : Hunc Herculaneo nodo vinctum vir solvit ominis gratiæ, ut sic ipse felix sit in suscipiendis liberis ut fuit Hercules qui septuaginta liberos reliquit. — Varron laisse supposer que l'opération était difficile, car il montre le mari à ce moment ne parlant pas et dénouant petit à petit : Novus maritus taciturnus taxim uxoris solvebat cingulum. (*Nonius* v. *Cingulum*).

(2) Servius. *In Ecloga*. VIII. v. 29 : Antea non nisi per noctem nubentes ducebantur a sponsis.

(3) Lucain. II. v. 360 : Non timidum nuptæ leviter tectura pudorem | Lutea demissos velarunt flammea vultus.

(4) Apulée. *Met.* IV : Tunc me gremio suo mater infelix tolerans, mundo nuptiali decenter ornabat.

(5) C'est un détail omis par la plupart des auteurs pour le départ de la mariée, mais il résulte sûrement d'un passage de la *Casina* de Plaute. Au moment où deux servantes conduisent Chalinus, jouant sous le *flammeum* le rôle de Casina, à Olympio qui croit recevoir sa femme, l'une des deux dit à la fausse Casina, avant de passer la porte : « I, sensim superatolle limen pedes, nova nupta; sospes | Iter incipe hoc ut viro tuo semper sis superstes. *Act.*, IV, sc. 4.

route. A la sortie de la mariée, un joueur de flûte joue un air qu'accompagnent les assistants des mots *Io hymen ! hymenæe io !* (1), puis il prend la tête ; ensuite vient un jeune ingénu, fils de parents vivants (n. 1 p. 349) ; il porte une torche qu'il a été allumer au foyer de l'édile ; celle-ci doit être comme celles de Cérès, de pin blanc (2) : quatre autres porteurs de torches (3) sans conditions déterminées, se répartissent probablement pour éclairer la marche, et leurs torches ne sont pas nécessairement de pin, mais peuvent être d'épine blanche, ou même de corne, contenant sans doute en ce cas une substance inflammable (4). Deux au-

(1) Dans la scène précédant celle dont il vient d'être question, le joueur de flûte attend à la porte de Casina, et Olympio, le marié, lui dit : Age, tibicen, dum illam educunt huc novam nuptam foras, | suavi cantu concelebra omnem hanc | Plateam hymenæo ! | Io hymenæe ! Io hymen ! — *Act.* IV, sc. III, init.

(2) Varro : *De vita pop. Rom. II, apud Nonium* : Fax pro face : Cum a nova nupta ignis in face afferetur foco ejus sumtus ; fax ex pinu alba esset ut eam puer ingenuus ferret. — *Ejus* se rapporte à *Ædilis,* ainsi que cela résulte de Plutarque (*Questions romaines,* 2), qui dit qu'il faut qu'on aille allumer les flambeaux des nouveaux mariés, chez ce magistrat, — donc pour l'homme aussi. — Bien que d'autres auteurs disent que cette torche était d'épine blanche, il faut s'en tenir au texte cité et à Virgile. *In Ciri,* v. 439 : Pronuba nec castos accendet pinus odores ; et à Ovide. *Fast.* II, v. 558 : Exspect et puros pinea tœda dies. — Voir note 1 p. 349.

(3) Plutarque (*Quest. Rom.* 2), se demande pourquoi on allume toujours exactement cinq flambeaux aux noces, « ni plus, ni moins »·

(4) Varro. *In Ætiis* : Fax ex spina alba præfertur quod purgationis causa adhibetur. — Corneæ faces, — Scaliger, sur le mot *rapi* (Festus) écrit : Aliam causam reddit Servius qui adhuc latat in biblio-

tres jeunes ingénus, également   fils de parents vivants tiennent la mariée de chaque côté (1); on porte derrière elle une quenouille garnie et un fuseau chargé de fil (2) : un adolescent, semblable aux serviteurs des pontifes et que l'on nomme aussi Camille, de naissance ingénue et ayant encore ses parents (3), tient un vase fermé d'un couvercle, appelé « *Cumera* » ou même « *Camillum* » du nom du porteur (4). Il contenait les objets personnels à la mariée, pour sa toilette probablement, et sur sa surface des dessins représentant les objets qu'il renfermait (5) : dans le peuple on se servait d'un simple panier de palmier ou de sparte (6).

theca Danielis nostri : Faces Servius, quæ, inquit, solent præire nubentes puellas corneæque sane faces quæ quasi diutissime luceant, quas rapiunt tanquam vitæ præsidia, namque his qui sunt potiti diutim feruntur vixisse.

(1) Festus : Patrimi et matrimi pueri tres adhibebantur in nuptiis, unus qui facem præferret ex spina alba, quia noctu nubebant, duo qui nubentem tenebant. — Vᵒ s. : Matrimes ac patrimes dicuntur quibus matres et patres adhuc vivunt.

(2) Pline, *H. N.*, VIII-48, rapporte que Tanaquil, épouse de Servius Tullius, lui avait fait une robe de la laine qu'elle avait filée avec sa quenouille et son fuseau : Inde factum ut nubentes virgines comitaretur colus comta et fusus cum stamine.

(3) Festus : Camillus proprie appellatur puer ingenuus.

(4) Festus : Cumeram vocabant antiqui vas quoddam **quod opertum** in nuptiis ferebant in quo erant nubentis ustensilia quod et **camillum** dicebant eo quod sacrorum ministrum κάμιλλον appellabant.

(5) Varro. *De l. L.* VII (VI), 84 : Dicitur in nuptiis Casmillus qui cummerum fert in quo quid sit in ministerio plerique extrinsecus nectunt.

(6) Festus : Cumerum vas nuptiale a similitudine cumerarum quæ fiunt palmeæ vel sparteæ ad usum popularem sic appellatum.

On arrive à la maison du mari dont la porte est drapée
de laine blanche, et ornée de rameaux de laurier ; les van-
taux sont oints d'huiles et de graisses de différentes sortes,
auxquelles sont attribuées des vertus singulières contre
les maléfices (1). On enlevait alors la femme et on la faisait passer au-dessus du seuil sans qu'elle y posât les pieds ;
c'eût été pour elle un sacrilège de fouler le seuil consacré
à Vesta, la chasteté même, quand elle le franchissait pour
perdre sa virginité (2). C'est alors que résonnaient de toutes part les cris « *Talassio ! Talassio !*.

Ainsi avaient crié les compagnons de Talassius aux ad-

(1) Apuleius. *Metam.* IV : Domus tota lauris obsita, tædis lucida,
constrepebat Hymenæum. — Virgile. *Æneid*, IV, v. 457 : Præterea
fuit in tectis de marmore templum | Conjugis antiqui miro quod ho-
nore colebat (Dido) | Velleribus niveis et festa fronde revinctum. | *Ibi*,
Servius : Moris fuerat ut nubentes puellæ simul cum venissent ad
limen mariti, postes antequam ingrederenter propter auspicium casti-
tatis ornarent laneis vittis, unde dicit : « *Velleribus niveis* » et oleo
ungerunt unde unxores quasi unxores dicebantur. La fin n'est qu'un
mauvais jeu de mots — Lucain, II, v. 355 : Infulaque in geminos dis-
currit candida postes. — Pline. *Hist. Nat.* XXVIII-9. Proxima in com-
munibus adipis laus est, sed maxime suillo ; apud antiquos etiam reli-
giosus erat. Certe novæ nuptæ intrantes etiamnum solemne habent
postes eos attingere... *Ibid. infra* : Massurius palmam lupino adipi
dedisse antiquos tradit, ideo novas nuptas illo perungere postes so-
litas ne quid mali medicamenti inferretur.

(2) Varro. *Ælia (Apud Servium in* VIII, *eclog.*, v. 29) : Ideo faces
præire quod antea nisi per noctem nubentes ducebantur a sponsis
quas etiam ideo limen non tangere ne a sacrilegio inchoarent si depo-
situræ virginitatem calcent rem Vestæ id est nomini castissimo conse-
cratam.

mirateurs trop ardents pour les avertir qu'elle était à Talassius cette Sabine belle entre toutes qu'ils entrainaient (1). La comparaison était flatteuse pour les nouveaux époux et certes, mal reçu eût été qui fût venu dire : *Talassio*, c'est « Panier à laine ». Le mot pris dans ce sens rentre dans cet ordre d'idées qui fait accompagner la femme du fuseau et de la quenouille, fait tendre de laine blanche la maison du mari et donne à la femme une toison comme siège, c'est une allusion symbolique aux devoirs et aux occupations de la femme dans sa vie nouvelle (2).

De son côté, le fiancé avait fait prendre un tison d'un arbre fertile choisi parmi ceux dont les pontifes avaient établi la liste (3), enflammé au feu du foyer non consacré

(1) Tite-Live, I, 9 : Unam longe ante alias specie ac pulchritudine insignem a globo Talassii cujusdam raptam ferunt, multisque sciscitantibus cuinam eam ferrent, identidem ne quis violaret Talassio ferri clamitatum ; inde nuptialem hanc vocem factam. — Sex. Aurelius Victor, *De Vir. ill.* (*Romulus*), rapporte la même chose et il ajoute : quæ nuptiæ quia feliciter cesserunt institutum est ut omnibus in nuptiis nomen invocaretur.

(2) Festus, V : Talassionem in nuptiis Varro ait [signum esse lanificii τάλαρον id est quassillum, inde enim solitum appellari Talassionem ; at... historiarum scribtor Talassium ait [nomine] virum rapta virgine unicæ p[ulchritu]nis quod ei id conjugium fuerit fe[lix boni] ominis gratia nunc redintegrari. — *Id.*, v. s. : In pelle lanata nova nupta considere solet vel propter morem vetustum, quia antiquitus homines pellibus erant induti, vel quod testetur lanificii officium se praestaturam homini.

(3) Macrobe. *Saturn.*, II, 16 : Ait... Veranius de verbis pontificalibus : Felices arbores putantur esse quercus, æsculus, etc... — Fronton, *Ep. ad amic.*, II, 6 : Leges pleræque pœna sanciunt ne quis

de l'édile (1), et il avait aussi fait prendre à une fontaine pure de toute consécration de l'eau dans une aiguière par un enfant dont l'innocence porte bonheur, ou bien par une compagne de la fiancée, qui l'assiste dans toutes les cérémonies (2). La nouvelle mariée entrée, l'époux plonge le tison dans l'aiguière, et l'asperge de cette eau, la recevant par l'eau et par le feu confondus ensemble, symbole de l'union du principe mâle et du principe femelle produisant la vie (3) : puis la jeune fille qui a apporté l'eau, en

felicem arborem succidat. Quænam est arboris felicitas ? Rami fecundi et frugiferi, bacis et pomis onusti. Nemo cannam et harundinem, quamvis proceram felicem dixerit.

(1) Il faut opposer le texte que nous allons citer à celui déjà cité à propos de la mariée : (Cum a nova nupta ignis in face afferetur foco ejus (ædilis) sumtus, fax ex pinu alba esset ut eam puer ingenuus ferret). — Contra a novo marito cum item e foco in titione ex felici arbore et in aquali aqua allata est. — Varro. *De c. p. R.*, 2 ap. Nonium v° Titionem fustem ardentem. — Plutarque, *Quest. R.*, 2, se demande pourquoi les nouveaux mariés allument des torches chez l'édile.

(2) Varro. *Apud Servium, in Æneid.*, IV, v. 166 : (Prima et Tellus et pronuba Juno | Dant signum ; fulsere ignes et conscius æther | Connubiis). — Aqua et igni mariti uxores accipiebant ; unde et hodie faces prælucent et aqua petita de puro fonte per puerum felicissimum vel puellam quæ interest nuptiis in qua solebant nubentibus pedes lavari. — *Puer felicissimus* peut s'expliquer de la même façon que *felix* est interprété par Servius. *Æn.*, I, v. 350 : [Sis felix nostrumque leves, quæcumque laborem]. Felix : propitia. Felix enim dicitur et qui habet felicitatem et qui facit esse felicem.

(3) Varro. *De l. L.*, V (IV) : Causa nascendi duplex, ignis et aqua ; ideo ea in nuptiis in limine adhibentur, quod conjungit hic et mas ignis, quod ibi semen : aqua femina quod fetus ab ejus humore et

lave les pieds de la mariée (n. 2, p. 352). Quant à la torche portée devant elle, on s'en empare immédiatement, pour éviter que, pareille au tison fatal de Méléagre, elle ne cause la perte du mari, placée par la femme sous son lit, ou la perte de la femme, consumée dans un tombeau par les soins du mari (1).

Dans une salle remplie de verdure et de fleurs (2) est dressée une table qui porte entre autres mets servis, des bulbes dont font usage, dit Varron, ceux qui cherchent la porte du Temple de Venus, et qu'on sert maintenant dans les justes noces en y joignant des noix de pin, ou du suc d'Eruca et du poivre (3); Mais on y servait aussi des

eorum junctione sumit Venus. — Festus : Facem in nuptiis in honorem Cereris præferebant; aquaque spargebatur nova nupta sive ut casta puraque ad virum veniret : sive ut ignem atque aquam cum viro communicaret.

(1) Festus : Rapi solet fax quæ prælucente nova nupta deducta est ab utriusque amicis ne aut uxor eam sub lecto viri ea nocte ponat, aut vir in sepulchro comburendam curet quo utroque mors propinqua alterius utrius captari putatur. — Voir sur ce passage n. 4, p. 348, une autre explication donnée par Scaliger, d'après Servius.

(2) Apulée. *Met.*, IV : Domus tota lauris obsita, tædis lucida constrepebat Hymenæum. — Dans les noces de Thetis et Pélée, Catulle (v. 280 et s.) fait décorer la maison de fleurs par Chiron : Advenit Chiron portans silvestria dona. | Nam quotcumque ferunt campi quos Thessala magnis | Montibus ora creat, quos propter fluminis undas | aura parit flores tepidi fecunda Favoni. | Hos indistinctis plexos tulit ipse corollis | Queis permulsa domus jucundo risit odore.

(3) Apicius Cælius, VII, 12. — Varro : Si quid de bulbis dixi in

choses plus raffinées, du lait mêlé de pavots et de miel. A peine la jeune fille a-t-elle effleuré ces mets, elle est mariée (1) ; telle Proserpine ne fut rendue à sa mère pour avoir porté à ses lèvres quelques grains de grenade (2). Mais bientôt les esprits s'échauffent, les jeunes gens commencent à chanter les vers fescennins (3) qui obligent la mariée à se boucher les oreilles non encore mûres pour entendre les sons de la langue de Venus ; aussi sort-elle de table (4) et pendant que des épouses, mariées en premières noces *(pronubæ)*, (5) la conduisent à la chambre

aquam qui Veneris ostium quærunt, deinde in legitimis nuptiis in cœna ponuntur sed et cum nucleis pineis aut cum erucæ succo et pipere.

(1) Ovide. *Fastes*, IV : Nec pigeat, tritum niveo cum lacte papaver | Sumere et expressis mella liquata favis | Cum primum cupido Venus est deducta marito, | Hoc bibit, ex illo tempore nupta fuit.

(2) Ovide. *Met.*, V, v. 535 : ... cultis dum simplex errat in hortis | Puniceum curva decerpserat arbore pomum | Sumtaque pallenti septem de cortice grana | Presserat ore suo.—Dans les fastes, il n'y a plus que trois grains, IV, v. 907 : Rapta tribus, dixit, solvit jejunia granis, | Punica quæ lento cortice poma tegunt.

(3) Festus : Fescenini versus qui canebantur in nuptiis ex urbe Fescenina dicuntur allati, sive ideo dicti quia fascinum putabantur arcere. — Fesnox (Scaliger : Lego Fascinoe, ex vestigiis priscæ editionis ut Pilumnoe, poploe, hoc est fascini, pilumni, populi) vocabantur qui depellere fascinum credebantur. — Voir Tite-Live VII. 2.

(4) Varro. *Ap. Nonium v. Redurare* : Pueri obscænis verbis novæ nuptæ aures obturant. — *Id. v. Acerbum* : Virgo de convivio abdicatur ideo quod majores nostri virginis acerbæ aures Veneris vocabulis imbui noluerunt.

(5) Festus : Pronubæ adhibentur nuptiis quæ semel nupserunt ut

nuptiale située au centre de la maison (1) où la mère de
la mariée a fait apporter le lit appelé *lectus genialis*, on
chante l'Epithalame (2). Puis les garants de l'honorabilité
du fiancé, ses témoins pour ainsi dire, et ceux qui pré-
sagent un heureux avenir (*auctores et auspices*) (3) accompagnent le mari et bientôt tout le monde se retire laissant
les époux dans l'obscurité (4), où le mari, sans parler, va
dénouer lentement le lien, qu'il semble qu'Hercule lui-
même ait fait, de la ceinture de laine de la jeune fille (5).
Cependant les cris et les chants redoublent et un bruit
épouvantable est produit par une avalanche de noix jaillissant et rebondissant dans tous les sens, comme font ceux qui
s'agitent dans une danse sacrée (*tripudium*), hommage,
disent les uns, à Jupiter et Junon, les autres, symbole de

matrimonii perpetuitatem auspicantes. — Donatus *in Eneid* VII. v. 319
(Et Bellona manet te pronuba) novam nuptam ad virum comitantur et
domum deducunt pronubæ.

(1) Catulle *Epith. Pelei et Thetidos*. v. 47 : Pulvinar vero Divæ
geniale locatur | Sedibus in mediis. Horace *Ep*. I. l. 87. Lectus ge-
nialis in aula est. (Id est in atrio).

(2) Cicéron. *Pro Cluentio* V. (14) : lectum illum genialem quem
(Sassia)... filiæ suæ nubenti straverat in eadem domo sibi ornari et
sterni expulsa atque exturbata filia jubet, nubit genero socrus, nullis
auspicibus, nullis auctoribus.

(3) Voir la fin de la note précédente. Plaute : *Cas. Prol.* 86 : Ultro
ibit nuptum non manebit auspices. — Cic. *de div.* I. 16 (28) Nunc nuptiarum auspices declarant qui re omissa nomen tautum tenent.

(4) Plutarque. *Quest. Rom.* 65.

(5) Varro. *Apud Nonium* v. *Cingulum* : Novus maritus taciturnus.
taxim uxoris solvebat cingulum.

renonciation du mari aux jeux de l'enfance, ou aux plaisirs de l'adolescence, ou enfin moyen d'assourdissement pour couvrir d'autres bruits qu'on ne doit entendre (1).

(1) Servius. *In Eclog.* VIII v. 30 (Sparge marite nuces). Varro dicit spargendarum nucum hanc esse rationem ut Jovis omine matrimonium celebretur, ut nupta matrona fit sicut Juno, nam nuces in tutela sunt Jovis unde juglandes vocantur quasi Jovis glandes. — Catulle *Epithal. Juliæ et Mallii.* v. 128 et s. : Da nuces pueris iners | Concubine satis diu | Lusisti nucibus : lubet | Jam servire Talassio | Concubine nuces da. — La strophe qui précède montre qu'il ne faut pas prendre l'expression *ludere nucibus* pour jouer aux noix : Neu nuces pueris neget | Desertum domini audiens | concubinus amorem. — Après le texte de Varron cité, Servius continue : namque id vulgare est ideo spargi nuces ut a rapientibus pueris fiat strepitus ne puellæ virginitatem amittentis vox audiatur. — Emblème d'une danse sacrée : Pline. *H. n.* XV. 22 : Quæ causa eas (nuces) nuptiis fecit religiosas tot modis fletu munito, quod veri similius quam quia cadendo tripudium sonumque faciant.

APPENDICE II

—

La fête la plus brillante, où le théâtre était Rome entière,
fut le triomphe décerné aux généraux victorieux. Rien ne
surpasse sa splendeur où se personnifiait le génie même
du peuple. C'est une institution originale qu'on ne trouve
pas dans les autres pays, soumise à des règles fixes et à
la décision du Sénat et du peuple.

Varron rattache l'étymologie du mot triomphe au surnom grec de Bacchus Θρίαμβος (1). Faut-il croire que sa
pensée allait plus loin et que dans le conquérant des Indes,
monté sur le char trainé par des lions, des tigres, des lynx
des panthères, tenant un thyrse, dont le fer disparait dans

(1) Varron. *De ling. lat.* VI. 68 : Sic triumphare appellatum quodam imperatore milites redeuntes clamitant per urbem in Capitolium
eunti : « Io triumphe io » Idque a Θρίαμβω græco Liberi patris cogno-
mento potest dictum esse.

la verdure, le front couronné de feuillage, entouré d'une troupe de Nymphes et de Satyres, suivi du bouffon Silène il voyait l'origine de la pompe triomphale Romaine ? (1).

Arrivé aux portes de Rome avec son armée victorieuse, le général ne pouvait franchir l'enceinte de Servius, il aurait perdu les auspices qu'il avait pris au Capitole avant son départ pour la guerre (2). Sur sa demande le Sénat s'assemblait hors des murs, le plus souvent dans le temple de Bellone, ou dans le temple d'Apollon (3).

(1) Ovide. *Métam.* III. v. 666 et s. : Ipse (Bacchus) racemiferis frontem circumdatus uvis | Pampineis agitat velatam frondibus hastam | Quem circa tigres, simulacraque inania lyncum, | Pictarumque jacent fera corpora pantherarum. — *Id. De arte Am.* I. v. 541 : Ecce Mimallonides sparsis in terga capillis | Ecce leves Satyri, prævia turba Dei. | Ebrius ecce senex pando Silenus asello ; | Vix sedet et pressus continet arte jubas. | Dum sequitur Bacchus, Bacchæ fugiuntque petuntque ; | Quadrupedem ferula dum malus urget eques | In caput aurito cecidit delapsus asello | Clamarunt Satyri : « Surge age, surge, pater ! | Jam Deus e curru quem summum texerat uvis | Tigribus adjunctis aurea lora dabat. — Silius Italicus. XVII. v. 645 : Ipse (Scipio triumphans) adstans curru atque auro decoratus et ostro | Martia præbebat spectanda Quiritibus ora | Qualis odoratis descendens Liber ab Indis | Egit pampineos frenata tigride currus.

(2) Quand les auspices au départ sont douteux, le chef de l'armée rentre à Rome pour en prendre d'autres ; les premiers sont donc annulés : Tite-Live VIII. 32 : Illud interrogo cum me incertis auspiciis profectum ab domo scirem mihi turbatis religionibus respublica in discrimen committenda fuerit an auspicia repetenda ne quid dubiis Diis agerem ?

(3) Tite-Live XXVI. 21 : M. Marcellus ex Sicilia provincia cum ad urbem venisset, a C. Calpurnio prætore Senatus ei ad ædem Bellonæ datus est; ibi... postulavit ut triumphanti urbem inire liceret. — *Id.*

Le Sénat examinait si les conditions voulues existaient : s'il s'agissait d'une véritable guerre contre des ennemis et non d'une guerre civile, ou d'une insurrection (1). Si le magistrat commandait en chef et sur un territoire soumis à sa compétence *(in provincia sua)* au moment de la victoire (2) ; si celle-ci avait une importance suffisante, ce

XXVIII. 9 : Forte ita evenit ut eodem die ambo (consules) Præneste venirent ; inde præmisso edicto ut triduo post frequens Senatus ad ædem Bellonæ adesset. — Voir aussi XXXIII. 22. — Pour le temple d'Apollon : Tite-Live XXXVIII. 59 : L. Æmilio Regillo qui classe præfectum Antiochi regis devicerat extra urbem in æde Apollinis cum Senatus datus esset,... triumphus navalis decretus est. — Voir aussi XXXIX. 4.

(1) Valere Maxime, II-8-7 : Verum quamvis quis præclaras res, maxime utiles reipublicæ civili bello gessisset Imperator tamen eo nomine appellatus non est, nec ullæ supplicationes decretæ sunt neque ovans, aut curru triumphavit quia ut necessariæ istæ, ita lugubres semper existimatæ victoriæ sunt utpote non externo sed domestico partæ cruore. — Lucain. *Phars.* IV, 12 : Bella geri placuit nullos habitura triumphos. — Florus, III-22 : (Post bellum Sertorianum) Recepta in pacem Hispania, victores duces externum id magis quam civile bellum videri voluerunt ut triumpharent.

(2) Valère Maxime, II-8-2 : C. Lutatius cos. et Q. Valerius prætor circa Siciliam insignem Pænorum classem deleverant ; quo nomine Lutatio consuli triumphum Senatus decrevit. Cum autem Valerius sibi enim quoque decerni desideraret, negavit id fieri oportere Lutatius ne in honore triumphi minor potestas majori æquaretur. — Les deux adversaires s'entêtant, ils font un pari sur la question et en remettent la décision à un arbitre. Celui-ci ne fit que poser deux questions au préteur : En cas de dissentiment, de qui l'avis aurait-il prévalu ? Si les auspices du préteur et du consul eussent différés, lesquels l'eussent emporté ? Les réponses n'étant pas douteuses, le préteur dut s'incliner. Pour la compétence : Tite-Live, XXXIV-10 : (M. Helvius, pro-

qui avait été fixé par une loi d'après le nombre de combattants tués ; il devait être de cinq mille combattants au moins dans un seul combat. La déclaration du général sur le chiffre devait être exacte et un serment lui avait été imposé par un plébiscite (1). Une fois le Senatus-Consulte rendu dans un sens favorable, une loi était portée devant le peuple et cette loi, s'il y avait lieu, conférait au général le pouvoir suprême *(summum imperium)* pour le jour de la fête (2). Il y eut des dérogations à ces règles, et l'on vit le peuple contrecarrer le Sénat pour accorder des triomphes refusés (3). D'ailleurs en vertu du pouvoir consulaire, les

consul) Romam est profectus et ob rem feliciter gestam ovans urbem est ingressus... Causa triumphi negandi senatui fuit quod alieno auspicio et in aliena provincia pugnasset.

(1) Val. Maxime. II-8-1 : Ob levia prælia quidam imperatores triumphos sibi decerni desiderabant quibus ut occureretur lege cautum est ne quis triumpharet nisi qui quinque millia hostium una acie cecidisset. (Legem alteram) L. Marius et M. Cato, tribuni plebis tulerunt : pœnam etiam imperatoribus minatur qui aut hostium occisorum in prælio, aut amissorum civium falsum numerum litteris Senatui, ausi essent referre, jubetque eos cum primum urbem intrassent apud quæstores urbanos jurare de utroque numero vere ab his senatui esse scriptum.

(2) Cicéron. *Ad. Attic.* IV-16 : Pomptinus vult a. d. IV Nonas novembres triumphare : Huic obviam Cato et Servilius prætores aperte et Q. Mucius negant enim latum de imperio et est latum, hercule! insulse. — Voir des exemples de *l'imperium* conféré pour le jour du triomphe, Tite-Live, XXVI-21. — XLV-35.

(3) Valerius et Horatius, consuls en 506. Tite-Live, III-63 : Cum ingenti consensu patrum negaretur triumphus... L. Julius trib. pl. tulit ad populum de triumpho... Omnes tribus eam rogationem acceperunt. Tum primum, sine auctoritate senatus, populi jussu triumphatum est. — De même, Tite-Live, VII-18.

généraux pouvaient de leur propre autorité célébrer un triomphe qui dans ce cas avait lieu au mont Albain (1).

Le jour du triomphe, tous les corps constitués, les Sénateurs revêtus de leurs insignes suivant leur rang, les Vestales, les collèges de Pontifes et de magistrats, le corps des Chevaliers se portaient au devant du général et de son armée (2). Les chars des Dieux étaient tirés des locaux de garde du Capitole par les édiles et confiés à de jeunes garçons de père et mère vivants qui se réjouissaient de tenir la bride des chevaux (3). Alors se formait le cortège

(1) Tite-Live, XXXIII-25. Q. Minucius (consul), tentata tantum relatione cum adversum omnem Senatum videret in Monte Albano, se triumphaturum et jure imperii consularis et multorum clarorum virorum exemplo dixit... Q. Minutius, consul de Liguribus Boiisque Gallis in Monte Albano triumphavit. *Id.* XLII-26 (C. Cicereius prætor) postulato ... frustra triumpho in monte Albano quod jam in morem venerat ut sine publica auctoritate fieret, triumphavit.

(2) Tite-Live, V-25. Adventus... dictatoris (Camilli), ordinibus obviam effusis celebratior quam ullius umquam antea fuit, triumphusque omnem consuetum honorandi illius diei modum aliquantum excessit. Ovide. *Tristia* IV-2. (Triomphe de Tibère sous Auguste sur les Germains), v. 12. Et pariter matres et quæ sine crimine castos | Perpetua servant virginitate focos | Plebs pia, cumque pia lætentur plebe senatus | Parvaque cujus eram pars ego nuper, eques | .. .. | Ergo omnis poterit populus spectare triumphos.

(3) Tite-Live, IX-40 : Dictator (L. Papirius Cursor) ex s. c. triumphavit, cujus triumpho longe maximam speciem captiva arma præbuere; tantum magnificientiæ visum in iis ut aurata scuta dominis argentarium ad forum ornandum dividerentur : inde natum initium dicitur fori ornandi ab ædilibus cum thensæ ducerantur. — Suéone. *Vespas.* 5 : Nunciabantur et ex urbe præsagia, Neronem... tmonitum per quietem ut thensam Jovis O. M. e sacrario in domum

selon l'ordre hiérarchique : En tête, le Sénat, dont les membres avaient revêtu leur costume officiel et leurs insignes, les quatre grand collèges sacerdotaux, les collèges de magistrats (1) ; puis des joueurs de cor et des trompettes (2) ; des soldats portaient les étendards pris sur l'ennemi (3) ; d'autres tenaient des civières munies d'écriteaux où étaient expliqués les faits de guerre auxquels se rapportaient les objets exposés (4). On y faisait figurer les statues allégoriques des villes prises, des représentations en matières précieuses des murs et des édifices, les plans, les statues de leurs divinités, les personnifications des fleuves, des montagnes, les plus remarquables objets d'art, les tableaux représentant les épisodes les plus glo-

Vespasiani... deduceret. — Cicéron, *De harusp. resp.* XI (25). Puer ille patrimus et matrimus si... thensam aut lorum omisit,.. — Asconius. *Ad. verr.* I-59 (154). *Thensæ sacra vehicula; — pompa ordinum et hostiarum et officiorum.* — Sic dictæ quod ante eas lora tenduntur quæ gaudent, manu tenere et tangere qui eos deducant.

(1) Voir n. (2), p. 36i.

(2) Appien. *De bel. pun.* c. 55 (Triomphe de Scipion) : Ἡγοῦνται δὲ σαλπιγκταί.

(3) Tite-Live, III-19 : Militaria signa prælata (Triomphe de Q. Fabius). *Id.* XXXVII-59 : (Scipio) tulit in triumpho signa milataria CCXXXIV.

(4) Suétone : *Julius Cæs.* 37 : Pontico triumpho inter pompæ fercula trium verborum prætulit titulum : *Veni-vidi-vici*, non acta belli significantem sicut ceteris, sed celeriter confecti notam. — Tite-Live, I-10 : (Romulus) tum factorum ostentor haud minor spolia ducis hostium cæsi suspensa fabricato ad id apte ferculo gerens in Capitolium ascendit.

rieux de la campagne, par exemple la fuite du chef ennemi
et la déroute de son armée (1). Ensuite des chariots où
les armes de toutes sortes, de fer ou d'airain, d'un éclat
fulgurant artistement disposées ne semblaient s'élever
aussi haut que par l'amoncellement d'une grande quantité des lances, des casques, des cuirasses, des jambières,
des boucliers ronds, ovales, échancrés, les caparaçons
et les ornements des chevaux, leurs mors, les éperons des
cavaliers (2); entre toutes ces pièces des interstices étaient
ménagés pour laisser un libre jeu à leurs chocs dans la

(1) Tite-Live, XXXVII-59 : (Scipio) tulit in triumphum... oppidorum
simulacra, CXXXIV. — Appien. *De bel. pun.*, c. 55 : Ἡγοῦνται.....
λαφύρων ἅμαξαι· πύργοι τε παραφέρονται, μιμήματα τῶν εἰλημμένων
πόλεων καὶ ὁράσαι καὶ σχήματα τῶν γεγενότων. — Silius Ital. XVII,
v. 655 : Mox victas tendens Carthago ad sidera palmas | Ibat et effi-
gies ræ jam lenæ Iberæ | Terrarum et finis Gades, ut laudibus olim
| erminus Herculeis Calpe, Bætisque lavare Solis equos dulci con-
suetus fluminis unda, | Frondosumque apicem subigens ad sidera
mater | Bellorum fera Pyrene, nec mitis Iberus | ..... | Sed non ulla
magis mentesque oculosque tenebat | Quam visa Hannibalis campis
fugientis imago. — Ovide. *Tristia*, IV-2 : v. 19 : Ergo omnis populus
spectare triumphos, | Cumque ducum titulis oppida capta leget.

(2) Tite-Live, XLV-59. Multis plaustris translatum quidquid Macedo-
nicorum armorum pulcherrimum et magnificentissimum fuit quæ et
ipsa ferri aut æris recens tersi nitore splendebant et ita structa
erant inter se ut cum acervatim potius cumulata quam artificiose di-
gesta viderentur miram quamdam hac ipsa velut temeraria et fortuita
concursione speciem obj. erunt oculis : galeæ scutis, et loricæ
ocreis et peltæ Creticæ et Thraciæ cetræ et pharetræ equestribus
permixtæ frenis, strictique gladii, hinc inde mucrone exserto mi-
naces et e lateribus eminentes sarissæ.

marche, de manière que ce bruit belliqueux inspirât encore
l'effroi de ces armes, vaines maintenant, mais qu'avaient
remplies les corps de vaillants guerriers. Puis portées
à bras par des soldats, qui se mettaient à quatre parfois
pour les objets les plus lourds, toutes les richesses d'or et
d'argent enlevées aux vaincus, des vases ciselés et incrus-
tés de pierres précieuses, d'autres très grands remplis de
monnaies d'or et d'argent (1). Après l'exposition de ces dé-
pouilles de l'ennemi, venait la partie religieuse, et pour
marquer ce changement on intercalait encore des trompettes et des joueurs de flûte qui jouaient des airs spéciaux
aux fêtes (2) : d'abord les chars des Dieux menés comme il a

(1) Tite-Live, XLV, 59 (suite du texte précédent) : Atque hæc omnia cum laxius vincta inter se forent, si quando in transvehendo sibi
mutuo alliderentur, martium quemdam ac terribilem edebant sonum,
ut ne victa quidem conspici possent sine quodam animorum horrore.
Tum onusta argento signato vasa L. supra DCC a III millibus hominum portabantur. Tria talenta in singulis a quaternis gestata hominibus.
Erant et qui crateras argenteas et phialas et calices et cornua ferebant tum apte inter se collocata, tum magnitudine et pondere et
exstantis insignites cælaturæ artificio conspicua... Tum visebatur
sacra phiala... pretiosis distincta gemmis.

(2) Tite-Live constate qu'au triomphe de Paul-Emile, au lieu de
jouer les airs appropriés aux fêtes, les trompettes sonnèrent la
charge, mais c'est une exception. XLV, 59 : Ducere agmen... cœpere
tubicines non festos solennium pomparum modos, sed bellicum canentes, quasi in aciem procedendum foret. Post hos agebantur pingues cornibus auratis et vittis sertisque redimiti boves centum et
viginti. — Ovide, Tristia, IV, 2, v. 5 : Candidaque adducta collum
percussa securi | Victima purpureo sanguine tingat humum

été dit : puis les animaux destinés aux sacrifices en l'honneur de Jupiter qui doivent être des victimes majeures, et qui sont toujours des taureaux blancs et arrivés à leurs croissance (1). Ils avaient le corps enrubanné de longues bandelettes de laine blanche et de guirlandes de fleurs qui partaient de leurs cornes dorées (2). Leur nombre était souvent considérable, cent vingt au triomphe de Paul Emile, et c'étaient toutes des bêtes engraissées (*pingues*) (3) parce que leur chair après le sacrifice devait être servie au repas sacré donné en l'honneur de Jupiter et auquel assistait tout le Sénat dans le Capitole (4). Ils étaient conduits

Triomphe de Tibère sur la Germanie). — Appien *Bell. pun.*, c. 55 (après une énumération). Βοῦς δὲ ἐπὶ τούτοις λευκοί (Triomphe de Scipion).

(1) Virgile. *Georg.*, II, v. 146 : Hinc albi, Clitumne, greges et maxima taurus | Victima sæpe tuo perfusi flumine sacro | Romanos ad templa Deum duxere triumphos. — Ovide. *Fast.*, II, 70 : Inque Jovis summa cæditur arce bidens. — Sur le sens du mot *bidens*, voir Aulu-Gelle où Higinus, commentant Virgile, dit : Quæ bidens est hostia oportet habeat dentes octo, sed ex his duos ceteris altiores per quos appareat ex minore ætate in majorem transcendisse (XVI-6). — Juvenal, X-V-65 : Pone domi lauros, duc in Capitolia magnum | Cretatumque bovem.

(2) Tite-Live, XLV-59 . Post hos (tubicines), agebantur pingues cornibus auratis et vittis sertisque redimiti boves centum et viginti.

(3) Voir la note précédente.

(4) Tite-Live XLV, 59 : Pars non minima triumphi est victimæ precedentes, ut appareat diis grates agentem imperatorem ob rempublicam bene gestam redire. Omnes illas victimas quas traducendas in triumpho vindicavit, alias alio cœdente, mactate : illas quidem

par des jeunes gens aux vêtements pris dans des ceintures tissues avec un art exquis ; à leurs côtés marchaient de jeunes garçons qui tenaient des coupes d'or et d'argent, et ensuite des porteurs de coupes plus grandes destinées à faire les libations et qui étincelaient de pierres rares, des victimaires avec leurs haches, et des thurifères dont la cassollette exhalait des fumées de myrrhe et d'encens (1).

Ce n'est pas sans raison qu'à la suite des victimes, on plaçait la troupe lamentable des captifs chargés de chaines et destinés à périr après la fête (2). Derrière eux d'autres encore, mais les cheveux rasés, étaient les Romains prisonniers de guerre rendus à la liberté (3). Dès l'époque ancienne on faisait figurer parmi ces captifs enchaînés,

epulas senatus quæ nec privato loco, nec publico profano, sed in Capitolio eduntur... turbaturi estis ?

(1) Tite-Live, *loc. cit*, (après le texte cité n. 4, p. 246) : Ducebant eos (tauros) cincti fasciis eximio opere textis juvenes quibus comites additi pueri pateras aureas argenteasque gestabant... Tum visebatur sacra phiala decem talentorum pondo auri, pretiosis distincta gemmis quam Paulus faciendum curaverat. — Ovide indique que la victime était frappée par la hache. *Trist.*, IV, 2, V, 4 : Turaque inique sonent... | Candidaque adducta collum percussa securi | Victima purpureo sanguine tingat humum.

(2) Tite-Live, *loc. cit.* : Sequebatur captivorum agmen. — Ovide. *Trist.*, IV, 2, V, 45 : Crinibus en etiam fertur Germania passis | Et ducis invicti sub pede mœsta sedet | Collaque Romanæ præbens animosa securi | Vincula fert illa qua tulit arma manu.

(3) Tite-Live, XXXIV, 52 : Præbuerunt speciem triumpho capitibus rasis secuti qui servitute exempti fuerant.

les chefs ennemis (1). mais on n'y vit que plus tard des rois et
Persée, avec sa femme et ses enfants, même ceux en bas
âge figurèrent au triomphe de Paul Emile que rien ne put
attendrir, ni les supplications, ni les gémissements de ces
malheureux, pas même les larmes que la vue de cette dé-
tresse fit couler des yeux des spectateurs ; il railla Persée
de son manque d'énergie, mais par un juste retour, les
deux seuls enfants, qui étaient restés sous sa puissance et
destinés à perpétuer le nom, périrent quelques jours, l'un
avant, l'autre après ce triomphe où ils auraient dû paraitre
sur le char de leur père (2).

(1) Tite-Live, III. 29 : Sur le triomphe de Q. Fabius dictateur en
296, V. C. : ducti ante currum hostium duces. — *Id.*, XXXVII. 59
(Triomphe de L. Cornelius Scipio sur Antiochus) : Duces regii, præfecti et purpurati duo et triginta ante currum ducti. — *Id.*, XXXIX, 7
(Triomphe de Cn. Manlius Vulso des Galates) : Duces hostium duo et
quinquaginta ducti ante currum. — Ovide. *Trist.*, IV, 2, V. 21
Vinclaque captiva Reges cervice gerentes.
(2) Tite-Live, XLV, 59 : Sequebatur captivorum agmen, Bithys,
Cotyis regis filius... tum ipsi Persei liberi comitante educatorum et
magistrorum agmine, manus ad spectatores cum lacrimis miserabiliter
tendentium et docentium pueros implorandam suppliciter victoris populi misericordiam. Filii erant duo, puella una qui eo majorem move-
bant miserationom spectantibus quod ipsi per ætatem vix mala sua
intelligere poterant. Itaque plurimi lacrimas tenere non potuerunt
et omnibus confudit animum tacitus quidam mœror qui sincero eos
frui gaudio quamdiu sub oculis pueri fuerunt non sineret. Ponc filios
incedebat cum uxore Perseus... Hanc quidem ignominiam depreca-
tus erat Perseus missis ad Æmilium qui orarent ne in triumpho du-
ceretur. — Risit Æmilius hominis ignaviam. — *Ibid.*, 40 : Sed non
Perseus tantum per illos dies documentum humanorum casuum

Sans doute comme contraste, après les captifs suivaient
des troupes de danseurs. de joueurs de cithares et des satyres (1) auxquels des soldats déguisés étaient mêlés (2) ;
si quelques-uns chantaient ses louanges et le compa-
raient à Romulus, d'autres l'accablaient de leurs traits sa-
tiriques où les vices qu'on lui connaissait n'étaient pas
épargnés (3). Lorsque le triomphateur s'était vu décerner
par les villes et les peuples alliés des couronnes d'or, c'est
en cet endroit qu'on les portait (4). Précédé d'une file de

fuit, in catenis ante currum victoris ducis per urbem hostium ductus,
sed etiam victor Paulus auro purpuraque fulgens : nam duorum e filiis
quos. duobus datis in adoptionem, solos nominis, sacrorum fami-
liæque heredes retinuerat domi, minor ferme duodecim annos natus,
quinque diebus ante triumphum, major quatuordecim annorum,
triduo, post triumphum decessit, quos prætextatos curru vehi cum
patre sibi ipsos similes prædestinantes triumphos oportuerat.

(1) Appien. *De bell. pun.*, 55 : Ἡγοῦνται τοῦ στρατηγοῦ ῥαβδοῦχοι
φοινικοῦς χιτῶνας ἐνδεδυκότες, καὶ χορὸς κιθαριστῶν τε καὶ τιτυριστῶν ἐς
μίμημα Τυῤῥηνικῆς πομπῆς, περιεζωσμένοι τε καὶ στεφάνην χρυσῆν ἐπικεί-
μενοι... τούτων δὲ τις ἐν μέσῳ πορφύραν ποδήρη περικείμενος, καὶ ψέλ-
λια καὶ στρεπτὰ ἀπὸ χρυσοῦ συγκατίζεται ποικίλως ἐς γέλωτα ὡς ἐπορχού-
μενος τοῖς πολεμίοις.

(2) Denys-d'Halicarnasse, VII. 74.

(3) Tite-Live, IV, 20 : In eum (A. Cornelium Cossum) milites carmina incondita æquantes cum Romulo canere. — *Ibid.*, 55 : Incon-
diti versus militari licentia jactati quibus consul increpitus... fuit.
Suetone *Cæsar*, 49 : Gallico denique triumpho milites ejus inter cetera
carmina qualia currum prosequentes joculariter canunt, etiam vulgatis-
simum illud pronunciaverunt : Gallias Cæsar subegit, Nicomedes
Cæsarem : | Ecce Cæsar nunc triumpha qui subegit Gallias | Nicomedes
non triumphat qui subegit Cæsarem.

(4) Tite-Live, XLV, 39 : Quadringentæ inde coronæ aureæ porta-

vingt-quatre licteurs, en tenue de campagne, avec le *palu-*
damentum rouge et dont les faisceaux avaient probablement les haches (1), alors seulement apparaissait le héros
de la fête (2).

Il semble que ce soit Jupiter même qu'on voie (3) en-
censé par des thurifères, revêtu de la trabée de pourpre
brodée d'or, debout sur son quadrige d'or ou d'ivoire dont
les quatre chevaux blancs portent des couronnes. A la
main un spectre d'ivoire surmonté d'un aigle doré, et une
palme de laurier, au front une couronne du même feuillage (4). Ses fils impubères, en prétexte pour ce jour, ses

bantur. Paulo ab omnibus fere Græciæ et Asiæ civitatibus in gratula-
tionem victoriæ per legatos dono missæ. — Appien. *Bell. pun.*, 55 :
Καὶ στέφανοι ὅσοις τὸν στρατηγὸν ἀρετῆς ἕνεκα ἀναδοῦσιν ἢ πόλεις, ἢ
σύμμαχοι ἢ τὰ ὑπὸ αὐτῷ στρατόπεδα.

(1) Suite du texte précédent : αὐτοῦ δὲ ἡγοῦνται τοῦ στρατηγοῦ
ῥαβδοῦχοι φοινικοῖς χιτῶνας ἐνδεδυκότες. — Silius Italicus, IX, 419
Isque ut Varronem procul inter prælia vidit | Et juxta sagulo circum-
volitare rubenti | Lictorem, nosco pompam... ait... — Les licteurs mar-
chaient en file, c'est ce que prouve le texte de Tite-Live, cité § *des*
appariteurs, p. 48, n. 1 : præter undecim fasces. — 24 licteurs, parce
que c'est le nombre de ceux du dictateur. Le triomphateur ayant le
summum imperium devait avoir les 24 licteurs.

(2) Tite-Live, XLV, 39 : Ipse postremo, Paulus in curru.

(3) Tite-Live, X-7. Qui Jovis optimi maximi ornatu decoratus curru
aurato per urbem vectus in Capitolium ascenderit.

(4) *Ibid.* — Eos viros quos vos... toga picta et corona triumphali lau-
reaque honoraritis. Appien. *Bell. pun.* 55 : ἐπὶ δ' αὐτῷ θυμιατηρίων πλῆθος
καὶ ὁ στρατηγὸς ἐπὶ ποικίλου ἅρματος καταγεγραμμένου
ποικίλως ἔστεπται μὲν ἀπὸ χρυσοῦ καὶ λίθων πολυτίμων, ἔσταλται δὲ ἐς
τὸν πάτριον τρόπον πορφύραν, ἀστέρων χρυσῶν ἐνυφασμένων καὶ πλη-

filles non mariées prennent place à ses côtés ; deux des quatre chevaux de front, celui de gauche et celui de droite sont montés chacun par un de ses fils adolescents, ceux qui ont atteint l'âge d'homme et déjà joui des honneurs marchent immédiatement derrière le char parmi les premiers de la cité (1). Mais à son doigt l'anneau est de fer et non d'or et un esclave tient suspendue seulement au-dessus de sa tête une couronne d'or et sans doute le même lui répétera : « Retourne-toi et regarde pour te rappeler que tu n'es qu'un homme » (2).

Enfin, suivant à la gloire le chef qui l'a conduite au

ρον ἐξ ἐλέφαντος φέρει καὶ δαφνηφόροι δὲ Ῥωμαῖοι νομίζουσι νίκης σύμβολον. — Ovide. *Tristia*, IV-2. v. 65. (Triomphe de Tibère sur la Germanie). Invenietque viam qua currus spectet eburnos. — *Ibid*, v. 22 : Ante coronatos ire videbit equos. — Ovide. *De art. am.*, I. v. 15. (Il s'adresse à C. César, petit-fils adoptif d'Auguste, parti à la guerre contre les Parthes). Ergo erit illa dies, qua tu pulcherrime rerum, | quatuor in niveis aureus ibis equis. — Juvenal. X. v.-43 : Da nunc et volucrem sceptro quæ surgit eburno.

(1) Appien.(Suite du texte cité à la note précédente). Ἐπιβαίνουσι δὲ αὐτῶν ἐπὶ τὸ ἅρμα παῖδές τε καὶ παρθένοι καὶ ἐπι τῶν παρηόρων ἑκατέρωθεν ἤλιοι συγγενεῖς. — Tite-Live. XLV-40 (voir le dernier texte cité, p. 567, n. 2) (filiis), quos prætextatos curru vehi cum patre... oportuerat. — *Ibid*. Post currum inter alios illustres viros filii duo Q. Maximus et P. Scipio. — (C'est par suite d'adoption, qu'ils portaient ces noms).

(2) Pline. *H. n.*, XXXIII-1 : Cum corona ex auro etrusca sustineretur a tergo, annulus tamen in digito ferreus erat, æqua fortuna triumphantis et servi coronam sustinentis. — Sic triumphavit de Jugurtha C. Marius. — Juvenal, X, v. 41 : Quippe tenet sudam hanc (coronam) publicus et sibi Consul | Ne placeat curru servus portatur eodem. — Tertullien. *Apolog.* 33 : Hominem se esse etiam triumphans

combat vainqueur, vient en ordre de marche l'armée, les chevaliers en tête par turmes et les hommes de pied par cohortes (1). Il n'est personne dans toute cette pompe qui n'ait le front ceint d'une couronne, de laurier s'il fut combattant, sinon d'olivier (2).

Lorsque l'heure est venue, des licteurs urbains assistés de subalternes écartent la foule de manière à laisser libre un vaste espace au milieu de la chaussée (3). Les musiciens jouent des airs de fêtes, parfois les trompettes sonnent des airs guerriers (4) et la pompe se met en marche sur la voie Flaminienne, la future voie Triomphale de l'Empire (5),

in illo sublissimo curru admonetur: suggeritur enim ei a tergo : Respice post te, hominem memento te.

(1) Tite-Live, XLV-4o: Deinde equites turmatim et cohortes peditum suis quæque ordinibus.

(2) Tite-Live, XLV-38 : Militum quidem propria est causa, qui et ipsi laureati... triumphum nomine cient. — *Ibid*, 39 : Legiones ex Illyrico laureatæ urbem inibunt. — Festus *Ep*. v° s. Laureati milites sequebantur currum triumphantis ut quasi purgati a cæde humana intrarent urbem, etc. — Aulu-Gelle V. 6. : Militares coronæ multifariæ sunt... Est item postrema oleaginea qua uti solent qui in prælio non fuerunt sed triumphum procurant. — Festus *Ep*. v. s. : Oleagineis coronis ministri triumphantium utebantur quod Minerva dea belli esse putabatur.

(3) Tite-Live : XLV-39 : Lictores satellitesque confluentem turbam et vage discurrentem summoventur e medio patentes late vias vacuasque præbebant.

(4) Tite-Live. *Loc. cit.* : Ducere agmen... cœpere tubinices non festos solemnium pomparum modos, sed bellicum canentes.

(5) Gruter, p. 457, n° 6, donne une inscription funéraire où, parmi les mentions de charges et] de dignités, on lit : C. POPILIO C. F. QVIR. CARO | PEDONI COS... LEGATO. IMP. CAES. ANTONINI AVG. PII...

et s'engage par la porte Triomphale, proche du temple de Janus Geminus au Janicule, dans la *Ville*, ceinte des murs de Servius (1). Sur son passage sont ouvertes toutes

CVRATORI. VIAR. AVRELIAE VETERIS ET NOVAE CORNELIAE. ET TRIVMPHALIS, — et deux autres inscriptions d'un même texte (p. 465, n°ˢ 5 et 6): C. SALLIO ARISTAENETO C. V., ...CVRATORI VIARVM AVRELIAE CORNELIAE TRIVMPHALIS. — Les dernières sont plus récentes, car elles n'ont pas conservé la trace du changement de nom des voies qu'elles mentionnent, mais la répétition du même nom prouvent que ces deux routes étaient dans une même région, — il faut remarquer que l'ordre d'énonciation est le même. — D'autre part, Cicéron écrit *Philip.* XII-9 (22) : Tres viæ sunt ad Mutinam... a supero mari Flaminia; ab infero Aurelia; media, Cassia. — Bien que l'ordre d'énonciation soit différent, par l'indication des situations respectives des routes, on constate que dans la réalité, les routes *Aurelia* et *Flaminia*, comprennent entre elles, la route Cassia. — « *Aurelia vetus* », c'est bien l'*Aurelia* de Cicéron, les deux autres routes citées par Cicéron ne peuvent pas être différentes des deux autres, étant donné que dans les deux cas, le rapprochement des trois noms, résulte d'une situation géographique; il ne reste que le choix entre l'affectation des noms nouveaux; cela ne souffre pas difficulté, puisque nous voyons le même ordre suivi pour la curatelle à deux époques différentes; la voie *Cassia* que Cicéron nous dit placée entre les deux autres, est la voie *Cornelia nova* placée dans les inscriptions entre l'*Aurelia vetus* et la *Triumphalis*.

(1) L'existence de la Porte Triomphale est affirmée par deux textes: Cicéron : *In Pison.* 29 (55). Cum ego Cœlimontana porta introisse dixissem sponsione me, ni Esquilina introisset homo promptissimus lacessivit, quasi vero id... ad rem pertineat qua tu porta introieris modo ne Triumphali. — Suétone *Aug.* 100 : Senatus... eo studio certatim progressus est ut ... censuerunt quidam funus Triumphali porta ducendum. — G. Fabricius dans son ouvrage intitulé *Roma*, nous donne le nom et l'emplacement de la porte qui a remplacé la Porte Triomphale. C. IV. *De urbe Leonina et ejus portis* : Sanctus Spiritus, infra Janiculum, eundo ad Septimiam a templo vicino nomen habens, circa quam olim Triumphalis porta fuit. — Cela résulte d'un texte de

les maisons, tous les temples : les fleurs et les feuillages pendent en guirlandes, jonchent le sol : en nuages s'exhalent les parfums de l'Asie : le peuple vêtu de blanc forme la haie, monte sur des estrades et de toutes parts retentissent les acclamations, les applaudissements et le cri : *Io Triumphe, Triumphe Io !* (1)

Elle passe d'abord par le *Velabrum* ancien marais desséché (2) qu'elle quitte à la statue de Vertumne où l'ha-

Varron, combiné avec le fait qu'à son entrée dans la ville, la pompe traversait le Velabrum ; or, une partie des eaux qui alimentaient ce marais avant son dessèchement était les eaux thermales du temple de Janus. — *De ling. lat.* V, 157 : Ad Janum Geminum aquæ calidæ fuerunt : ab his palus fuit in minore Velabro a quo quod ibi vehebantur lintribus Velabrum.

(1) Tite-Live : XLV-39 : Aperta templa omnia et sertis coronata thure fumebant. — Ovide. *Trist.* IV, v. 3 : Altaque velentur fortasse Palatia sertis, | Turaque in igne sonent. — V. 50 : Undique jactato flore tegente vias. — Le peuple forme la haie, parce que comme l'explique Tite-Live (n. 5 p. 371), les licteurs rejettent la foule sur les bas-côtés de la route, pour dégager le milieu. Tite-Live. *Loc. cit.* : Populus extructis per forum et cetera urbis loca qua traduci pompam oportebat, tabulatis theatrorum in modum spectavit in candidis togis. — Ovide. *Loc. cit.*, v. 49 : Quaque ibis, manibus circumplaudere tuorum, | ...Ioque | Miles io magna voce, Triumphe canet. | Ipse sono plausuque simul. fremituque canentum | Quadrijugos cernes sæpe resistere equos. — Horace. *Od.* IV-2, v. 49 : Tuque dum procedis, io triumphe! | Non semel dicemus Io Triumphe! | Civitas omnis, dabimusque Divis | Thura benignis.

(2) Suétone *Cæsar* : Gallici triumphi... Velabrum prætervehens pœne curru excessus est axe distracto. — Voir pour le marais desséché le texte de Varron cité à la fin de la note (1) p. 372, et celui du même auteur cité dans la note qui suit celle-ci : Le Velabrum est devenu une route, dit-il.

bile artiste Mamurius a su fixer dans le bronze la multiple nature du Dieu, prend la route du grand Cirque (1), le traverse dans toute sa longueur (2) pour monter ensuite par la voie sacrée (3) au *Forum* où les monuments et les

(1) Cicéron. *In Verr. Act.* 2. I. 59 (154) : Quis a signo Vertumni in Circum maximum venit quin is uno quoque gradu de avaritia tua commoneretur ? Quam tu viam thensarum atque pompæ ejusmodi exegisti ut tu ipse illa ire non audeas. — Le Velabrum se divisait en un petit Velabrum et un grand Velabrum. Le petit est celui dont parle M. Varron dans le texte cité à la fin de la note (1) p. 572, et il ajoute *ut illud majus de quo supra dictum est.* En se reportant à cet endroit on voit que ce *majus Velabrum* était situé au pied de l'Aventin et formé par les eaux du Tibre : Aventinum aliquot de causis dicunt : Nævius ab avibus, quod eo se ab Tiberi ferrent aves... Ego maxime puto ab advectu, nam olim paludibus mons erat ab reliquis disclusus ; itaque eo ex urbe qui advehebantur ratibus quadrantem solvebant, cujus vestigia quod ea, qua tum itur, Velabrum et unde ascendebant ad rumam nova via lucus est, et sacellum larum ; Velabrum dicitur a vehendo — *Ruma* est mis pour *ficus Ruminalis,* le figuier sous lequel furent allaités les jumeaux, il était près du Tibre. — C'est dans ce Velabrum qu'était placée la statue de Vertumne, nous dit Properce, en mémoire du changement du cours du Tibre, et son nom tire de là son étymologie : IV. 2. (C'est le dieu qui parle) V. 5... nec templo laetor eburno, | Romanum satis est posse videre Forum. | Hac quondam Tiberinus iter faciebat et aiunt | Remorum auditos per vada pulsa sonos, | At postquam ille suis tantum concessit alumnis | Vertumnus verso dicor ab amne Deus. — Il voit le Forum de loin, sur la hauteur. — *Ibid. in fine* : Stipes acernus eram, properanti falce dolatus | Ante Numam grata pauper in urbe Deus. | At tibi Mamuri formæ cælator ahenœ | Tellus artifices ne terat osca manus, | Qui me tam dociles potuisti fundere in usus.

(2) Varron. *De lin. lat.* V. 153 : Circus maximus dicitur quod circum spectaculis ædificatus, ubi ludi fiunt et quod ibi circum metas fertur pompa.

(3) Horace. *Odes.* IV. 2. v. 33 : Concines majore poeta plectro |

bâtiments du pourtour ont été ornés par les soins des édiles ;
c'est là qu'ils ont réparti les plus belles armes prises sur
l'ennemi entre les argentiers dont les pavillons resplen-
dissent de l'or des boucliers (1). Enfin la marche triomphale parvient au terme suprême, au Capitole (2). Les
différents corps prennent leurs places respectives, le
triomphateur descend de son char, et accompagné de
l'appareil du culte, se rend devant l'autel de Jupiter, prend
de la main droite le bâton augural dont l'extrémité se
recourbe (3) tandis que de l'autre il tient par l'anse le
vase de terre à la forme antique immuable (4) : il accom-

Cæsarem quandoque trahet feroces | Per sacrum clivum merita deco-
rus | Fronde Sicambros.

(1) Tite-Live cité p. 561, n° 5.

(2) Tite-Live X. 7 : Qui, Jovis O. M. ornatu decoratus curru aurato per urbem vectus in Capitolium ascenderit.

(3) Suite du texte précédent : Si conspiciatur cum capide ac lituo.
— Id. l. 18 : Augur... sedem cepit, dextra manu baculum sine nodo
aduncum tenens quem lituum appellaverunt.

(4) Varron. *De l. lat.* V. 121. Mensam vinariam rotundam nominabant Cylibantum... id videtur declinatum a græco ἀπὸ τοῦ κύλικος
a quo illa capis et minores capulæ a capiendo quod ansatæ ut prehendi possint, id est capi « Harum figuras in vasis sacris liqueas et
fictiles antiquas etiam nunc videmus. (Dans ce texte au lieu de
a quo illa capis, les m. ss. donnent *qui illa capil* : la correction est indiquée par Turnèbe et Scaliger, elle ne fait aucun doute). Festus Ep
capis poculi genus dictum a capiendo. — Cicéron. *Paradoxa.* I. 2. :
Minusve gratas diis immortalibus capedines ac fictiles urnulas
fuisse quam silicatas aliorum pateras arbitrantur. Voir *Nonius*, v· *Ar-*
millum 2. — Cicéron *De rep. Apud Nonium.* VI. 2. Texte de Nonius
rétabli par Maii : Oratio exstat Læli... quam simpuvia pontificum diis
immortalibus grata sint, samiæque, ut ibi scribit, capedines.

plit les rites et les libations en l'honneur de Jupiter, de Junon et de Minerve (1), se voile la tête et immole un taureau blanc, puis, pour renouveler les auspices heureux sous lesquels il partit, il interroge le ciel du haut de la citadelle (2).

(1) Lactance *Instit.* I. 11 : Jupiter... sine contubernio conjugis filiæque coli non solet. Unde qui sit apparet, nec fas est id nomen eo transferri ubi nec Minerva est ulla nec Juno.

(2) Tite-Live. X. 7 : Qui capite velato victimam cædat auguriumve ex arce capiat. *Auguriumve* équivaut à *auguriumque*. De même Cicéron. *De Div.* II. 7. (19). Aut si negas esse fortunam et omnia quæ fiunt quæve futura sunt ex omni æternitate definita dicis esse fataliter. — Ovide et Virgile l'emploient aussi dans ce sens. — Aulu-Gelle d'ailleurs nous donne incidemment à propos de la convocation du Sénat l'ordre suivi. (XIV-7) : (Varro) docet... immolare... hostiam prius auspicarique debere qui Senatum habiturus esset. — Pour la couleur blanche du taureau, voir les textes d'Ovide et de Virgile p. 365, n° 1. — La prise des auspices marque la fin du triomphe : Tite-Live XLV. 39 : Utrum majores vestri omnium magnarum rerum et principia exorsi ab Diis sunt et finem cum statuerunt? Consul proficiscens, prætorve paludatis lictoribus in provinciam et ad bellum vota in Capitolio nuncupat; victor perpetrato eodem in Capitolio triumphans ad eosdem deos quibus vota nuncupavit, merita dona populi Romani traducit. — Ce qui prouve bien encore que ce moment est le terme final, c'est l'obligation morale pour le triomphateur de ne plus paraître ensuite, même à une fête qui se lie directement au triomphe sans avoir dépouillé son costume, par exemple à l'*epulum* qu'il offre au Sénat dans le Capitole, le jour même (voir p. 365 et *ibid.* n° 4) car ce n'était que dans ce but que Marius avait convoqué en cet endroit le Sénat après son triomphe ; entré dans la salle encore revêtu des vêtements triomphaux, il comprit ce que signifiait la froide mine qu'on lui faisait et il alla reprendre sa prétexte. (Plutarque-Marius 6). Tite-Live. *Epit.* 67 : Marius triumphali veste in Senatum venit quod nemo ante eum fecerat.

TABLE DES MATIÈRES

INTRODUCTION HISTORIQUE

§ 1. — L'édilité plébéienne 1
§ 2. — L'édilité curule 26
§ 3. — Rang et insignes des édiles curules 32
§ 4. — Comparaison des deux édilités et leur situation respective 40
§ 5. — Les appariteurs des édiles 48
§ 6. — Le Conseil des édiles 55
§ 7. — Nomination et entrée en charge des édiles 56

PREMIÈRE PARTIE

LA VOIRIE

CHAPITRE PREMIER

RUES ET PLACES — ÉDIFICES — CONSTRUCTIONS NOUVELLLES

§ 1. — Division du territoire entre les édiles. — Etendue territoriale de leur compétence 75
§ 2. — Entretien de la rue. — Chaussée et trottoirs 88
§ 3. — Entretien des édifices 95
§ 4. — Constructions nouvelles 105

378   TABLE DES MATIÈRES

CHAPITRE II

AQUEDUCS ET ÉGOUTS

§ 1. — Aqueducs. — Construction et fonctionnement......... 127
§ 2. — Egouts.. 140

DEUXIÈME PARTIE

CHAPITRE PREMIER

POLICE DE LA RUE

§ 1. — Circulation des voitures........................... 147
§ 2. — Surveillance des rues. — Nettoyage. — Hygiène. —
      Sécurité. — Mesures contre l'incendie............... 155

CHAPITRE II

§ 1. — Police des mœurs................................... 167
      1° Lois somptuaires................................. 167
      2° Surveillance des lieux publics................... 175
      3° Prostitution..................................... 182
      4° Surveillance des mœurs privées................... 184
§ 2. — Police des Cultes............................... 186
§ 3. — Surveillance des funérailles..................... 196

CHAPITRE III

SURVEILLANCE DU COMMERCE PUBLIC

§ 1. Vérification des poids et mesures................... 205
§ 2. Surveillance des marchés.......................... 207
§ 3. — Edit des édiles curules......................... 215

CHAPITRE IV

§ 1. Police de sûreté générale 221
§ 2. — Police judiciaire 229

CHAPITRE V

L'approvisionnement 265

CHAPITRE VI

Surveillance des jeux 287

APPENDICE I

Le mariage à Rome 337

APPENDICE II

Le triomphe 357

PARIS. — IMP. V. GIARD & E. BRIÈRE, 16, RUE SOUFFLOT

ERRATA

pages	Au lieu de	lisez
10, l. 14	consistait	consistait
20 n. 1,	ἐξουσίαν	ἐξουσίαν
33 n. 3,	ea se	ea re
34 n. 2,	Catoni	Catonis
66 3,	Cornélis	Cornelio
72 2ᵉ alin.,	la preuve	le peu
84 n. 1,	d'écouler	découler
ibid.	Roman	Romam
91 n. 1,	Comel.	Cornel.
103	scoena	scaena
135 (dans les vers).	lobrisque	labrisque
139 n. 1,	pecuniam	pecuniam;
148 n. 2,	abstulerant	abstulerat
151 n. 1.	locat ærunt	locatae erunt
154 n. 1,	quoque	quaeque
157 l.4 des notes,	Tumèbe	Turnèbe
163 n. 2,	caveretur	caverentur
168 n. 1, l. 6,	cuva	cura
170 l. 3,	loi Antia	loi Antia
174 l. 10,	aexquels	auxquels
ibib. n. 1, l. 7,	solo	sola
175 n. 1, l. 2,	ulpicen	Ulpian.
ibid. l. 5, c. od tit.		eod. tit.
182 l.10 des notes,	desinum	desinunt.
184	Questions Romaines	Qnestions romaines 2
ibid. n. 2, l. 2,	feminse	feminae
ibid. n. 2, l. 2,	insinu-	insimul -
187 n. 2, l.3,	perstrinximius	perstrinximus
188 n. 2,	scenaque	scaenaque
190 n. 1, l. 4,	poste arem	postea rem
ibid. n. 3, dern. l.:	proeter	praetor
192 dans le 1ᵉʳ vers,	aediles	aedilis
193 n. 1, l. 10,	pand	haud
195 n. 1, l. 3,	petitus	petitur
ibid. l. 4,	Questoris	Quaestoris
199, dans les vers,	Kremeti	Chremetis

pages	Au lieu de	lisez
200 l. 3,	cemédien	comédien
l. 4.	parler.	parler,
202 n.2, l. 2,	Paussae	Pansae
209 n. 3, l. 3,	agminam	agninam
l. 4,	cetum	caram
214 n. 4,	Inseptis	In septis
217 n. 2, in fine. aedictis		edictis
222 l. 1,	Metellus, Nepos	Metellus Nepos
223 n. l. 5,	pesti	pestis
225 n. 2, l. 2,	constituendum	constituendam
	putent	putant;
ibid. l. 7,	Quie	Qnia
234 n. 1, l. 2,	ex templo	extemplo
235 n.1, l.6,	Pupulus	Populus
ibid. n. 2, l. 7,	Lavatus	Lanatus
239 n. 2, l.4,	concepit. «	concepit: «
241 n, 2 in fine	egetum	segetem
243 n, 1,	quisque	quique
253 n. 2,	Maxima	Maxime
256 n. 3,	Suétone-Suétone	Suétone
258 n. 1.	Tib. 6t	Tib. 61
259 l. 2,	ainsi	aussi
ibid. 5ᵉ l. des n.	policeretia	polliceretur
260 n. 1, l. 3,	du	au
ibid. — l. 5,	pericle	periclo
— n. 3,	Africano	Africani
264 l. 2 de la note 1-9		HS
ibid. —	THEARA	THEATRI
268 av. dern. l.,	collègue	collègue (3)
269 n. 2, l. 7,	mugistrtratus	magistratus
	proefecti	praefecti
n. 3,	magistratus	magistrats
270 n. 2,	Quoestores	quaestores
274 n. 1, l. 2,	talibus clau-	talibus
ibid. l. 3,	clauderatus	clauderetur
ibid. l. 10,	pos sunt	possunt,